ARKANA

W0233481

LEWIS RICHMOND

Arbeit und Spiritualität

Ein buddhistischer Weg
zu innerem Wachstum
und Zufriedenheit im Beruf

Aus dem Amerikanischen
von Ilse Fath-Engelhardt

ARKANA

GOLDMANN

Die amerikanische Originalausgabe erschien 1999 unter dem Titel
»Work as a Spiritual Practice« bei Broadway Books, New York.

Deutsche Erstausgabe

Umwelthinweis:
Alle bedruckten Materialien dieses Taschenbuches
sind chlorfrei und umweltschonend.
Das Papier enthält Recycling-Anteile.

Deutsche Erstausgabe Februar 2000
© 2000 der deutschsprachigen Ausgabe
Wilhelm Goldmann Verlag, München
in der Verlagsgruppe Bertelsmann GmbH
© 1999 der Originalausgabe Lewis Richmond
Published by Arrangement with Lowenstein Associates. Inc.
Umschlaggestaltung: Design Team München
Umschlagabbildung: photonica/Giles A. Hancock
Verlagsnummer: 21543
Redaktion: Irina Mamula
WL · Herstellung: Stefan Hansen
Satz: Uhl + Massopust, Aalen
Druck: Elsnerdruck Berlin
Made in Germany
ISBN 3-442-21543-9

1. Auflage

Meinem Lehrer SHUNRYU SUZUKI ROSHI,
der Inspiration meines Lebens

Inhalt

Teil I: Die grünschillernde Heuschrecke 13

Die Welt ist voller spiritueller Gelegenheiten, symbolisiert von der
grünschillernden Heuschrecke, die auf dem Kopf des Buddha sitzt
oder dem Ihres Kollegen oder auf Ihrem eigenen Kopf. Wo ist sie jetzt?

1 Der Koan des Alltags 18

Ein Koan ist eine spirituelle Fragestellung. Wir brauchen nicht lange
nach solchen Fragen zu suchen, der Alltag ist voll davon. Selbst ein
läutendes Telefon stellt eine Gelegenheit zu spiritueller Übung dar.
Wenn das nächste Mal das Telefon klingelt, könnte die Person am anderen Ende der Leitung Sie selbst sein.

2 Was ist spirituelle Praxis? 29

Die spirituelle Praxis ist keine Aufwärmübung, sondern ein Selbstzweck, ein Tun, das uns innerlich verändert und auf andere ausstrahlt.
Sie ist ein Weg der Charakterentwicklung und -schulung. Charakter ist
der innere, stabile Teil von uns, auf den sich andere Menschen verlassen können. Charakter zählt.

3 Das Energierad 40

Das Energierad ist eine Karte unserer geistigen und emotionalen Be-
findlichkeiten. Seine vier Sektoren – Konflikt, Inspiration, Erfüllung
und Stagnation – lehren uns, daß wir uns unser Leben lang von Tag zu
Tag und von Moment zu Moment in diesem Rad bewegen.

Teil II: Konflikt 51

4 Streß 56
Selbst in den hektischsten Berufen können wir Atmung und Präsenz pflegen, kleine Rituale der Achtsamkeit in unsere Bewegungen einbauen – während wir Gänge erledigen, das Telefon abnehmen oder in einer Besprechung das Wort ergreifen – und durch selbsterfundene Mantras unsere Konzentration steigern.

5 Sorge 73
Die Sorge kann zerstörerisch und quälend, aber auch kreativ sein. So wie die Angst werdender Mut ist, so ist die Sorge werdende Weisheit. Die Sorge ermöglicht es uns, die Praxis des Fragenstellens zu erforschen.

6 Ärger 88
Ärger ist »heiße Wahrheit«. Die Stimme der Wahrheit, das halbe Lächeln und das visualisierte Vergeben sind Übungen, durch die wir Abstand zum Ärger gewinnen können, um dann, falls nötig, »wirksame Gegenmaßnahmen« zur Bereinigung des Unrechts zu ergreifen.

7 Meditation 113
Die Meditation ist nicht nur ein ausgezeichnetes Mittel gegen Sorgen und Streß, sondern richtet die Aufmerksamkeit auf spirituelle Grundfragen: Wer bin ich? Was möchte ich wirklich? Die traditionellen Meditationsfomen im Sitzen, Stehen und Gehen lassen sich auch minutenweise am Arbeitsplatz üben. Obwohl diese kurzen Augenblicke nichts zu bewirken scheinen, wässern sie doch die Wurzeln unseres spirituellen Baums.

Teil III: Stagnation 129

8 Langeweile 133
Die meisten Berufe sind hin und wieder langweilig und manche dauernd. Der Weg zum Arbeitsplatz eignet sich ausgezeichnet für Übun-

gen wie das vorurteilslose Hinhören und das Anblicken der Autofahrer. Der existentielle Mautkassierer, die beste Rezeptionistin der
Welt und der Taxiprofessor zeigen, daß wir unsere Arbeit nicht nur
erledigen, sondern sie auch mit Humor und Frohsinn gestalten können.

9 Mißerfolg 147
Fehlschläge sind relativ. Manchmal können sie auch ein Zeichen der
Stärke sein. Durch das Einrichten eines Kraftschreins und das Sich-
und-anderen-Mut-Machen können wir mitten im scheinbaren Scheitern den Samen für zukünftige Erfolge legen.

10 Frustration 160
Frustriert zu sein heißt, daß man mit den gewohnten Mitteln nicht
mehr weiterkommt. Doch gibt es nicht einen Quell in uns, der nie versiegt? Spirituelles Wollen bedeutet, die eingeschlagene Richtung beizubehalten, ohne irgendwelche Ergebnisse zu erwarten. Durch die
Praktiken der Wiederholung, Geduld und Offenheit können wir die
Frustration überwinden und tiefere Lebensweisheit finden.

Teil IV: Inspiration 177

11 Ambition 182
Hat in einem spirituellen Leben weltliche Ambition überhaupt noch
Platz? Wann ist Ehrgeiz sinnvoll, und wann stellt er blinde Habgier
dar? Die Übungen des ehrlichen Empfindens und des ehrlichen Bemühens helfen uns, beide Formen auseinanderzuhalten.

12 Zeit und Geld 200
Obwohl Geld in allen großen Religionen kritisch gesehen wird, macht
es die Arbeit erst zur Arbeit. Die Betrachtungen über das Geld – anhand zweier Geldscheine – zeigen, wie sehr es eigentlich ein Gedan-
kenkonstrukt ist. Und indem wir unsere Einstellung bezüglich der Zeit
am Arbeitsplatz ändern, können wir zumindest augenblicksweise
entgegen der Maxime »Zeit ist Geld« geltend machen, daß Zeit Liebe
ist.

13 Vergebung 218
Der Buddhismus lehrt, daß wir anderen erst dann wirklich vergeben können, wenn wir uns selbst vergeben. Durch die Herzensfreundmeditation und dadurch, daß wir am Arbeitsplatz Gelegenheiten nutzen, uns zu entschuldigen, können wir die transformierende Kraft der Vergebung erleben – selbst bei unseren Gegnern.

14 Kündigen 233
Möglicherweise sieht man es gegenwärtig als die sinnvollste spirituelle Übung an, einen Berufswechsel zu wagen. Durch die Praktik des inneren Unternehmers, das Stellen der richtigen Fragen – Bin ich bereit? Was habe ich vor? Was ist, wenn etwas schiefgeht? – und durch die Übung von Geduld und Bescheidenheit kann das Kündigen für uns tatsächlich zu einer spirituellen Übung werden.

Teil V: Erfüllung 249

15 »Kontrolle« 257
Es werden so viele Arbeiten verrichtet, um an sich unberechenbare Umstände in den Griff zu bekommen. Aus spiritueller Sicht bietet sich eine andere Form der Kontrolle an – die Methode des aufmerksamen Anleitens –, bei der wir uns paradoxerweise von der Situation selbst leiten lassen und lernen, anstelle der normalen Machtausübung auf Simultanität und Interdependenz zu vertrauen.

16 Großmut 274
Großmut ist der spürbare Ausdruck von mitfühlender Offenheit und der Bereitschaft, Freude und Leid anderer Menschen zu teilen. Die vollkommene Rede, das Freundlich-die-Wahrheit-Sagen, Präsenz und die Übung des Mit-dem-Herzen-Dabeiseins bieten uns die Möglichkeit, uns unseren Kollegen gegenüber in Großmut zu üben.

17 Dankbarkeit 293
Nach einer buddhistischen Vorstellung ist das ganze Universum ein Juwelennetz, und jeder von uns ist ein Juwel, das alle anderen widerspiegelt. Hält man sich dies vor Augen, erfüllt einen große Dankbarkeit gegenüber allem und jedem. Die buddhistische Lehre vom rechten

Lebenserwerb ist angesichts der weltweiten wirtschaftlichen Verflechtungen heute am besten als bewußte Lebensführung zu verstehen.

18 Macht 315
Es gibt wenige Menschen, die mit Macht umgehen können. Macht korrumpiert, weil wir alle ein Leben wie im Märchen führen möchten, wo alle Wünsche in Erfüllung gehen. Äußere Macht, die auf Geld, sozialem und beruflichem Status und Wissen beruht, scheint alles zu beherrschen, aber innere Stärke, die auf spirituellen Werten, Moral und Charakter gründet, ist stärker.

Teil VI: Schlußgedanken 331

19 Die Arbeitswelt im Wandel 333
Ein neues Jahrhundert beginnt. Was können wir tun, um das herrschende Wirtschaftssystem – den marktwirtschaftlichen Kapitalismus – so zu verändern, daß es sowohl spirituelle als auch materielle Werte umfaßt?

20 Den Arbeitsplatz heiligen 346
Hier wird eine Visualisationsübung beschrieben, in der wir unseren Arbeitsplatz als Tempel oder Kirche sehen. Und wir stellen uns auf der Stirn eines jeden Mitarbeiters einen Diamanten vor.

Danksagung 351

TEIL I

Die grünschillernde Heuschrecke

Mögen alle Wesen erleuchtet sein.
Mögen alle Wesen glücklich sein.
Mögen alle Wesen zufrieden sein.

Universales Gebet zum Wohl aller Wesen

Es war Ende September, als während unserer Mittwochsmeditation im Schatten der Morgendämmerung eine Heuschrecke über den Hartholzboden kroch. Ich beobachtete sie aus den Augenwinkeln und fragte mich: »Woher kennt die Heuschrecke den Weg?« Aus ihrer Perspektive war der Fußboden unüberblickbar, riesig wie ein Ozean. Die Richtungen glichen sich fast. Ob sie gar zu mir kam? Ich wartete.

Langsam, nach Insektenart, nahm sie ihren Weg. Kein einziger Hüpfer. Sie kroch an uns vorbei und verschwand im Schatten.

Später, beim abschließenden Gespräch, erwähnte ich die Heuschrecke und fragte: »Woher kennt sie den Weg?« Das ist eine große Frage. Woher kennen wir den Weg? Wieso können wir handeln, Entscheidungen treffen, unseren Arbeitsplatz bestimmen, woher wissen wir, wen wir lieben und wie wir leben sollen? Am Ende des Gesprächs wies ich auf die kleine Buddha-Holzstatue auf dem Altar, und dort saß zu jedermanns Erstaunen die Heuschrecke in ihrer ganzen grünschillernden Pracht auf dem Buddhakopf, denn nun flutete das Sonnenlicht durchs Fenster.

Das ist eine wahre Geschichte. Ich habe nichts daran erfunden, nicht einmal irgend etwas übertrieben. Wir waren sechs Leute, die das bezeugen können. Aber was gäbe es hier schon zu bezweifeln? Solche kleinen Wunder passieren laufend, mir ebenso wie Ihnen. Sie geschehen vor unser aller Augen. Warum suchte sich die Heuschrecke den Buddhakopf aus? Wurde sie vom Kerzenlicht angelockt? Versuchte sie sich vor der Katze in Sicherheit zu bringen, die wir vorher am Eingang miauen hörten?

Das sind Erklärungen, aber sie gehen am Wesentlichen vorbei. Es kommt nicht darauf an zu sagen: »Toll, was für ein Wunder – richtig spirituell!« Vielmehr geht es um die einfache Feststellung, daß die Welt eben so ist. Heuschrecken schillern ständig auf Buddhaköpfen, oder auf meinem Kopf, auf Ihrem, auf dem Kopf Ihres Chefs oder Ihrer Kollegin. Es ist keine Frage des Wunders, sondern der Wahrnehmung.

Wenn man etwa Berichte von Marienerscheinungen an Gebäuden oder in den Mustern eines alten Eichenstumpfs liest, tauchen darin meist wissenschaftliche Erklärungen über Spiegelungen oder Baumflechten auf. Für wen halten diese wissenschaftlichen Experten eigentlich die Jungfrau Maria? Jemand, der vor zweitausend Jahren gelebt hat, kann wohl nicht wirklich hier sein. Ist sie eine Person, die nur in der Phantasie eines Menschen lebt? Was bedeuten die Begriffe *Wirklichkeit* und *Dasein?* Was ist Phantasie, und wieso ist sie weniger real als eine Spiegelung?

Diese Dinge sind als Fragen weitaus interessanter denn als Antworten. Denn Fragen machen offen: Sie bringen Licht und Glanz in unser Leben, machen es transparent. Durch sie entdecken wir die grünschillernde Heuschrecke sogar bei der Arbeit, beim Autofahren oder wenn wir betrübt und müde sind.

Ihre farbige Erscheinung ist das, wozu wir leben, arbeiten und lieben. Und obwohl sich grünschillernde Heuschrecken überall entdecken lassen, handelt dieses Buch von ihrer Entdeckung im Beruf, am Arbeitsplatz, bei unseren Kollegen, ganz unabhängig von der beruflichen Situation. Es zeigt, wie wir unser Berufsleben zum Leuchten bringen können.

Als wir den Altar abbauten und die Kissen und Matten wegräumten, trug ich die Buddhastatue zum Fenster und ließ die Heuschrecke, die noch immer darauf saß, hinunterhüpfen. Sie saß noch eine Weile auf dem Fensterbrett, ohne sich zu rühren, dann breitete sie langsam und bedächtig ihre Flügel aus und war fort.

Aber nicht völlig: Denn nun war sie mir und all den anderen, die sie kommen und gehen gesehen hatten, in Erinnerung. Und da Sie von mir jetzt die Geschichte erfahren haben, ist die Heuschrecke auch in Ihnen. So bewegt sie sich unter uns allen.

Unser Arbeitsplatz könnte ein wunderbarer Ort der Freude werden, könnten wir in dem Gefühl des Staunens zusammenarbeiten, das die Heuschrecke in uns erweckt. Auch wenn das nicht der Fall ist – die Heuschrecke sitzt irgendwo da und wartet darauf, von uns bemerkt zu werden.

Wo ist sie jetzt?

1

Der Koan des Alltags

»Und was sind Sie von Beruf?«

Wie oft wird einem diese Frage gestellt, und wie oft antwortet man darauf, ohne nachzudenken: »Ich bin Anwalt«, »Ich bin Aerobiclehrerin«, »Ich bin Musikerin« etc. Doch hinter dem Small talk zielt diese Frage auf etwas Wesentlicheres. Ja, was machen Sie eigentlich hier auf Erden, hier in Ihrem Leben? Welche Leidenschaft haben Sie? Welche Ziele haben Sie? Was ist Ihr Lebenstraum, Ihre Berufung? Macht Ihnen Ihre Arbeit Freude? Haben Sie die Hoffnung aufgegeben, daß Arbeit auch Freude machen kann? Oder lieben Sie Ihre Arbeit so sehr, daß Sie kaum für etwas anderes Zeit haben? Warum arbeiten Sie gerade in diesem Beruf? Ist es nur, um sich über Wasser zu halten, oder steckt mehr dahinter? Welches Verhältnis besteht zwischen Ihrem inneren Selbst und Ihrem äußeren Berufs-Ich?

> *Freude an der Arbeit zu finden ist für den Menschen das Größte.*
>
> HARRY ROBERTS:
> Agronom, Cowboy, Boxer, Visierbauer, spiritueller Lehrer indianischer Tradition und Ginger Rogers' Tanzpartner

Dieses Buch soll spirituelle Anregungen fürs Berufsleben geben und enthält Übungen, durch die sich Innenleben und

Berufsleben stärker miteinander verbinden lassen. Ob das im konventionellen Sinn zu einer beruflichen Verbesserung führt, läßt sich nicht garantieren. Wer weiß, vielleicht ermutigt es Sie zu einer Kündigung, und Sie finden eine Arbeit, die Sie zufriedener macht. Das Buch kann Ihnen aber auch eine spirituelle Hilfe sein.

Ich bin Buddhist – und daher auch Realist. In unserer Gesellschaft kommt es im Berufsleben nicht auf spirituelle Befriedigung an. Die meisten unserer Berufe sind dazu da, daß irgendwo irgend jemand einen Profit macht. Lesen Sie, was kürzlich darüber jemand an Ann Landers schrieb:

Warum sollte irgendwer im Beruf noch sein Bestes geben? Um uns Arbeiter kümmert sich doch niemand mehr. Wer in den 60er Jahren aufwuchs, lernte, daß einem nie gekündigt wird, solange man sein Bestes gibt. Das ist Schwachsinn. Ob man angestellt bleibt oder nicht, hängt völlig vom Zufall ab. Ich wurde zweimal ohne jede eigene Schuld entlassen.

Vielleicht wird sich die Arbeit eines Tages wieder dahin entwickeln, wo sie wieder mit der Familie, der Gemeinde, der Spiritualität und der Natur ein organisches Ganzes bildet, wie das in vorindustrieller Zeit der Fall war. Bis dahin setzt die buddhistische Weltsicht beim Heute an – und zwar so wie es ist, ob gut oder schlecht – bei der gegenwärtigen Arbeit, im täglichen Leben, am »Alltags-Ich«.

Dieses Buch gibt Hilfestellungen, wie man im beruflichen Alltag bewußter, wacher und engagierter sein kann. Jede Arbeit hat ihre guten und schlechten Seiten, ob sie nun völlig unscheinbar oder gesellschaftlich hoch angesehen ist. Es geht hier also nicht um beruflichen Aufstieg, sondern um berufliche Erfüllung. Und für die ist man, meine ich, in spiritueller Hinsicht selbst verantwortlich. Der Arbeitgeber mag einem zwar jeden einzelnen Schritt bei der Arbeit vorschreiben, aber egal welchen Beruf Sie haben, Sie bleiben der Chef Ihres Innenlebens.

Die meisten Leute stellen sich unter Buddhisten Menschen vor, die meditieren. Das stimmt teilweise. Ich verbrachte viele Jahre meines Lebens in einem buddhistischen Retreatzentrum, wo ich tatsächlich viele Stunden am Tag still meditierte. Aber der Buddhismus hat auch seine aktive Seite, und es gibt Praktiken, die sich sehr gut in den ganz normalen Alltag integrieren lassen. Viele sind keine Meditationen im üblichen Sinn, sondern eher Bewußtseins- und Konzentrationsübungen. Einige befassen sich mit emotionalen Zuständen, wie Ärger, Angst, Frustration und innerer Leere. Andere schulen die Kommunikationsfähigkeit oder das überlegte Handeln. Sie alle regen zu der grundlegenden spirituellen Fragestellung an: Wer bin ich? Was tue ich hier? Wie komme ich zu einem erfüllten Leben? Sämtliche Übungen basieren auf der Überzeugung, daß uns die Mittel zur Verwirklichung dieser spirituellen Suche zur Verfügung stehen und daß gerade unser Alltag einen geeigneten Ausgangspunkt darstellt.

Eines steht fest: Sie brauchen kein Buddhist zu sein, um aus diesen Übungen Nutzen zu ziehen. Während meiner Tätigkeit als Meditationslehrer habe ich Menschen mit unterschiedlichem religiösem und nichtreligiösem Hintergrund unterrichtet – katholische Mönche, Rabbis, protestantische Geistliche, Moslems, Agnostiker, Atheisten –, unter denen sich viele sicher nicht als Buddhisten verstanden. Aber sie alle profitierten von der buddhistischen Praxis.

Berufsleben und Spiritualität

Haben Sie schon einmal jemand sagen gehört: »Damit bin ich doch nicht verheiratet, und das ist schließlich nicht mein Leben«? Es sind Redensarten, wenn beruflich etwas schiefgeht. Nun, unser Beruf mag zwar nicht unsere Frau (oder unser Ehemann) sein, aber er gehört mit zu unserem Leben, nimmt einen großen Teil davon ein. Untersuchungen haben ergeben, daß der Durchschnittsamerikaner heute pro Jahr 150 Stunden mehr arbeitet als noch 1910 – ein ernüchterndes Ergebnis! Wenn wir uns von unserer Arbeit abkoppeln, indem wir sagen »Dieser Teil meines Lebens zählt eigentlich gar nicht, ich tue das nur zum Überleben«, berauben wir uns selbst der größten Chance, die der Mensch, nach Meinung meines Lehrers Harry Roberts, im Leben hat – nämlich Freude an der Arbeit zu finden.

Wie stehen Sie zu Ihrer Arbeit? Lieben Sie Ihre Arbeit, gehen aber so in ihr auf, daß sie zu Ihrem Leben geworden ist? Oder finden Sie Ihre Arbeit entsetzlich öde, stören sich jedoch nicht weiter daran, weil Sie eine Abendschule besuchen, um sich beruflich zu verbessern? Vielleicht arbeiten Sie auf dem Dienstleistungs- oder Erziehungssektor, und es ist nicht Ihr Chef, sondern es sind die Kunden (Patienten, Schüler, Eltern), die Sie zur Verzweiflung treiben.

Egal wie Ihre Situation auch sein mag, es gibt bestimmte allgemeine Charakteristika der Arbeit. Man geht zur Arbeit, es sei denn, man arbeitet zu Hause. Dort angekommen, verrichtet man eine Tätigkeit, für die man entlohnt wird, man programmiert etwa Computer oder schreinert oder organisiert. Man interagiert mit anderen Menschen in einer Umgebung, in der ungleiche Machtverhältnisse herrschen. Die Arbeitsleistung wird gemessen. Man konkurriert mit anderen um Erfolg. Man kann seine Arbeit kündigen oder sie verlieren, und man lebt (hoffentlich) nicht nur, um zu arbeiten.

Stellen wir dieser Beschreibung des Berufslebens einmal unser spirituelles Leben gegenüber. In unserem spirituellen Leben konkurrieren wir nicht um spirituellen Erfolg. Vergleiche zählen hier nicht. Wir respektieren alle Menschen (uns eingeschlossen) in ihrer Würde. Wir sorgen für andere, wir teilen, sind großzügig, wir vergeben. In der geistigen Welt geht es nicht um Bonusse, Beförderungen oder Auszeichnungen. Erfolg ist zweitrangig. Wir sind bereits so, wie wir sind, in Ordnung.

Das spirituelle Leben scheint also dem Berufsleben fast entgegengesetzt zu sein! Halten wir aber hier einmal kurz inne und fragen uns, warum das moderne Berufsleben so ist, wie es ist. Ist es das Werk böser Tyrannen, denen nur daran gelegen ist, uns zu quälen? Oder hat es sich so ergeben, weil in den letzten paar Jahrhunderten Menschen zusammengearbeitet haben, um eine Welt zu schaffen, in der es sich besser, länger und glücklicher leben läßt und die unseren Kindern eine sichere Zukunft bietet? Wir sind für die heutige Form des Berufslebens kollektiv verantwortlich, und wir müssen sehen, wie sie sich weiterentwickeln läßt, ganz gleich, wie unvollkommen sie auch ist. Möglich, daß sich das Wesen der Arbeit einmal fundamental ändern wird. Einige Sozialtheoretiker glauben, dieser Wandel habe sich bereits angebahnt. Ich bin derselben Meinung, und in Kapitel 19 »Veränderung der Arbeit« gehe ich einigen dieser Trends nach. Aber warten wir nicht auf diesen großen Moment. Wir können schon heute etwas tun. Wir können jetzt etwas verändern. Jeder Tag bietet die Möglichkeit, etwas zu ändern.

Für die Erkundung dieses Buches – Sie brauchen es nicht von vorn bis hinten zu lesen – ist nur eines nötig, und das ist Selbstvertrauen. Vertrauen Sie Ihren eigenen Gefühlen, Ihrer Intuition, Ihrem Urteil. Innerlich wissen Sie bereits, wie Sie Ihr Berufsleben befriedigender gestalten können. Lassen Sie einmal die Vorstellung beiseite, man arbeite für jemand anderen. Im spirituellen Leben ist jeder selbständig. Man ist sein eigener Chef. Niemand braucht von dieser inneren Arbeit zu wissen. Man kann sie geheimhalten. Ihre Anstrengungen liegen außerhalb des Bereichs von Niederlage und Erfolg. Ich weiß nicht, was sich für den einzelnen aus den Übungen in diesem Buch ergeben wird, aber eines ist sicher: *Irgend etwas* wird geschehen.

Ich bin mir dessen so sicher, weil immer irgend etwas geschieht. Die ganze Welt bietet laufend Gelegenheiten für spirituelles Wachstum. Man muß nur auf sie achtgeben. Darin besteht die eigentliche Arbeit, darauf beruht die Freude, und wenn wir dies einmal begriffen haben, ist es vorerst egal, welchen Beruf wir ausüben. Wenn wir uns selbst gegenüber aufgeschlossen sind, wird das am Ende Früchte bringen.

Der Koan des Alltags

Doch welche Art Früchte werden es sein? Eine Gehaltserhöhung, ein glücklicheres Berufs- und Privatleben? Vielleicht, aber nicht unbedingt. Der spirituelle Weg beruht mehr auf Fragen als auf Antworten, mehr auf dem Suchen als auf dem Finden, mehr auf der Bemühung als auf der Leistung. In einer buddhistischen Schule denken die Schüler über spirituelle Fragen, sogenannte *Koans,* nach. Es gibt Hunderte solcher Koans, bei denen es sich meist um Episoden aus dem Leben alter buddhistischer Meister handelt. Einige davon sind sogar Teil unserer Alltagskultur geworden. Zum Beispiel tauchte die Frage »Wie hört sich das Klatschen einer Hand an?« in einer der »Simpsons«-Folgen im Fernsehen auf.

Neben diesen vorformulierten Fragen gibt es noch eine andere Art von Koan, den sogenannten Koan des Alltags. Das menschliche Leben selbst, in das man geboren wird und aus dem einen der Tod wieder geleitet, ist ein unergründliches Rätsel, das wir zwar ignorieren können, dem wir aber nicht entkommen können. Das »normale« Leben bietet, wenn man nur richtig hinzusehen versteht, so viel Ungewöhnliches, eröffnet so viele Möglichkeiten für das spirituelle Wachstum. Sich dem Koan des Alltags zu stellen bedeutet, jede Situation so zu betrachten, als handle es sich um eine tiefgründige spirituelle Frage. In diesem Sinn ist jeder einzelne Koan ein spezifischer Ausdruck des Alltagskoan.

Folgende Episode ist zum Beispiel ein solcher Koan:

Ein Mönch fragte seinen Lehrer: »Was ist der Buddha?« Darauf antwortete dieser: »Die Zypresse im Garten.«

Was bedeutet das? Was hat eine Zypresse mit Buddha zu tun, also unserem erwachten Selbst? Stellen wir uns diese Zypresse vor, die den Weg des Klostergartens säumt. Was könnte gewöhnlicher oder vertrauter sein als dieser alte Baum, an dem jeder Mönch sein Leben lang täglich vorbeigeht? Die Zypresse verkörpert hier also das Allergewöhnlichste. Was ist für Sie das Allergewöhnlichste? Ist es der Küchentisch? Das Auto? Ein guter Freund? Frau und Kinder? Die Kollegen? Oder das Kopiergerät in der Büroecke?

In diesem Buch wird davon ausgegangen, daß unser Alltag zahlreiche Schätze birgt und daß die Routinen unseres Arbeitstages – von der Anfahrt am Morgen über die Kaffeepause, die Mittagspause, die Nachmittagsbesprechung bis zur Heimfahrt am Abend – unzählige Geschenke für unseren Geist bereithalten, wenn wir uns nur erlauben, sie wahrzunehmen.

Eine wahre Geschichte soll das illustrieren.

Julie war Leiterin des Kundenservices einer Versicherungsgesellschaft. Aufgrund kostensenkender Maßnahmen hatte sie neben ihren organisatorischen Aufgaben täglich noch für einige Stunden Telefonate anzunehmen, die an anderen Stellen nicht durchkamen. Das Schlimmste an ihrer Arbeit war, erzählte sie mir, das unberechenbare Telefongeklingel. Im Laufe der Wochen haßte sie dieses Geklingel immer mehr. Sie ging dazu über, die Lautstärke herunterzudrehen, aber dadurch überhörte sie die Anrufe oft, was noch schlimmer war.

Eines Tages bemerkte sie, wie sie, ohne sich etwas dabei zu denken, den Lautstärkeregler im Gleichtakt mit dem Telefonklingeln betätigte. Da kam ihr plötzlich der Gedanke »Ich bin diejenige, die klingelt«. Von da an regulierte sie die Lautstärke immer im Rhythmus des Klingelns, sobald sie das Telefon zu nerven anfing, so als wäre sie selbst für das Klingeln verantwortlich.

»Komisch«, sagte sie, »aber dadurch hatte ich das Gefühl, wieder die Oberhand zu gewinnen.«

In diesem Fall war der Koan des Alltags ein klingelndes

Telefon. Jeder, der in einem Büro arbeitet, weiß, wie einen das Telefon zur Verzweiflung treiben kann. Wir müssen damit zurechtkommen, keiner von uns kann das ständige Geklingel leiden, und trotzdem kann es ein innerlicher Weckruf sein. Die Störung durch das läutende Telefon stellt zugleich eine existentielle Herausforderung dar. Das läutende Telefon steht für alles in unserem Leben, das wir nicht kontrollieren können, für alles, was unser Leben unvorhersehbar, verwirrend und schwierig macht. Wer glaubt, spirituelles Leben fände nur in der Kirche, im Meditationszentrum oder auf einem Strandspaziergang statt, wird das natürlich abstreiten.

Aber wer bereit ist, in ganz alltäglichen Situationen Gelegenheiten zu spirituellem Wachstum wahrzunehmen, für den kann das läutende Telefon ebenso für eine tiefgründige Erfahrung sorgen wie die Zypresse im Garten.

Den Unterschied macht allein die spirituelle Praxis aus, durch die das Weltliche zum Heiligen, das Gewöhnliche zum Tiefgründigen gewandelt wird. In Julies Fall, die das Läuten des Telefons instinktiv nicht als etwas Äußeres, sondern als etwas Inneres auffaßte, handelt es sich um ein Beispiel für die Übung des »Mit dem Herzen Sehens und Hörens«, welche später genauer erklärt wird. Julie hörte weniger mit ihrem weltlichen Ohr als mit einem geistigen Organ.

Die Einsicht, daß ein Klang nicht außerhalb von uns ist, sondern in uns liegt, ist eine Bewußtwerdung, die uns zu einem anderen Verständnis unserer zwischenmenschlichen Beziehungen führen kann. Aus dieser Einsicht erwachsen Großzügigkeit, Mitgefühl und Weisheit.

Es scheint keine besonders große Leistung zu sein, den Lautstärkeregler eines Telefons synchron zu dessen Klingeln vor- und zurückzudrehen. Aber spirituelles Wachstum beruht auf der Ansammlung solcher kleinen, bescheidenen Bewußtwerdungen. Sie können schließlich zu einem Bewußtseinssprung führen, einer völlig anderen Auffassung des »das bin ich« und »das ist die Welt«.

Beim Hören der Worte »die Zypresse im Garten« hat der Mönch eben einen solchen Bewußtsseinssprung erfahren. Um die Geschichte richtig zu verstehen, muß man wissen, daß der Baum ein ganz vertrauter Teil im Leben des Mönchs war, so wie das Telefon in Julies Alltag. Er kannte die Zypresse im Garten in- und auswendig. Täglich ging er an ihr vorbei, wenn er das Wasser in die Küche oder das Holz ins Badehaus brachte, genauso wie wir am Fotokopierer vorbeigehen, wenn wir den Korridor benützen. Deshalb vermochten die Worte »die Zypresse im Garten« ihn zur Einsicht bringen. Durch spirituelle Praxis, durch die laufende Achtsamkeit wuchs der Baum in ihm.

Die Zypresse im Garten kann alles sein, solange wir wirklich achtsam sind und uns auf unserer geistigen Suche mit offenen Augen und Ohren umtun.

Das ist der Koan des Alltags. Er ermöglicht, daß für jeden der Arbeitsplatz ein spiritueller Ort werden kann. Das ist die Welt des Erwachens, eine Welt, in der uns alles, was wir erleben und erfahren, geschenkt wird.

Machen Sie eine kurze Lesepause, schauen Sie sich um. Worauf fällt ihr Blick zuerst? Auf die Schreibtischlampe? Die Fensterscheibe? Den Bleistift? Diese alltäglichen Gegenstände können zu Ihren engen geistigen Freunden werden.

Heißen Sie sie herzlich willkommen, denn im Laufe Ihrer Beschäftigung mit diesem Buch werden sie sich mit Ihnen anfreunden und Sie herausfordern.

Zumindest hoffe ich, daß Sie sich an Julies Geschichte, den Mönch und die Zypresse erinnern, wenn das nächste Mal das Telefon klingelt, und die Möglichkeit in Erwägung ziehen, daß die Stimme am anderen Ende der Leitung vielleicht mehr mit Ihnen zu tun hat, als Sie denken.

Sie könnten es selbst sein.

2

Was ist
spirituelle Praxis?

Als Junge lernte ich Klavier spielen und übte täglich nach der
Schule mindestens zwei Stunden lang. Ich kann noch immer
meine Mutter aus der Küche rufen hören: »Hör mit dem
Herumgeklimpere auf! Übe!« Sie war Musiklehrerin, man
konnte ihr also nichts vormachen! Das versteht man gewöhnlich unter »üben« – Klavier spielen üben, Golf spielen
üben, Rhetorik üben. Diese Art Üben ist ein Einstudieren,
die Perfektionierung einer Fertigkeit.

Die spirituelle Praxis ist etwas anderes. Wenn man sich
spirituell übt, ist das keine Probe oder sich aufwärmen, sondern ein Selbstzweck, ein Tun, das unser Wesen zum Ausdruck bringt und entfaltet. Spiri-
tuelle Praktiken sind leichter zu
beschreiben, als zu definieren,
lassen Sie mich hier also einige
Beispiele anführen.

*Die spirituelle Praxis
ist keine Aufwärm-
übung, sondern ein
Selbstzweck, ein Tun,
das uns innerlich ver-
ändert und auf andere
ausstrahlt.*

Katholiken bekreuzigen sich.
Gesetzestreue Juden halten sich
koscher. In verschiedenen Reli-
gionen gibt es den Brauch des Fastens oder des Dankgebets
vor dem Essen. Dies sind bekannte Beispiele für spirituelle
Praktiken. Das Tragen eines Eherings ist ein weniger augen-

fälliges Beispiel, aber sichtbarer Ausdruck des Ehegelübdes. Jemand »Gesundheit!« zu wünschen (englisch: *Bless you!*), wenn er niest, stellt ursprünglich ein Segensgebet dar. Und auch *Good-bye* (eine Kurzform für »Gott sei mit dir!«) ist eigentlich ein Segensspruch.

Die auf der ganzen Welt verbreitete spirituelle Übung ist natürlich das Gebet.

Manche Menschen haben solche Praktiken in ihr tägliches Leben integriert, als Ausdruck ihrer religiösen Identität. Andere können vielleicht nicht viel mit derartigen Übungen anfangen, etwa weil sie ihnen abgedroschen vorkommen oder für sie Schuld- und Pflichtgefühle damit verbunden sind. Das ist schade, denn der wahre Sinn der spirituellen Praxis besteht nicht in der automatischen Befolgung von Vorschriften, sondern in der Entwicklung eines Bewußtseins für das Heilige. Koscher zu bleiben hat zum Beispiel auch damit zu tun, daß man die Nahrung, die man ißt, als Gabe achtet. Das Sichbekreuzigen bringt die Verbindung zu Jesu Leiden körperlich zum Ausdruck. Gesundheit zu wünschen, wenn jemand niest, zeigt Sympathie und Mitgefühl. Dies sind nicht nur leere Rituale. Sie haben das Potential, uns innerlich zu wandeln, charakterlich zu stärken und uns selbst, anderen und Gott gegenüber verantwortungsbewußter zu machen.

Viele solcher Praktiken sind traditionsgebunden. Katholiken bleiben zum Beispiel nicht koscher, und Juden bekreuzigen sich nicht. Aber es gibt viele spirituelle Praktiken, die unabhängig von einer Religionszugehörigkeit geübt werden können. Im Buddhismus gibt es besonders viele solcher Übungen, was mit ein Grund ist, weshalb er im Westen so großes Interesse gefunden hat. Der Buddhismus legt traditionell mehr Gewicht auf die Praxis als auf Glaubensvorschriften. So könnte man fast sagen, daß sein Glaube seine Praktiken sind. In diesem Sinn kann man ihn nicht nur als eine eigenständige Religion, sondern auch als religiöses »Werkzeugset« betrachten. Genauso wie ein Hammer, eine Säge oder eine Kombizange jeweils eine spezielle Funktion haben, so gibt es viele Übungen im Buddhismus, die für spezielle Arbeiten am Charakter entwickelt wurden.

Der Sinn der spirituellen Praxis

Unser spirituelles Ich stellt grundlegende Fragen: Wer bin ich? Warum bin ich hier? Welchen Sinn hat mein Dasein? Die spirituelle Praxis dient der tatsächlichen Auseinandersetzung mit diesen Fragen (der der bloße Glaube gegenübersteht). Es ist ein Tun, das auf unsere innere Veränderung, unsere seelische Entfaltung hin angelegt ist.

Unser Liebesleben dreht sich um Leidenschaftlichkeit, Gesellschaft und Nähe, unser Familienleben um Heim, Kinder und Verwandte. In unserem Berufsleben geht es um Karriere, Geldverdienen und die Ausübung bestimmter Tätigkeiten. Doch am bedeutsamsten ist unser spirituelles Leben, da es alle diese Aspekte umfaßt. Ganz gleich wieviel äußerlichen Erfolg wir haben, unser spirituelles Leben bestimmt, wer wir wirklich sind – es bestimmt, ob in uns Großzügigkeit, Kraft und Zufriedenheit herrschen oder Angst und Unsicherheit.

Ich hatte einmal einen Lehrer, Harry Roberts, der Halbire und Halbindianer war. Er gewann sein spirituelles Wissen durch seinen Onkel, einen traditionellen Medizinmann. Als

Harry ein kleiner Junge war, beobachtete er einmal seinen Onkel beim Nähen eines Federkopfschmucks, den er für einen traditionellen Zeremonientanz brauchte. Als sein Onkel diesen zum Teil wieder auftrennte und neu nähte, wunderte er sich.

»Warum trennst du das jetzt wieder auf?« fragte Harry. »Der Tanz findet nachts statt. Es wird niemandem auffallen. Wen kümmert's also?«

»Mich«, antwortete sein Onkel.

Für Harrys Onkel war das Nähen des Kopfschmucks nicht nur eine einfache Arbeit. Es war nicht allein wichtig, wie der Kopfschmuck aussah, sondern es zählte auch die Geistesverfassung, in der er ihn herstellte. Als spirituellem Oberhaupt einer Gemeinschaft genügte ihm eine leidliche Leistung nicht. Sie hatte seinen eigenen inneren Wertvorstellungen zu genügen. Das um so mehr, als der Kopfschmuck sein Beitrag zum Zeremonientanz war. Das Nähen des Kopfschmuckes erschöpfte sich nicht in Stichen und Stickerei. Es war Charaktersache und als solche zu verantworten. Es stellte eine spirituelle Übung dar.

Der Charakter zählt

Wann haben Sie zuletzt von jemandem gesagt, er habe einen guten Charakter? War es vielleicht vor Gericht oder beim Diktat eines Empfehlungsschreibens? Ein solches Sprechen vom »Charakter« ist nicht mehr sehr gebräuchlich. Üblicher ist noch die Redewendung »Er hat Charakter!« oder die Bezeichnung »Charakterdarsteller«.

Der Begriff »Charakter« bezeichnet nicht unser äußeres Auftreten, sondern unsere innere Wesensart, also den Teil von uns, der unsere Werte, unsere Moral und unsere Überzeugungen beherbergt. Andere Menschen können sich auf unseren Charakter verlassen, denn er ist nicht erlogen, nicht aufgesetzt, keine Schauspielerei.

Der Charakter ist kein Modestil, keine Frisur. Er entsteht nicht an einem Tag, sondern ist vielmehr das Ergebnis unserer Lebensführung – der Entscheidungen, die wir getroffen haben, der Lektionen, die wir von unseren Eltern und Lehrern gelernt haben, der Herausforderungen, die wir bestanden haben.

Charakter ist das, was in Krisensituationen zum Vorschein kommt. In solchen Situationen lassen wir die Maske fallen. Es bleibt dann keine Zeit zu überlegen, was man am besten tun oder sagen soll. In solchen Momenten spricht die Stimme der Wahrheit aus uns, und es kommt unverstellt ans Licht, wer wir wirklich sind. Er ist auch der Teil von uns, der sich am stärksten mit anderen austauscht. Deshalb war es für Harrys Onkel so wichtig, daß er in der richtigen Geistesverfassung zum Zeremonientanz kam. Er war das Oberhaupt der Gemeinschaft. An seinem Charakter orientierten sich andere. Auf ihn verließ man sich. Er konnte nicht alle zum Narren halten. Er konnte nicht allen etwas vormachen. Hätte er den Kopfschmuck schlampig genäht und gedacht, daß das, was er mit Nadel und Faden tat, nebensächlich war und niemand etwas anginge, würde er seine Leute im Stich gelassen und hintergangen haben.

Im modernen Berufsleben wird der Charakter offensichtlich nicht in dieser Weise anerkannt. Solange wir gute Arbeit leisten und die Erwartungen unseres Auftraggebers befriedigen, geht niemanden etwas an, wie es tief in uns drinnen aussieht.

Oberflächlich mag das so scheinen. In Wirklichkeit zählt Charakter immer. Er erlaubt uns, das Leben in die Hand zu nehmen. Er gibt uns Kraft, läßt uns Schwierigkeiten und Ungerechtigkeiten ertragen und mitten im Chaos die Ruhe bewahren.

Ich weiß aus eigener Erfahrung, daß der Charakter in Geschäftsbeziehungen eine größere Rolle spielt, als die meisten von uns zugeben wollen. Ich muß oft komplizierte Verträge aushandeln, doch ist mir bei all den Detailklärungen bewußt, daß ein Vertrag im Grunde nur die Bedingungen festlegt, unter denen sich die Vertragspartner gerichtlich verfolgen können. Wenn es dazu kommt, ist die Geschäftsbeziehung bereits gescheitert. Eine erfolgreiche Geschäftsbeziehung braucht ein gewisses Maß an Vertrauen, und Vertrauen ist eine Sache des Charakters.

Auch wenn es im Beruf auf den Charakter ankommt, wird seine Wichtigkeit nur selten ausdrücklich anerkannt. Um so mehr Grund für uns, uns selbst um seine Pflege zu kümmern. Wenn wir auf unseren Charakter achten, dann wird unsere Ausstrahlung lebendig. Wenn es am Arbeitsplatz an Herz fehlt, dann liegt es mit an unseren charakterlichen Bemühungen, daß es dort wieder herzlicher zugeht. Wenn wir uns beruflich überfordert fühlen, dann kann uns der Charakter helfen, trotzdem unser Bestes zu tun. Der Charakter ist eine Antwort auf die Fragen: Wer bin ich? Was soll ich tun?

Charakter zählt.

Alles ist lebendig

In dem Film *Little Big Man* wird ein kleiner Pionierjunge
entführt und von Indianern aufgezogen. Sein Stiefvater ist
der Stammeshäuptling. Eines Tages versucht der Häuptling
dem Jungen den Unterschied zwischen den Weißen, die er
»Verrückte« nennt, und den Indianern zu erklären, die er als
»Menschen« bezeichnet.

»Der Unterschied zwischen den Verrückten und den Menschen«, sagte der Häuptling, »ist der, daß die Verrückten
alles für tot und wir Menschen alles für lebendig halten.«

Alles ist lebendig! Nicht nur die Pflanzen und Tiere, sondern auch die Steine, Flüsse, der Himmel, die Wolken, der
im Sonnenlicht herumwirbelnde Staub. Spirituelles Leben
beruht auf dem Empfinden dieser Lebendigkeit. Viele Menschen wenden sich Traditionen wie dem Buddhismus zu, in
der Hoffnung, eine solche Erfahrung zu machen, und sehen
den Sinn spirituellen Übens in der Ermöglichung dieser Erfahrung. Aber die spirituelle Praxis ist nicht nur ein Mittel,
um alles zum Leben zu erwecken.

Es ist schon alles lebendig.

Darum ist die spirituelle Praxis nicht nur Mittel zum
Zweck, sondern ein Selbstzweck, ein Weg, uns selbst vollständig zu verwirklichen. Der Dichter Wallace Stevens sagte
einmal: »Die wahre religiöse Kraft ist nicht die Kirche, sondern die Welt.« Kirchen, Tempel und Meditationszentren
sind wichtig. Die Zugehörigkeit zu einer spirituellen Gemeinschaft ermöglicht uns ein gemeinsames spirituelles Leben und gegenseitige Ermutigung. Aber wir sollten uns auch
daran erinnern, daß schon alles in der Welt heilig ist, selbst

das Faxgerät, das in der Büroecke summt, selbst der Abfalleimer daneben, der von Pepsi-Dosen und zerknülltem Papier
überquillt. Eine alte Pepsi-Dose gehört zu den Dingen, die
wir als unwichtig abtun, als Abfall, als Schmutz. Aber durch
die spirituelle Praxis können wir begreifen lernen, was der
Häuptling in *Little Big Man* sagen wollte. Alles ist wichtig.
Alles hat seinen Platz. Alles ist heilig.

Mein erster buddhistischer Lehrer, Shunryu Suzuki Roshi,
wurde einmal gefragt: »Warum meditieren wir?«

Er antwortete: »Um unseren Charakter zu polieren.«

Wenn man etwas poliert, bringt man es zum Glänzen. Das
Polieren unseres Charakters unterscheidet sich nicht vom
Polieren anderer Dinge – einer Schnitzerei, eines silbernen
Kerzenleuchters, einer Linse, eines Intarsientisches, eines
Modellklippers. Warum soll das alles glänzen? Warum wol-
len wir selbst glänzen? Weil es uns Freude macht, glaube ich.
Mir fällt kein besserer Grund ein.

Warum erfreuen uns Menschen solche Dinge? Warum
sind wir so, wie wir sind? Ich kann darauf keine Antwort geben. In der spirituellen Praxis geht es nicht um das Warum,
sondern um das Wie.

Spirituelle Praxis am Arbeitsplatz

Selbst die Leute, die die spirituelle Praxis für sich entdeckt
haben, sind skeptisch, wenn ich sage, daß spirituelle Praktiken nicht nur zu Hause oder im Meditationszentrum, sondern auch am Arbeitsplatz durchgeführt werden können.
Dieses Buch wurde unter der Voraussetzung geschrieben,

daß dies möglich ist, daß auch die Situationen und Herausforderungen unseres Arbeitslebens für das innere Wachstum genutzt werden können. Ich möchte Sie mit diesem Buch von der Vorstellung abbringen, daß das Innenleben etwas ist, das separate Zeit beansprucht, vielmehr kann es ständig präsent und aktiv sein, da ist der Arbeitsplatz nicht ausgeschlossen. Ich möchte Ihnen vermitteln, daß Sie auch in der Arbeit zu sich selbst kommen können, ob Sie diese Arbeit nun hassen oder lieben. Ich möchte den Begriff »Zufriedenheit im Beruf« neu definieren. Wir glauben, beruflich laufe alles bestens, wenn man rasch zur Spitze aufsteigt, aber viel wichtiger ist, daß man innerlich wächst und sich menschlich entwickelt, unabhängig vom äußeren Erfolg.

Ich verbrachte die ersten fünfzehn Jahre meines Erwachsenenlebens als buddhistischer Priester und Meditationslehrer und die zweiten fünfzehn Jahre als Geschäftsführer, Unternehmer und Musiker/Komponist. Ich hatte Glück, soviel Zeit für meine spirituelle Ausbildung zu haben. Aber trotzdem, die wichtigsten spirituellen Lektionen wurden mir draußen in der Welt erteilt – während der zweiten fünfzehn Jahre.

Nachdem ich Kloster und Meditationssaal verlassen hatte, beschäftigte mich dauernd die Frage: »Wie läßt sich meine spirituelle Erfahrung in der Arbeit, im Unterrichtsraum, in der Familie, in der Gemeinde, in persönlichen Beziehungen umsetzen? Wie läßt sie sich anwenden?« Ich habe dieses Buch geschrieben, um einige von mir gefundene Lösungsmöglichkeiten mitzuteilen. Es sind Praktiken und Techniken, die ich sowohl in eigener Praxis als auch in den von mir gehaltenen Workshops erprobt habe.

Der moderne Arbeitsplatz ist einerseits weit davon entfernt, eine ideale Umgebung für die spirituelle Entwicklung zu sein. Konkurrenz, Leistung, Technik und Profit stehen dort an erster Stelle. Im Gegensatz dazu geht es im spirituellen Bereich um Sinn, Ganzheit, Verbundenheit und Kooperation. Auf den ersten Blick scheint nichts weiter voneinander entfernt zu sein als diese beiden Welten. Aber Berufe werden nicht von Robotern, sondern von Menschen wie du und ich ausgeübt, die alle unabhängig von Rang und Namen dasselbe Bedürfnis nach einem sinnvollen Leben haben und einmal nicht umsonst auf der Welt gewesen sein wollen.

Sicher, der moderne Arbeitsplatz macht es einem nicht leicht, eine spirituelle Einstellung aufrechtzuerhalten, während das Telefon klingelt, das Faxgerät pfeift und man in acht Stunden die Arbeit von zehn erledigen soll. Um so mehr Grund, dagegen anzugehen und den Arbeitsplatz nicht als Hindernis zu begreifen, sondern als eine Gelegenheit, sich gute Tage zu machen, statt immer nur das Wochenende zu erwarten. Die Übungen, die ich in diesem Buch vorstelle, sind mehr als bloße Techniken. Sie helfen einem, die Arbeit mit anderen Augen zu sehen, sich auf den Teil von ihr zu konzentrieren, der jenseits von Erfolg und Mißerfolg liegt. Wenn wir das Gefühl haben, daß wir innerlich nicht bei der Arbeit sind, dann liegt das nicht nur an den beruflichen Anforderungen, sondern auch daran, daß wir den Kontakt zu uns selbst verlieren und nicht wissen, wie er sich wiederherstellen und festigen läßt.

Egal wie viele Frustrationen und Erniedrigungen unser äußerer Job mit sich bringen mag, innerlich sorgen wir für uns und bleiben lebendig. Egal wie unsicher unsere Anstellung ist, unserer Seele kann niemand kündigen. Niemand kann zu unserem Inneren sagen: »Du bist entlassen!«

Ich wiederhole: Sie sind der Chef Ihres Innenlebens. Wirklich.

In diesem Sinn stellt die Arbeit nicht nur einen Broterwerb, einen Job dar. Arbeit läßt sich als spirituelle Übung begreifen und nutzen.

3

Das Energierad

Wie viele Tage sind Sie alt? Wenn Sie fünfunddreißig Jahre alt sind, haben Sie 12 775 Tage gelebt. An wie viele können Sie sich im einzelnen erinnern? Natürlich erinnern wir uns an die Höhepunkte unseres Lebens – an unseren ersten Schultag, unseren ersten Kuß, unsere Triumphe und Auszeichnungen – und ebenso an die Tiefpunkte, vielleicht an die Scheidung unserer Eltern, an einen Todesfall in der Familie, eine Niederlage, einen Liebeskummer. Aber die meisten Tage unseres Lebens gehen in unserer Erinnerung als mehr oder weniger bedeutungslos unter.

Die spirituelle Grundfrage, vor die uns das Rad stellt, lautet: Dreht das Rad uns, oder drehen wir das Rad?

Aber angenommen, wir könnten uns besser an jeden einzelnen Tag erinnern. Angenommen, wir hätten einen riesigen Kalender im Kopf, in dem wir pro Tag mit einem Wort festhalten könnten, welcher Stimmung wir hauptsächlich waren. Und nehmen wir der Einfachheit halber einmal an, daß uns nur vier Worte zur Verfügung stehen: *gestreßt, glücklich, zufrieden* und *deprimiert*.

Stellen wir uns doch einmal die fünfunddreißig Jahre unseres Lebens als aufgefädeltes Popcorn vor, als eine Schnur von 12 775 Maiskörnern, auf denen jeweils eines der vier Worte steht. Sie könnte folgende Sequenz enthalten:

Tag 10 143	gestreßt
Tag 10 144	gestreßt
Tag 10 145	glücklich
Tag 10 146	deprimiert
Tag 10 147	zufrieden

Oder vielleicht steht auf allen 12 775 Maiskörnern »zufrieden«! Trifft das auf Ihr Leben zu, herzlichen Glückwunsch! Dann dürfte sich die Lektüre dieses Buches für Sie erübrigen.

Angenommen, wir gingen noch ein Stück weiter und ordneten jedem der Worte eine Farbe zu: Rot für Streß, Grün für Begeisterung, Gelb für Zufriedenheit und Blau für Frustration. Dann sähe dieser Phantasiekalender aus wie jene bunten Popcornketten, die die Kinder in Amerika zu Weihnachten und zu Halloween machen. Und wie steht es mit den Stunden und Minuten eines jeden Tages? Auch für sie brauchen wir noch weitere Popcornketten – eine Stunde Rot, fünf Minuten Blau, ein halber Tag Gelb oder Grün.

Das ist unser Leben, ein dauerndes Auf und Ab, und kein Augenblick gleicht dem anderen. Aber wie viele von uns halten je inne, um über diese bunte Kette einmal wirklich nachzudenken? Vergegenwärtigen wir uns sein tägliches, sein stündliches Auf und Ab, wie wir es von Augenblick zu Augenblick stets vergessen? Etwa, daß wir noch vor ein paar Stunden traurig waren und dann plötzlich eine gute Nachricht wie ein Sonnenstrahl die Düsternis vertrieb? Sicher, man versucht sein Leben unter Kontrolle zu bringen und

Das Energierad

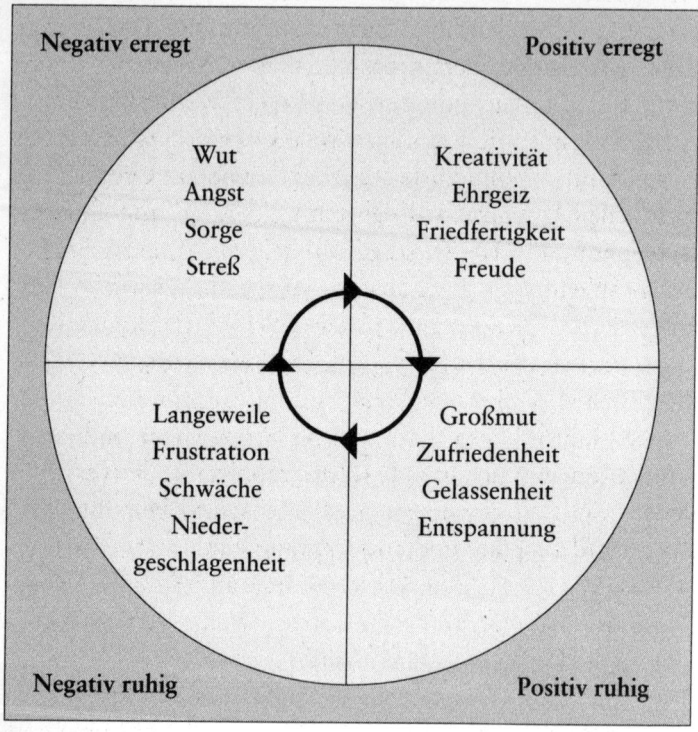

Negativ erregt   Positiv erregt

Wut   Kreativität
Angst   Ehrgeiz
Sorge   Friedfertigkeit
Streß   Freude

Langeweile   Großmut
Frustration   Zufriedenheit
Schwäche   Gelassenheit
Nieder-   Entspannung
geschlagenheit

Negativ ruhig   Positiv ruhig

sich und seine Lieben vor Gefahren zu schützen. Aber ganz gleich, wie sehr man sich auch um die Abwendung eines jeden Unglücks bemüht, niemand kann sagen, was der nächste Augenblick bringen wird.

Obwohl es in der heutigen Welt viele Errungenschaften gibt, die uns das Leben erleichtern – Antibiotika, Computer, Autos, Zentralheizungen, Stereokopfhörer –, sind die Grundvoraussetzungen des menschlichen Lebens noch dieselben wie vor hundert, tausend, ja sogar fünftausend Jahren. Was heute ist, kann morgen anders sein. Freunde werden Feinde. Leidenschaftliche Lieben zerbrechen. Das einzige Kind wird krank oder stirbt. Der sichere Arbeitsplatz wird gestrichen. Auf Gewinn folgt Verlust, auf Verlust Gewinn.

Dieses Prinzip des ständigen Wechsels ist ein wesentlicher Gegenstand der buddhistischen Lehre, und ein Großteil der spirituellen Übungen wurden entwickelt, um mit ihm zurechtzukommen. Der ständige Wandel ist ein praktisches Lebensproblem, aber auch eine grundlegende spirituelle Herausforderung. Wie kann man das Faktum des Wandels für das spirituelle Wachstum nutzen? Wie kann man auch bis in die kleinsten Winkel des Alltags den Umgang mit ihm lernen?

Über Jahrhunderte haben Generationen von buddhistischen Mönchen sich um die Kartographierung der verschiedenen Geistesverfassungen des Menschen bemüht. Das Energierad ist eine moderne Variante einer solchen Karte. Wie Sie sehen, stehen die Sektoren des Rads mit unseren vier Wörtern – *gestreßt, glücklich, zufrieden* und *deprimiert* – in Zusammenhang. Ihr Inhalt wurde nur allgemeiner ausgedrückt – Konflikt, Inspiration, Erfüllung und Stagnation –, und das Rad selbst wird von zwei Achsen – erregt/ruhig und positiv/negativ – unterteilt. Auf diese Weise ergibt sich folgendes Bild:

Negativ erregt	**Positiv erregt**
(Konflikt)	(Inspiration)
Wut	Kreativität
Angst	Ehrgeiz
Sorge	Friedfertigkeit
Streß	Freude

Negativ ruhig	Positiv ruhig
(Stagnation)	(Erfüllung)
Langeweile	Großmut
Frustration	Zufriedenheit
Schwäche	Gelassenheit
Niedergeschlagenheit	Entspannung

In diesem Zusammenhang bedeutet positiv nicht einfach »gut« und negativ nicht einfach »schlecht«. Unsere Befindlichkeit soll hier nicht beurteilt, sondern vielmehr beschrieben werden. Positive Zustände fördern, negative Zustände hindern uns. Positive Zustände sind uns angenehm und als solche willkommen, negative Zustände hingegen versuchen wir zu meiden. Sie sind uns unangenehm. Aber alle diese Zustände bieten die Gelegenheit zu innerem Wachstum und Wandel.

Ich lebe in Nordkalifornien, wo das Autofahren eine gemütliche Angelegenheit ist. Doch in New York kann es eine Sache von Leben und Tod sein, woran ich immer denken muß, wenn ich dort ein Taxi nehme. Auf einer unvergeßlichen, dreißigminütigen Fahrt von der Upper West Side nach Greenwich Village gab Taxifahrer Ahmed ein lebhaftes Beispiel von allen vier Sektoren des Energierads ab. Als erstes legte er wegen eines unachtsamen Fußgängers am Time Square eine Vollbremsung hin. Als dieser laut schimpfend auf die Motorhaube schlug, schimpfte Ahmed noch lauter zurück (Konflikt!). Dann, als wir zehn Minuten lang in einem Verkehrsstau standen, vertrieb er sich die Zeit damit, mir Vorträge über die Langweiligkeit des Taxifahrens zu halten. »Ich sitze immer nur den ganzen Tag – tagaus, tagein, dieses ständige Sitzen.« (Stagnation!) Unsere nächste Herausforderung war die Absperrung um ein Hotel, in dem Präsident Clinton gerade eine Rede hielt. Jetzt wurde die Sache für Ahmed plötzlich spannend, er schlüpfte geschickt durch die Seitenstraßen und fuhr einmal sogar durch ein Parkhaus, nur um das Hindernis zu überwinden, was ihm alles großen Spaß zu machen schien (Inspiration). Schließlich waren wir am Ziel. Mir war beim Aussteigen noch etwas mulmig, aber Ahmed war jetzt sichtlich zufrieden und gelassen, als ich ihm erleichtert ein dickes Trinkgeld reichte (Erfüllung). Da hatten wir es – das ganze Spektrum menschlicher Erfahrung auf einer dreißigminütigen Taxifahrt!

Wir alle kennen diese Art Berg-und-Tal-Fahrt aus unserem eigenen Berufsleben. Da kommt man vielleicht gereizt aus der Morgenbesprechung, freut sich beim Abhören des Anrufbeantworters über eine gute Nachricht, langweilt sich bei den endlosen Männergeschichten einer guten Bekannten, mit der man zu Mittag ißt – und zurück im Büro erfährt man schließlich, daß die unentbehrliche Assistentin plötzlich krank geworden ist, was bedeutet, daß man die Pläne für den Abend vergessen kann, weil man bis spät in die Nacht hinein arbeiten muß. Unsere gute Laune ist dahin. Wir sind wieder verärgert.

Das Energierad ist eine Einteilungsweise dieser verschiedenen Geistesverfassungen. Durch die Positiv-negativ-Achse werden die angenehmen von den unangenehmen Zuständen unterschieden. Die Achse, die von erregt bis ruhig verläuft, bezeichnet die Energiemenge. So ist Wut beispielsweise qualitativ ein negativer Zustand – unangenehm und schmerzlich. Quantitativ ist er energiereich, hochkonzentriert und spannungsgeladen. Der Zustand der Entspannung ist hingegen angenehm, spannungsarm und ruhig. Das Rad verkörpert das ganze Spektrum unserer mentalen und emotionalen Erfahrungen.

Der Mensch ist von Natur aus geneigt, sich möglichst ausschließlich im positiv ruhigen Teil des Rads aufzuhalten und Erfolg, Sorglosigkeit und Ruhe zu genießen. Aber das Leben ist anders. Man sollte in der graphischen Darstellung mehr ein Rad sehen als statische Linien, denn wir kreisen darin, geraten von einem Zustand in den anderen, sind manchmal glücklich, manchmal traurig, manchmal angespannt, manchmal ruhig.

Die traditionell buddhistische Meditation begünstigt die Entwicklung friedlicher Gelassenheit im positiv ruhigen Teil des Rads. Das gehört sicherlich mit zur Meditation, ist aber nicht das einzige Ziel. Der tiefere Sinn der Meditation, und damit jeder spirituellen Übung, ist es, in jeder Geistesverfassung und jeder Lebenssituation achtsam und wach zu sein – in anderen Worten, mit dem ganzen Rad klarzukommen.

Ich verbrachte viele Jahre meines Lebens in einer spirituellen Gemeinschaft, in einer idealen Umgebung für Meditation und stilles Nachdenken. Ich bin glücklich darüber, diese Gelegenheit gehabt zu haben, und wünschte, daß mehr Menschen einmal in ihrem Leben eine solche Erfahrung machen könnten. Gleichzeitig bezweifle ich aber, daß das Klosterleben für die Meisterung des gesamten Rads geeignet ist beziehungsweise, daß es noch eine bessere Einrichtung für die Erfüllung dieser Aufgabe gibt als das Leben selbst. In einigen buddhistischen Schulen des alten China wurde von den Mönchen erwartet, daß sie nach dem Abschluß ihrer offiziellen Ausbildung das Kloster verließen. Bevor sie selbst unterrichten durften, mußten sie einige Jahre umherreisen und Lebenserfahrung sammeln. Mönche, die zu sehr am klösterlichen Leben hingen, wurden manchmal »dunkle Höhlendämonen« genannt.

Als ich aus dem Retreatzentrum in den beruflichen Alltag zurückkehrte, fiel mir als erstes dessen hohes Energieniveau auf. Verglichen mit dem ruhigen Tagesablauf im Kloster, in dem der harmonische Klang von Glocken und Klanghölzern Akzente setzte, war der berufliche Alltag ein Moloch. Als der berüchtigte Bankräuber Willie Sutton gefragt wurde, weshalb er Banken überfiele, sagte er: »Weil dort das Geld liegt«, eine Antwort, die zum geflügelten Wort wurde. Wenn mich die Leute fragen, warum ich ein Buch über die spirituelle Praxis am Arbeitsplatz schreibe, halte ich mich an Willie Sutton und antworte: »Weil dort die Energie ist.«

Das Rad ist ein Wandlungsplan, Richtschnur für eine ständige Transformation. Jeder Sektor kann in einen anderen übergehen. So können sich zum Beispiel negative Erregungszustände – Ärger, Sorge, Angst, Streß – in positive umwandeln, wie Inspiration und Kreativität. Negative Energiezustände können sich manchmal direkt in positive Ruhezustände auflösen, beispielsweise wenn sich jemand bei uns entschuldigt, der uns geärgert hat, oder wenn eine drohende Gefahr abgewendet ist. Ärger und Sorge können auch ihre Kraft verlieren und in den negativen Ruhezustand der Niedergeschlagenheit oder Antriebslosigkeit umkippen, was häufig passiert, wenn diese Emotionen verdrängt werden. Und schließlich kann jeder Sektor auch in sich selbst weitergehen und der betreffende Zustand Tage, Monate und Jahre dauern.

Das übrige Buch ist entsprechend den vier Sektoren des Energierads in vier Abschnitte gegliedert, in denen die für die jeweilige Energie am besten geeignete spirituelle Praxis

Die Energieradübungen

- Welcher Verfassung sind Sie gerade? Wie sind Sie gestimmt? Welche »Farbe« herrscht bei Ihnen gerade vor?
- Welcher Verfassung waren Sie vor ein paar Stunden? Was hat sich geändert?
- Können Sie wahrnehmen, wann sich Ihre Stimmung, Ihre »Farbe« ändert? Was ist geschehen? Was hat den Umschwung verursacht?

vorgestellt wird. Sie können in beliebiger Reihenfolge gelesen werden, je nachdem, welche Energie in Ihrer Arbeitssituation vorherrscht oder Sie am ehesten interessiert. Jedes Kapitel innerhalb eines Abschnitts enthält eine allgemeine Einführung – zum Beispiel Ärger –, der die Darstellung spezieller Übungen mit Beispielen aus der Arbeitswelt folgt. Denken Sie aber daran, daß neben den speziellen Übungen das tiefere Anliegen dieses Buches darin besteht, Ihnen bei der Navigation durch das gesamte Rad zu helfen, so daß Sie ein Bewußtsein davon entwickeln, wo Sie sich im Rad gerade befinden und was zu tun ist.

Wo wir uns im Rad gerade befinden, ist zum Teil von äußeren Umständen abhängig. Aber ob wir frustriert oder begeistert, gelangweilt oder entspannt, ärgerlich oder lustig, geizig oder großmütig sind, hängt auch von unserer Einstellung, unserem Charakter und unserem spirituellen Übungseifer ab. Das Rad lehrt uns, daß wir niemals völlig ausgeliefert sind, auch wenn alles festgefahren scheint. Es gibt immer einen Ausweg, eine Möglichkeit, zu einer anderen Popcornfarbe überzuwechseln.

So oder so, das Rad ist unser Zuhause. Ganz gleich wie unsere Berufssituation aussieht, wir befinden uns irgendwo im Rad. Die spirituelle Grundfrage, vor die uns das Rad stellt, lautet: Dreht das Rad uns, oder drehen wir das Rad?

Erkunden wir also, was uns das Rad zu sagen hat. Machen wir uns auf den Weg.

TEIL II

Konflikt

Wie schön wäre es, wenn man keine Sorgen hätte, niemals die Beherrschung verlöre, man sich stets sicher und geborgen wüßte. Wie befriedigend wäre das Berufsleben, wenn man es leichtnehmen könnte und genügend Zeit hätte, alle anfallenden Arbeiten gründlicher zu erledigen. Leider gehören Ärger, Streß, Sorge, Angst, Frustration – die negativen spannungsgeladenen Emotionen des Sektors Konflikt – mit zum Leben und damit auch zur Arbeit.

Kürzlich las ich eine Umfrage, bei der es um den Streß in verschiedenen Berufen ging. Die Tätigkeit mit dem geringsten Streß war das Mandolinenbauen, am streßreichsten war das Taxifahren. Ich sprach bereits von meiner abenteuerlichen Taxifahrt, doch ich bin noch nie einem Mandolinenbauer begegnet. Dafür besuchte ich einmal eine Geigenbauerwerkstatt. Es roch herrlich nach Holzspänen und Politur. Der Besitzer schmirgelte gerade mit großer Sorgfalt die Decke einer auseinandergenommenen Geige ab und ich wartete. »Ich bin gleich für Sie da«, erklärte er über seine Werkzeuge gebeugt und ganz in seine Arbeit vertieft, »ich kann hier nicht schnell machen.« »Ich kann hier nicht schnell machen«, wann hat man das zum letzten Mal von einem Berufstätigen gehört?

Das altbewährte Handwerk ist heute eine Rarität geworden. Streß gehört immer häufiger zum Berufsalltag. Wenn man gut bezahlt werden will und beruflich aufsteigen möchte, muß man Streß und Zeitdruck auf sich nehmen. Da scheint kein Weg daran vorbeizugehen.

Was also können wir tun?

Erstens können wir uns klarmachen, daß wir keinen Streß, keiner Sorge und keinem Konflikt hilflos ausgeliefert sind. Der Buddhismus hält viele geistige Übungen zur Bewältigung negativer Emotionen bereit, wobei immer von einer Ursache ausgegangen wird. Auch wenn solche Emotionen wie Zorn und Angst Verwirrung und Chaos stiften, haben sie ihre eigene Logik. Wenn wir die Ursache des Zorns erkennen, sind wir auf dem besten Weg, seine destruktive Kraft zu neutralisieren.

Wenn zum Beispiel Ihr achtjähriger Sohn in die Küche käme, wo Sie gerade das Geschirr abspülen, eine Tasse nähme und sie gegen die Wand würfe, wie würden Sie reagieren? Sie wären natürlich wütend. Ein kleines Kind hat sich so nicht zu benehmen.

Angenommen nun, Sie wüßten seit kurzem, daß Ihr Kind einen irreparablen Gehirntumor hat, wie sähe Ihre Reaktion dann aus? Natürlich wären Sie überhaupt nicht wütend. Sie würden das Kind in die Arme nehmen und es zu beruhigen und zu trösten suchen. Es ist für das Vorgefallene nicht verantwortlich. Der Tumor hat seinen Anfall verursacht. Sie haben keine Wut, nicht im geringsten. Vielmehr sind Sie unglaublich traurig. Sie kennen die Ursache, die dem Verhalten Ihres Kindes zugrunde liegt.

Kennt man die Ursache einer Situation, wirkt sich das auf die Energiequalität aus. Darauf zielen alle Übungen dieses Teils ab – sie sollen die »negative« Qualität des Konflikts in eine positive, kreative Richtung bringen. Ich habe das Wort negativ deshalb in Anführungsstriche gesetzt, weil auch die leidvollste Emotion ihre positive, konstruktive Seite hat. Wenn wir aus Versehen an einen heißen Ofen fassen, wäre es uns dann lieber, keinen Schmerz zu spüren und unsere Hand schwer verbrennen zu lassen? Der Schmerz, den wir spüren, ist eine Warnung, ja sogar ein Segen, da er uns schützen will.

Genauso verhält es sich mit den leidvollen Emotionen. Ihre Aufgabe ist es, uns zu warnen, uns aufzuwecken, uns in Bewegung und Aktion zu versetzen. Wie der brennende Ofen ist die Energie des Konflikts heiß, und zwar in einem realen Sinn. Hinter der rauhen Schale einer Kokosnuß verbirgt sich süße Milch. Hinter der rauhen Schale des Konflikts verbirgt sich das Potential zu Wachstum, Veränderung und großer Stärkung.

In diesem Abschnitt werden drei Energieformen des Konflikts – Streß, Sorge und Wut – genauer behandelt und jeweils passende geistige Übungen vorgeschlagen. Den Abschluß bildet ein Kapitel über traditionelle Meditationsmethoden – das Sitzen, das Stehen, das Gehen –, die die Basis von streßbezogenen Übungen sind.

4

Streß

Haben Sie schon einmal Zimmerleuten bei der Arbeit zugesehen? Ihre Bewegungen wirken ziemlich langsam. Ihre Tätigkeit besteht aus bedächtigen und hochkonzentrierten Bewegungen, etwa beim Balkentragen und Bedienen einer Motorsäge. Jeder Arbeitsgang hat seine optimale Geschwindigkeit. Die Zimmerei erfordert viel Geschick. Und es ist wesentlich zeitaufwendiger, einen Fehler auszubügeln, als gleich sorgfältige Arbeit zu leisten. Deshalb beeilt sich der Lehrling, der Meister aber geht bedächtig vor.

> *Viel Zeit,*
> *viel Zuwendung.*
> Das selbsterfundene
> Mantra von Christine,
> einer überlasteten
> Krankenschwester

Bei den Berufen im Dienstleistungs- und Verwaltungssektor, die in unserer postindustriellen Wirtschaft das Arbeitsleben zum Großteil bestimmen, gibt es keinen solchen körperlichen Arbeitsrhythmus wie im Zimmerhandwerk. Wenn man am Schreibtisch arbeitet, telefoniert oder vor dem Computer sitzt, steht mehr geistige Geschwindigkeit, also nervliche Belastung an. Kopfarbeit überfordert einen schnell, man ist geneigt, zuviel auf einmal machen zu wollen. Ein Zimmermann, der auf diese Weise arbeiten wollte, wäre nicht lange im Geschäft. Aber im Dienstleistungsbereich ist die Versuchung groß, daß man schneller und immer schneller werden will, in der trügerischen Annahme, noch mehr leisten zu können. Das war der Trugschluß jener Unternehmen, die im Zuge des »Lean Managements« Anfang der 90er Jahre reihenweise Personal entließen. Ein paar Jahre später war dann klar, daß zehn Menschen eben nicht für fünfzehn arbeiten konnten. Für jene zehn »Glücklichen« allerdings stellte das kaum einen Trost dar, denen nach dem Abspecken gesagt worden war, sie müßten nun härter und schneller arbeiten.

Man könnte meinen, die Arbeitsgeschwindigkeit sei etwas, worauf man wenig Einfluß hat. Aber selbst in den turbulentesten Berufen kann man lernen, ein Körperbewußtsein zu entwickeln, bewußt zu atmen und kleine Übungen in seine Bewegungen zu integrieren – etwa wenn man den Korridor entlanggeht, den Telefonhörer abnimmt oder in einer Besprechung ist. Mit Hilfe der spirituellen Praxis läßt sich die Arbeitsgeschwindigkeit regulieren.

Außerdem ist Streß nicht immer etwas Negatives. Manchmal kann Streß nützlich sein, wie bei der Aufregung eines Sportlers vor einem wichtigen Wettkampf. Ein wichtiges Element der Streßbewältigung ist das Selbstvertrauen. Die Sportlerin profitiert von ihrem Adrenalinstoß, weil sie an eine Höchstleistung glaubt. Sie hat sich unter Kontrolle. Der Angestellte, der innerhalb von acht Stunden die Leistung von zehn erbringen soll, wird von dem Streß depressiv, weil er keinen Ausweg aus der Misere sieht.

Streß läßt sich wie alle anderen Zustände im Energierad verändern und transformieren. Angenommen, Sie sind gerade zu einer wichtigen Besprechung unterwegs und geraten in einen Verkehrsstau. Doch dann kommt Ihnen die rettende

Idee. Sie verlassen die Schnellstraße bei der nächsten Gelegenheit und gelangen durch Seitenstraßen und irrwitzige Fahrmanöver doch noch rechtzeitig zu Ihrer Besprechung! Statt im Stau genervt zu sein, haben Sie sich in eine abenteuerliche Kurverei gestürzt. Aus negativem Streß wurde positiver.

Am häufigsten versucht man jedoch dem Berufsstreß dadurch zu entgehen, daß man eine Arbeitspause einlegt. Häufiges Urlaubnehmen und eine steigende Anzahl von Krankmeldungen sind die Kehrseite des wachsenden Arbeitsstresses. So ist es nicht verwunderlich, daß beim Aushandeln der Arbeitsbedingungen die Urlaubslänge eine so große Rolle spielt!

Einige Menschen versuchen dadurch mit dem Streß fertigzuwerden, daß sie einfach langsamer treten, ganz gleich welche Konsequenzen das für ihre Karriere haben mag. Jeder dürfte diesen Typ von Berufstätigen kennen, der keinen Finger mehr rührt als unbedingt nötig. Das ist keine ideale Lösung, aber manchmal scheint sie die einzige Überlebensmöglichkeit zu sein.

Am ungünstigsten ist es, wenn man gar nichts gegen den beruflichen Streß unternimmt. Abgesehen von den schädlichen Auswirkungen auf die körperliche und geistige Gesundheit, hat der Streß die Eigenschaft, gerade im ungünstigsten Moment alle Dämme zu brechen und unser Leben zu verheeren. Man muß Wege der Streßbewältigung finden, bevor einen der Streß überwältigt.

Streß umwandeln

Nehmen wir Christine, eine staatliche geprüfte Krankenschwester in einer großen städtischen Klinik und aktive
Buddhistin/Episkopalistin. Ihr gefiel der Beruf sehr, obwohl
seit einigen Jahren die Arbeit immer schwieriger wurde.
Durch die Änderungen im amerikanischen Gesundheitswesen und das Aufkommen der Health Maintenance Organisations (entspricht etwa den Krankenkassen) wurde ihre Klinik wie viele andere im Land zur Kostendämpfung und zu
Personaleinsparungen gezwungen. Christine hatte in ihrer
Schicht jetzt viel mehr Patienten zu betreuen, und obwohl
ungelernte Kräfte einige Arbeiten erledigten, war sie immer
noch die Verantwortliche. Sie fand es immer schwieriger,
wirklich für die Patienten da zu sein, obwohl es das war, was
sie an ihrem Beruf gerade so reizte. Schließlich dachte sie sogar ernsthaft daran, ihren Beruf aufzugeben.

»Was sind die Hauptschwierigkeiten in Ihrem Beruf?«
fragte ich.

»Ich habe einfach nicht genug Zeit. Ich kann mir meine
Arbeit noch so gut einteilen, es bleibt niemals genug Zeit,
mich den Patienten wirklich zu widmen, die sich darüber
ständig beklagen. Ich würde es als Patient genauso machen.
Es ist einfach nicht mehr dieselbe Zuwendung möglich wie
früher.«

»Gibt es auch Phasen während der Arbeit, in denen Sie
das Gefühl haben, mehr Zeit zu haben?«

»Eigentlich stehen uns Pausen zu, aber oft haben wir nicht
genügend Zeit, sie zu nehmen.«

Ich erinnerte mich an meine eigenen Klinikerfahrungen.

»Was ist, wenn Sie durch die Korridore laufen – Sie laufen doch viel, oder?«

»Man könnte eher rennen sagen«, lachte sie, »ich versuche zwar bewußt zu gehen oder zu atmen, wie ich es aus meinen Meditationskursen kenne, aber normalerweise ist die Eile zu groß. Es steht einfach zuviel an.«

»Wie wäre es mit Mantra-Gehen?« Ich erklärte, dabei sei einfach beim Gehen ein Ausdruck oder kurzer Satz im Rhythmus der Schritte zu wiederholen, was die Konzentration fördere. »Welches Gefühl hätten Sie beim Laufen am liebsten?«

»Das Gefühl, viel Zeit zu haben!« rief Christine mit einem spitzbübischen Lächeln aus.

»Nun, warum machen Sie dann nicht ›Viel Zeit‹ zu Ihrem Mantra?«

»Das soll ein Mantra sein?« fragte sie. »Ich dachte, ein Mantra bestünde aus heiligen Silben.«

Ich erklärte ihr, daß ich das Wort *Mantra* in einem allgemeinen Sinn gebrauchte. Es gibt im Hinduismus und Buddhismus in der Tat traditionelle Mantras, die so etwas wie ein Gebet darstellen. Aber genauso wie man ein eigenes Gebet erfinden kann, geht das auch bei einem Mantra. Nicht alle Ausdrücke sind gleich gut geeignet. So mag der Satz »Ich werde in der Lotterie gewinnen« zwar ein Beispiel für positives Denken sein, hat aber keinen besonderen spirituellen Tiefgang. Am effektivsten sind solche Mantras, die wichtige spirituelle Werte zum Ausdruck bringen – Großmut, Güte, Gelassenheit, Mitgefühl.

Ich erklärte Christine, sie solle ihr selbsterfundenes Mantra im Laufrhythmus still vor sich her sagen, und sie versprach, es zu versuchen.

Wie man ein Mantra erfindet

In der Meditation erfährt man, wie sehr das Zeiterleben von der eigenen Befindlichkeit abhängt. Je mehr man sich entspannt und zur Ruhe kommt, desto langsamer scheint die Zeit zu vergehen. Am Ende der Meditation hat man das Gefühl, in die normale oder gewohnte Zeit »zurückzukommen«. Diese »Ausdehnung der Uhrzeit« läßt sich zur Streßbewältigung einsetzen, etwa indem man sich ein eigenes Mantra ausdenkt und das Mantra-Gehen in seinen beruflichen Alltag einbaut.

Eine Woche später fragte ich Christine, wie es mit ihrer Übung laufe.

»Es geht«, sagte sie etwas zurückhaltend, »aber mich stört das Mechanische daran. Ich rassle es einfach herunter. Außerdem stimmt es nicht. Ich habe nicht viel Zeit.«

»Vielleicht ist eine Ergänzug nötig. Wann hätten Sie tatsächlich das Gefühl, es laufe beruflich besser?«

»Wenn ich mich mehr um die Patienten kümmern könnte.«

»Wie ließe sich das ins Mantra integrieren?«

Christine dachte eine Weile darüber nach. »Wie wäre es mit ›Viel Zeit, viel Zuwendung‹? Das klingt doch gut.«

Ich fand das auch, also versprach Christine, das Mantra-Gehen noch eine Woche lang auszuprobieren und dann darüber zu berichten.

In der darauffolgenden Woche berichtete Christine, daß die Übung nun besser lief. Das Wort *Zuwendung* im Mantra schien viel auszumachen. Sie fand, daß sie etwas langsamer ging, und sie fühlte sich etwas frischer, wenn sie ein Krankenzimmer betrat. Aber die Übung hatte weiterhin etwas Mechanisches an sich, wirkte irgendwie noch künstlich. »Es scheint zwar zu helfen«, sagte sie, »aber ich fühle mich noch nicht richtig wohl dabei.«

Mir fiel ein, wie dankbar ich als Patient für jedes Lächeln, jede Ermutigung seitens der Krankenschwestern gewesen war, wie gut ihre Geduld tat. »Welcher Patient ist Ihnen unvergeßlich geblieben?«

»Oh, das ist Prinzessin Juliane«, antwortete Christine sofort, »sie war eine echte Prinzessin aus einem kleinen Land in Europa. Sie war so freundlich und charmant. Sie bedankte sich stets für alles und erzählte mir, was sie vor dem Krieg alles erlebt hatte. Einmal sagte sie: ›Wissen Sie, Liebes, ich war im Krieg selbst Krankenschwester. Die Engländer machten aus meiner Villa ein Lazarett. Denken Sie daran, die Männer glauben, sie hielten alles in Gang, aber in Wirklichkeit sind es die Frauen. Es gibt keinen wichtigeren Beruf als Ihren, das dürfen Sie nicht vergessen.‹«

Ich schlug Christine vor, sich während des Mantra-Gehens Prinzessin Julianes Gesicht vorzustellen.

»Das ist viel verlangt«, sagte sie, »wie soll ich mir zu allem anderen noch ihr Gesicht vorstellen?«

»Sie brauchen es nicht buchstäblich vor sich zu sehen, aber vielleicht können Sie das Gefühl in sich wachrufen«, sagte ich, »das Sie in ihrer Nähe hatten.«

Eine Woche später teilte mir Christine mit, daß die Übung jetzt wirklich funktionierte. Die Erinnerung an Prinzessin Juliane schien ausschlaggebend zu sein.

»Ich habe das Gefühl, daß sie, beruflich gesehen, mein Schutzengel ist«, sagte sie, »sogar das Mantra spreche ich auf ihre Weise. ›Vie-ie-l Zeit! Vie-ie-l Zuwendung!‹ Sie war wirklich eine Persönlichkeit.«

»Fühlen Sie sich durch das Mantra-Gehen weniger gestreßt?«

»Ich weiß nicht«, antwortete Christine, »mein Beruf ist
und bleibt einfach stressig, aber zumindest tue ich etwas
dagegen. Ich fühle mich jetzt bei der Arbeit einfach wohl-
ler.«

Unser Körper reagiert auf Zeitdruck. Er schlägt sich auf
den Puls, den Blutdruck und sogar auf die elektrische Leitfähigkeit der Haut nieder. Können Sie das Aufkommen von
Streß spüren? Zum Beispiel:

- Achten Sie einmal während einer Besprechung auf
Ihren Sprechdrang. Es ist ein leicht unangenehmes Gefühl, ähnlich einem Jucken oder dem Drang zu nie-
sen. Versuchen Sie sich einmal fünf oder zehn Sekunden lang auf dieses Gefühl zu konzentrieren, bevor Sie
sprechen. Achten Sie dann beim Sprechen auf Ihre
Stimme. Wo spüren Sie sie? Ist der Hals zugeschnürt,
oder sprechen Sie aus dem Bauch oder eher aus dem
Herzen?

- Wenn Sie wegen eines Termins unter gewaltigem Zeitdruck stehen oder Sie ständig bei der Arbeit gestört
werden, ohne daß Sie dies unterbinden könnten, durch
Telefonanrufe zum Beispiel, ändern Sie einmal bewußt
Ihre Arbeitsgeschwindigkeit. Legen Sie an Tempo zu,
bis Sie wirklich das Gefühl haben, die obere Grenze
erreicht zu haben. Werden Sie dann langsamer, bis es
unerträglich zu werden beginnt. Wer hat nun die Kontrolle?

Mit Ausdauer üben

Christine empfand das Mantra-Gehen zunächst als etwas Künstliches und Mechanisches. In gewisser Hinsicht ist es das auch. Viele spirituelle Praktiken wirken zunächst so. Wichtig ist auch nicht die Übung als solche, wesentlich ist, daß sie uns öffnet. Der Mensch ist ein Gewohnheitstier, und seine Gewohnheiten sind es, die ihn an seiner Entwicklung hindern. Die spirituelle Praxis ist das Tor zu innerem Wachstum. Der große Psychologe William James machte einmal die Bemerkung, die meisten Menschen wären mit fünfundzwanzig oder dreißig Jahren bereits »völlig eingegipst«. Spirituelle Übungen dienen unter anderem dazu, dieses Korsett zu lockern und schließlich verzichtbar zu machen.

Wenn man mit dem Üben beginnt, ist es ganz natürlich, daß man, so wie Christine, zunächst noch keine großen Fortschritte feststellt. Wie sollte es auch anders sein? Die spirituelle Praxis funktioniert nicht im Schnellverfahren. Erfolg auf diesem Gebiet erfordert neben anderen Tugenden Wachsamkeit und Geduld. Christine etwa war ehrlich genug, zuzugeben, daß die Übung noch nicht ganz so funktionierte, wie sie sollte. Erst als sie die Erinnerung an Prinzessin Juliane einschloß und damit einen stärkeren emotionalen Zugang fand, machte sie tiefergehende Erfahrungen.

Ich traf Christine einige Monate später und erkundigte mich im Verlauf des Gesprächs, wie es ihr beruflich ginge und ob sie noch das Mantra-Gehen übe. Etwas verlegen gestand sie, daß sie damit aufgehört habe.

»Ich fuhr noch eine Weile damit fort«, sagte sie, »aber dann wurde ich es müde. Ab und zu mache ich es jedoch noch.«

»Und wie läuft es beruflich?«

»Es läuft besser. Die Übung hat meiner Meinung nach wirklich geholfen.« Sie schwieg einen Moment. »Wissen Sie, eigentlich habe ich die Übung gar nicht aufgegeben. Sie hat sich nur verändert. Wenn ich jetzt den Korridor entlanggehe, summe ich innerlich und halte mich so in Stimmung. Es läßt sich schwer beschreiben, aber es hilft. Ich habe das Gefühl, die Oberhand zu behalten und nicht im Chaos unterzugehen.«

Ich setzte mit meiner Antwort ein, aber sie unterbrach mich. »Da fällt mir noch etwas ein. Wenn ich in ein Zimmer komme, wo der Patient aus der Fassung ist, setze ich mich jetzt immer hin. Manchmal streiten sich die Familienangehörigen oder irgend etwas anderes sorgt für Aufregung und Verwirrung. Es ist erstaunlich, wie rasch sich die Dinge durch das Hinsetzen beruhigen, auch wenn ich gar nichts sage.«

»Wie kamen Sie auf diese Idee?« fragte ich.

»Durch Prinzessin Juliane. Ich denke ja oft an sie. Wenn ich ihr Zimmer betrat, pflegte sie zu sagen: ›Setz dich hin, Liebes. Setz dich, damit ich dich ansehen kann.‹ Daran habe ich mich erinnert. Heutzutage ist es natürlich ungewöhnlich, wenn sich eine Krankenschwester oder ein Arzt zum Hinsetzen Zeit nehmen, jeder erschrickt. Kein Wunder, daß das für Ruhe sorgt!«

Das war genau die Richtung, in die das Mantra-Gehen führen sollte. Christine hatte die Einstiegsübung zu einer tieferen spirituellen Praxis weiterentwickelt, die sie im Lauf der Monate und Jahre immer weiter verfeinern konnte. Sie hatte gelernt, mit ihrer Arbeitszeit umzugehen.

Wenn man mit der spirituellen Praxis beginnt, muß man

sich vor einer Überforderung in acht nehmen. Es passiert leicht, daß man sich in sie hinein verbeißt oder gewaltsam zu einem Ergebnis kommen möchte. George, die Hauptperson der nächsten Geschichte, war kein Opfer des Stresses in dem Sinne wie Christine. Vielmehr umging er jeden Streß durch betontes Langsamtreten. Diese Strategie half ihm zwar den Streß zu bewältigen, aber sie hinderte ihn am Erfolg und machte ihn zudem unbeweglich.

Zu langsames Arbeiten

George, ein Anhänger des Buddhismus, arbeitete im Lagerhaus einer Firma, in der ich einmal Geschäftsführer war. Er verpackte die Waren, die an die Kunden hinausgingen. Nachdem George einige Wochen dort gearbeitet hatte, kam sein Chef frustriert zu mir.

»Lew, du bist doch Buddhist. Könntest du mit George reden? Er ist langsam wie eine Schnecke, und egal was ich sage, er arbeitet einfach nicht schneller.«

Ich bezweifelte, daß Georges Problem daran lag, daß er Buddhist war! Aber er und ich hatten schon gemeinsam an Retreats teilgenommen. Ich lud ihn zu einer Tasse Kaffee ein, und wir kamen ins Gespräch. Zunächst unterhielten wir uns über Literatur – George war angehender Schriftsteller mit einem akademischen Grad in Englisch –, dann kamen wir auf die Arbeit zu sprechen. George war betroffen, daß sein Chef mit ihm nicht zufrieden war, doch mochte er die Arbeit, weil er dabei meditativ vorgehen konnte.

Ich fragte ihn, was er darunter verstehe. »Ich versuche genauso vorzugehen wie in den Achtsamkeitsmeditationen. Ich achte auf jeden Arbeitsschritt und konzentriere mich auf meine Atmung.«

Ich hatte während des Weihnachtsgeschäfts im Versand mitgearbeitet. Ich wußte, daß der beste Packer dort Johnny war, ein High-School-Abgänger. Er war der schnellste und machte die wenigsten Fehler. Er konnte lachen, plaudern, Radio hören, herumalbern und dabei mit der größten Geschicklichkeit den Karton falten, zukleben und tackern und zwischenzeitlich die Waren darin verstauen. Er mußte so gut wie nie etwas nachschauen oder zweimal machen. Jeder Handgriff saß. Selbst der Tacker hatte seinen Platz.

Ich riet George, sich doch von Johnny etwas abzuschauen.

George war damit nicht einverstanden. Er hielt Johnny für einen Kindskopf.

»Nun«, antwortete ich, »er muß etwas richtig machen. Sieh dir seine Ergebnisse an.« Jeder Packer hatte ein Leistungsverzeichnis, in dem die Aufsicht die Verpackungsrate und die Fehlerquote festhielt. Bei guten Ergebnissen gab es einen Bonus.

Also versprach George doch widerwillig, Johnny zu beobachten, und nach einer Woche trafen wir uns wieder.

»Er tut nichts weiter als Musik hören und Cola trinken«, beschwerte sich George.

»Vielleicht ist das seine Art, sich zu entspannen«, gab ich zu bedenken.

Kopfbetonte Menschen wie George neigen dazu, alles Neue theoretisch anzugehen, mit ihren Lernmethoden aus der Schule oder Uni. Aber das Arbeitstempo, besonders bei körperlichen Arbeiten, ist eher eine Sache des Gefühls und nicht des Kopfs. Geschwindigkeit ist nicht immer nur eine

Frage der Eile. George war zu sehr um Sorgfalt bemüht, er wollte jeden Fehler vermeiden und ließ damit sein körperliches Wissen nicht zum Zug kommen. Johnny hielt instinktiv die Balance zwischen Aufmerksamkeit und Lockerlassen, wie sie alle Künstler, Sportler und Handwerker pflegen. Ich kannte einmal einen Künstler, der Johnny noch in den Schatten stellte, da er beim Malen zwei Radios in seinem Atelier laufen ließ. »So steht mir der Verstand nicht im Weg«, erklärte er.

Ich wollte wissen, wie es mit George weiterging, und so schaute ich ins Lager, unter dem Vorwand, dort die Aufsicht sprechen zu müssen. Ich stellte mich so hin, daß ich George und Johnny bei der Arbeit zusehen konnte. Georges Bewegungen waren schnell und abgehackt. Man hatte den Eindruck, daß er jede Bewegung genau vorausberechnete und sich um Schnelligkeit bemühte, während sich bei Johnny, der sich beschwingt zur Radiomusik bewegte, die Päckchen auf dem Wagen stapelten, obwohl er sich langsamer zu bewegen schien als George.

Johnny soll hier nicht als das Vorbild für die spirituelle Praxis dienen, doch zeigt sein Beispiel, daß man mit Lockerheit manchmal mehr erreicht als mit übergroßer Mühe. Er war entspannt und konzentriert zugleich. Er wollte einerseits den Bonus, aber andererseits hatte er auch den Dreh heraus, sich nicht im Wege zu stehen. Er mag zwar nicht hochgebildet gewesen sein, aber was seine kreative Streßbewältigung und Geschicklichkeit anging, konnte er etwas.

Geschicklichkeit

Wenn man sich um größere Geschicklichkeit bemüht, muß man nicht unbedingt langsamer werden. An Arbeitsplätzen, wo es auf schnelle Reaktionen ankommt, etwa an der Börse oder in der Einsatzzentrale, empfiehlt es sich, seine Übungen auf die größeren und kleineren Pausen zu verlegen – wenn man zu Mittag ißt, kurz vom Platz aufsteht, zur Toilette geht etc. Wie verbringen Sie diese Zeit? Sitzen Sie innerlich noch immer am Schreibtisch oder vor dem Kontrollpult? Hängen Sie noch immer den Sätzen nach, die Sie hätten sagen sollen, oder dem versäumten Verkauf? Es ist theoretisch Ihre Pause. Sie sollten sich also fragen: »Was kann ich mit dieser Zeit anfangen? Wie kann ich sie für mich nützen?«

Viele spirituelle Übungen machen sich zunutze, daß der Mensch sich in der Regel nur auf eine Sache konzentrieren kann. Aus diesem Grund hilft das Mantra beim Mantra-Gehen. Aus diesem Grund vergegenwärtigen wir uns ein Wort oder ein Gefühl. Wenn man auch nur einen Moment lang seine Aufmerksamkeit auf etwas richtet, das aufbaut statt auslaugt, läßt der Arbeitsdruck nach.

Wie wir später in diesem Teil sehen werden, kann sich schon die Verlagerung der Aufmerksamkeit auf unsere Fußsohlen, wenn wir während der Arbeit Gänge zu erledigen haben, sehr positiv auf unsere Verfassung auswirken. Streß verlagert die Energie und Aufmerksamkeit nach oben in unseren Kopf, um rasche Entscheidungen zu ermöglichen. Die Umkehr dieses Energieflusses, nach unten zu den Füßen, die den Körper erden, wirkt unseren Verspannungen im Kopf und Nacken entgegen. Außerdem können unsere Füße nicht denken! Sie sind fürs Gehen zuständig, können fühlen und sich bewegen. Einen Teppich oder Fliesenboden unter den Schuhsohlen zu spüren kann sehr heilsam und beruhigend sein. Wie wenn man mit der Fingerspitze ein Metallstück berührt, kann sich durch diese Energieverlagerung in die Füße die streßbedingte elektrische Spannung entladen und uns nach Hause bringen, für einen Augenblick jedenfalls.

Locker bei der Heimarbeit

Die Zahl der Heimarbeitsplätze, vor allem was Bürotätigkeiten angeht, nimmt ständig zu. In meiner Gemeinde ergab kürzlich eine Umfrage, daß rund 15 Prozent aller Wohnungen ein Heimbüro haben. Zu Hause ist man theoretisch sein eigener Herr. Bei der Heimarbeit, wo einen niemand unter Zeitdruck setzen kann, ist man herausgefordert, mit der vermeintlichen Freiheit klarzukommen. Wie jeder, der schon einmal zu Hause gearbeitet hat, bestätigen kann, liegt hier die Gefahr vor allem in den vielfältigen Ablenkungsmöglichkeiten.

Nehmen Sie sich täglich vor dem Mittagessen fünfzehn Minuten Zeit für eine Meditation. Schalten Sie das Telefon aus, schließen Sie die Tür, sezten Sie sich auf einen Stuhl oder ein Kissen, und sitzen Sie still da, wie in Kapitel 7 beschrieben. Ihnen wird der Kopf noch von der Arbeit schwirren. Das ist in Ordnung. Versuchen Sie nicht, die Gedanken abzustellen. Stellen Sie einfach auf Durchzug. Stellen Sie sich vor, der Wind rausche durch die Blätter, und Sie seien ein Baum, der sich im Wind biegt. Lassen Sie sich von Ihrer Un-

Übungen bei Streß

- Atmen Sie einmal tief durch, immer wenn Sie sich hinsetzen. Tun Sie dasselbe beim Aufstehen und verlagern Sie Ihre Aufmerksamkeit auf die Füße.
- Halten Sie kurz inne, wenn Sie durch eine Tür gehen. Treten Sie mit dem rechten Fuß ein.
- Versuchen Sie Ihre normale Gehgeschwindigkeit um 15 Prozent zu drosseln, wenn Sie durch einen Korridor gehen. Achten Sie auf den Unterschied.
- Versuchen Sie beim Tippen gefühlvoller zu sein. Drücken Sie die Tasten so, als seien sie aus zartem Glas. Nun gehen Sie wieder zu Ihrem normalen Tippen über. Was ist anders?
- Überlegen Sie sich einen Satz, der Ruhe und Gelassenheit zum Inhalt hat. Sagen Sie ihn beim Gehen im stillen zu sich. Wenn sich der Satz verkürzt oder verändert, lassen Sie es zu.

ruhe nicht stören. Wichtiger als das, was Sie fühlen, ist jetzt das, was Sie tun.

Wenn Sie dann aufstehen, um zum Mittagessen zu gehen, verlassen Sie den Raum bewußt langsam. Versuchen Sie die Stimmung während des Mittagessens den Rest des Tages nachklingen zu lassen, so wie Christine auf ihren Rundgängen an Prinzessin Juliane dachte.

Denken Sie daran: Nicht der Erfolg, sondern die Übung ist das Ziel. Die spirituelle Praxis ist dem Begießen eines Sandbergs vergleichbar. Das Wasser versickert sofort, und es ist kaum sichtbar, daß man etwas unternommen hat. Aber im Lauf der Zeit, durch stetiges Gießen und wiederholtes Üben wird der Sand immer feuchter und nasser und formbarer.

Seien Sie bereit, das Wasser versickern zu lassen, fahren Sie mit dem Üben fort. Ein alter buddhistischer Meister sagte einmal: »Wenn man durch den Nebel läuft, wird man ganz langsam völlig durchnäßt.« Haben Sie Geduld. Das Wasser wird sich seinen Weg bahnen.

5

Sorge

Ich möchte Sie, so gut ich es kann, bitten, lieber Herr, Geduld zu haben gegen alles Ungelöste in Ihrem Herzen und versuchen, die Fragen selbst *liebzuhaben wie verschlossene Stuben und wie Bücher, die in einer sehr fremden Sprache geschrieben sind. Forschen Sie jetzt nicht nach den Antworten, die Ihnen nicht gegeben werden können, weil Sie sie nicht leben könnten. Und es handelt sich darum, alles zu leben.* Leben Sie jetzt die Fragen. *Vielleicht leben Sie dann allmählich, ohne es zu merken, eines fernen Tages in die Antwort hinein.*

RAINER MARIA RILKE
Briefe an einen jungen Dichter

Was soll ich tun? Was soll ich sagen? Warum kommt sie so spät? Warum hat er nicht angerufen? Was ist, wenn ich etwas falsch mache? Angenommen, sie stirbt?

Dies sind Beispiele der Sorge: quälende Gedanken, die uns das Herz schwermachen. Die Sorge ist ein Weg, mit Angst fertig zu werden, sie zu erklären, in Worte zu fassen, zu definieren und greifbar zu machen, so daß sie etwas von ihrer Formlosigkeit und Bedrohlichkeit verliert.

Die Sorge kann zerstörerisch und quälend, aber auch

kreativ sein. Es hängt ganz davon ab, wie man mit ihr umgeht. So wie die Angst werdender Mut ist, so ist die Sorge
werdende Weisheit. Sie wirkt bedrohlich, doch hat sie auch
ihr Gutes.

Als Eigentümer eines frisch gegründeten Unternehmens
machte ich mir eine Menge Sorgen – ums Geld, um das Produkt, um die Angestellten, um die Kunden, wegen der Konkurrenz – und dann wieder ums Geld! Ich machte mir auch
über momentane Angelegenheiten Sorgen – konnte ich das
neue Modul rechtzeitig fertigstellen, würde das neue System
schnell genug laufen, würde der Kunde den Scheck wie ver-
sprochen schicken?

Das sind die Sorgen eines Unternehmers. Angestellte
haben andere, aber ebenso quälende Sorgen. Wenn man für
jemand anderen arbeitet, dann hat man Sorgen, wegen der
Anforderungen, die an einen gestellt werden, um die Zukunft der Firma, wegen der Unberechenbarkeit der Vorgesetzten, wegen Schwierigkeiten mit den Kollegen, ums Geld,
und immer wieder ums Geld. Dem Thema Geld ist Kapitel
12 gewidmet, es reicht wohl, wenn ich sage, Geld ist an vielen beruflichen Sorgen schuld.

Zu den angenehmen Seiten des Klosterlebens gehört es,
daß es dort wenig Anlaß zur Sorge gibt. Das ganze Umfeld
ist auf eine Minimierung jener Unannehmlichkeiten und Ablenkungen angelegt, die den Berufsalltag bestimmen. Aber
heißt das, daß Sorge und Angst etwas Unspirituelles sind?
Daß die Sorge ein Zeichen eines unterentwickelten spirituellen Lebens ist?

Ich hoffe doch nicht! Die Sorge ist kein Zeichen geistiger
Schwäche. Sie gehört zum Wesen des Menschen. Obwohl
sich einige Sorgen auf Kleinlichkeit und Eitelkeit zurück-

führen lassen, rührt die Mehrzahl der Sorgen von der Fürsorge her, von den Verpflichtungen eines reifen Erwachsenen, der sich um den Lebensunterhalt, die Familie, die Mitarbeiter, die Angestellten etc. zu kümmern hat.

Wenn ich meinen buddhistischen Bekannten von meinen beruflichen Sorgen erzähle, pflegen sie zu sagen: »Oh, warum meditierst du nicht mehr, um die Sorgen kleiner zu halten?« Einer sagte zu mir: »Sorge ist nur eine Empfindung! Was läßt du dich von ihr belästigen?«

Ich verstehe diese Einstellung, doch bin ich nicht ganz derselben Meinung. Ich weiß aus eigener Erfahrung, daß die Sorge kein Problem ist, das sich durch spirituelle Praxis beseitigen ließe; vielmehr kann die Sorge selbst zur spirituellen Praxis werden.

Auf der Suche

Sorgen manifestieren sich als Fragen. »Wovon soll ich die nächste Lohnzahlung machen?« »Was ist, wenn ich den Job verliere?« Wenn man eine Antwort auf diese Fragen hätte, wäre man nicht in Sorge! Sich Sorgen zu machen heißt, ständig vor derselben Frage zu stehen, sich so lange mit ihr zu befassen, bis man zu einem gangbaren Ergebnis gekommen ist.

Diese Art mit Fragen umzugehen erinnert an eine spirituelle Übung. In der spirituellen Praxis sucht man im Grunde nach existentiellen Antworten: Wer bin ich? Warum bin ich hier? Was ist der Sinn meines Daseins? Was ist, wenn ich krank werde und sterbe?

Das sind Lebensfragen. Sie sind da, ob es einem gut- oder

schlechtgeht. In gewissem Sinn stellen die gewöhnlichen Sorgen oberflächliche Varianten solcher grundlegenden Fragen dar. Die buddhistische Praxis hat auch den Zweck, mit solchen existentiellen Fragen kompetent umgehen zu lernen. So sind gewöhnliche Sorgen eine gute Gelegenheit, sich auf die spirituelle Suche zu begeben. Der suchende Geist beschließt: »Ich werde weiterfragen, ob ich nun eine Antwort finde oder nicht. Das Fragen gehört jetzt zu meinem Leben.«

Die Frage als Weg

Manchmal schicke ich in meinen Workshops Berufstätige mit der Aufgabe nach Hause, herauszufinden: »Wie lautet die Frage?«

Ich gebe keine weiteren Erklärungen. Ich sage nur: »Finden Sie heraus, was die Frage ist.«

Diese Übung fällt vielen, verglichen mit den Übungen, die ich sonst aufgebe, extrem schwer. »Was bedeutet das? Woher soll ich wissen, was die Frage ist? Steckt da irgend etwas dahinter?«

Es ist interessant, daß gerade die Leute, die damit nichts anfangen können und eine Woche später von nichts mehr wissen, beruflich keine Probleme haben. Bei ihnen läuft alles glatt. Es bedrückt sie nichts. Wer beruflich wirkliche Probleme hat, weiß typischerweise sofort, was los ist, sobald er darüber nachdenkt. »Was ist, wenn es wirklich zu den Entlassungen kommt?« »Wie soll ich bei diesem Minibudget das Projekt zu Ende bringen?« »Wieso verlangt mein Chef Unmögliches von mir?«

Das ist das Geschenk, das die Sorge uns bringt. Sie läßt uns wissen, was in Frage steht. Ein bekannter Künstler sagte einmal: »Das Tolle am Künstlertum ist, daß man sein Leben lang Arbeit hat.« Das fand ich eine gute Beobachtung. Viele Menschen sind sich niemals ganz darüber im klaren, was sie eigentlich wollen. Das erfährt man, wenn man sich Gedanken macht und Fragen zuläßt.

Mit einer Frage zu arbeiten ist nicht schwer zu erlernen. Dazu gehören folgende vier Schritte:

1. Die Frage stellen.
2. Die Frage wiederholen.
3. Der Frage nachgehen.
4. Die Frage abschließen.

Schritt eins ist ziemlich klar. »Die Frage stellen« bedeutet, daß man in einem Satz so klar wie möglich festhält, worin das Problem besteht. Nehmen wir zum Beispiel die bereits obengenannte Frage: »Was ist, wenn es wirklich zu den Entlassungen kommt?«

Stellen Sie sich jetzt diese Frage, so oft sich die Gelegenheit bietet. Allein die wörtliche Wiederholung der Frage kann bereits helfen. Die schlimmsten Sorgen sind die unausgesprochenen. Es ist schon viel gewonnen, wenn man seine Angst in Worte faßt.

Weniger klar dürfte sein, was »der Frage nachgehen« bedeutet. Damit ist gemeint, daß man die Frage in Erinnerung behält und sie sich immer wieder bewußtmacht. Es bedeutet, daß alles zu dieser Frage wird, das Atmen, das Gehen, das Essen und Schlafen – nicht durch zwanghaftes Bemühen, sondern durch Achtsamkeit. Zum Beispiel kann man die Erinnerung an die Frage mit einer bestimmten Tätigkeit verbinden, etwa mit dem Verlassen des Platzes oder dem Öffnen der Schreibtischschublade. Das Fragenstellen läßt sich auch mit dem Mantra-Gehen aus Kapitel 4 kombinieren. Und wenn sich die Frage ändern sollte – wenn aus »Was ist, wenn es wirklich zu den Entlassungen kommt?« ein »Es wäre eine Erleichterung zu wissen, ob es tatsächlich zu den Entlassungen kommt« wird, dann sollte man das zulassen und diesem neuen Satz nachgehen. Manchmal wird aus der Frage auch eine Feststellung. Oft verkürzt sich die Frage, je vertrauter sie einem wird. Sie kann sich sogar auf ein einziges Wort zusammenziehen: »Entlassungen!« Im Lauf der Zeit nimmt die Frage ein Eigenleben an. Sie taucht immer häufiger in unserem Leben auf und macht auf sich aufmerksam.

»Die Frage abschließen« kann man auf zwei Arten. Entweder ergibt die Frage von selbst eine Antwort, oder sie klingt langsam ab. Wenn sich eine Antwort ergibt, prima! Aber es ist auch in Ordnung, wenn man die Frage mit der Zeit vergißt. Dann wird der Frage die Energie entzogen, sie quasi in der Schublade verstaut, bis sie wieder in neuer Gestalt auftaucht.

Woher weiß man, daß die sich ergebende Antwort die »richtige« ist? Das ist wieder eine Frage, die nächste Abzweigung auf dem durch das Fragen eingeschlagenen Weg.

Als konkretes Beispiel sei hier die Geschichte von Roberta erzählt, die mit Hilfe der Fragemethode ein drängendes berufliches Problem löste.

Eine heikle Situation

Roberta war Rechnungsprüferin in einer Bekleidungsfirma. Die frühere Buchhalterin hatte ihr Diplom in der Abendschule erworben, als ihr Mann, ein Monteur, sich eine Rückenverletzung zugezogen hatte. Jetzt unterstanden ihr fünf Angestellte, und sie verdiente mehr als ihr Mann. Nathan, der Gründer der Firma, hatte sein Geschäft mit ein paar alten Nähmaschinen in einem Hinterhaus begonnen. Nun war es ein florierendes Unternehmen, dessen Marke bei Bergsteigern und Raftern immer beliebter wurde. Wenn die Firma irgendwelche strukturellen Probleme hatte, dann weil Nathan sie nicht mehr überblicken konnte. Wie viele charismatische Firmengründer wollte er einfach zu viele kleine Entscheidungen selbst treffen.

Nathan war auch launisch, aber das betraf Roberta nicht allzusehr. Er war nicht ihr direkter Vorgesetzter. Sie hatte sich vor Steve zu verantworten, dem zweiten Vorsitzenden, ein erfahrener Manager, der die geschäftlichen Angelegenheiten der Firma mit der Professionalität regelte, die Nathan fehlte.

Eines Abends, Roberta arbeitete noch in ihrem Büro, summte die Sprechanlage. Zu ihrem Erstaunen war es Nathan. »Kommen Sie sofort in mein Büro«, sagte er schroff, »ich habe etwas Wichtiges mit Ihnen zu besprechen.«

Roberta griff nervös nach ihrem Notizbuch und ging die zwei Stockwerke zur Vorstandsetage hoch. Sie wußte gar nicht mehr, wann sie das letzte Mal Nathan allein in seinem Büro gesprochen hatte, und nach Büroschluß schon gar nicht. Sie hatte keine Ahnung, was er wollte.

Als sie Nathans Büro betrat, sah sie sofort seine Mißstimmung. Sie setzte sich mit einem flauen Gefühl in der Ma-
gengrube hin. Nathan verschwendete keine Zeit mit Nettig-
keiten. »Ich möchte, daß Sie Shirley sofort entlassen.
Morgen früh als erstes.«

Shirley führte das Debitorenkonto. Sie war die beliebteste
Mitarbeiterin in Robertas Abteilung, jung, hübsch und al-
leinstehend. Mehr noch, sie beide hatten sich angefreundet
und aßen oft zusammen zu Mittag. Roberta traute ihren
Ohren nicht.

»Warum?« platzte es aus ihr heraus. Das Herz schlug ihr
bis zum Hals.

»Shirley ist inkompetent. Sie schnauzt unsere Verkäufer
an. Dauernd kommen Beschwerden über sie. Hätten Sie sie
besser beaufsichtigt, müßte ich jetzt nicht eingreifen.«

Roberta begann zu widersprechen und sich gegen die un-
faire Kritik zu verteidigen, aber Nathan überhörte sie. »Ich
möchte, daß Sie morgen als erstes das Entlassungsschreiben
verfassen und es mir persönlich bringen.« Er drehte sich zum
Computer um und begann zu tipppen, eine schroffe Entlassung.

Auf der Heimfahrt war Roberta so mitgenommen, daß sie
an den Straßenrand fahren mußte. In ihr tobte es, als sie das
Vorgefallene noch einmal durchging. Sie hatte schon gehört,
daß Nathan Leute ohne Vorwarnung entlassen hatte. Wenn
doch nur Steve dabei gewesen wäre. Er wäre professionell
und vernünftig mit der Sache umgegangen. Dieser Gedanke
brachte sie auf einen anderen, noch beunruhigenderen.
Warum hatte ihr Steve nicht diese Neuigkeit mitgeteilt?
Warum hatte Nathan direkt mit ihr gesprochen und Steve
umgangen?

Nathans Begründung stimmte nicht. Shirleys Schreibtisch stand so nahe bei ihrem, daß sie ihre Telefonate mit den Verkäufern mitbekam. Wenn überhaupt, dann war Shirley zu höflich. Roberta vermutete etwas ganz anderes. Shirley war attraktiv, und Nathan war ein bekannter Weiberheld. Shirley hatte nie etwas gesagt, aber vorige Woche, als sie beide eine Kaffeepause machten, war Shirley wegen irgend etwas völlig durcheinander gewesen. Jetzt wußte Roberta, warum.

Was sollte sie tun? Ihr erster Gedanke war, Steve anzurufen. Aber was sollte sie sagen? Sie konnte ihren Verdacht nicht beweisen. Außerdem war Steve ein Mann und mit Nathan befreundet. Sie war sich nicht sicher, was er in diesem Fall tun würde, sosehr sie ihm als Chef auch vertraute. Wenn Nathan so mir nichts, dir nichts Shirley feuern konnte, dann sicher auch sie. Steve könnte ihr dann vielleicht überhaupt nicht helfen. Er wäre seinerseits gezwungen, zu seinem Chef zu halten. Wenn sie Steve anriefe, würde alles noch schlimmer.

Angenommen, sie ginge morgen früh zu Nathan und sagte ihm klipp und klar, daß sie seiner Aufforderung nicht nachkäme. Das würde nichts ändern. Er brauchte sie nicht, um Shirley zu feuern. Er konnte Steve beauftragen oder es selbst tun. Und überhaupt, warum hatte er sie in die Sache mit hineingezogen? Um sie gefügig zu machen? Um ihre Firmentreue auf die Probe zu stellen? War sie die nächste, auf die Nathan ein Auge werfen würde, und wenn sie widerstand, erginge es ihr dann nicht anders als Shirley?

Sie konnte kaum erwarten, es ihrem Mann zu erzählen, aber gerade heute abend ging es nicht. Er hatte sie angerufen, weil die Röntgenuntersuchung wegen seiner chronischen Rückengeschichte schlecht ausgefallen war. Er mußte operiert werden. Er brauchte jetzt ihre Hilfe. Ihr Mann mochte außerdem Nathan nicht. Er hatte einmal für ihn als Monteur gearbeitet, und es war ein Alptraum gewesen. Bei seinem Temperament würde er vor Wut ins Büro fahren und Nathan zusammenschlagen.

Sie kochte das Abendessen und war den Rest des Abends wie benommen.

Sie konnte nichts anderes mehr denken als: »Was soll ich tun?«

Roberta war in der Zwickmühle. Sie mußte dringend etwas tun. Vor ein paar Jahren hatte sie einen Meditationskurs bei mir gemacht. Jetzt rief sie mich an, um mich um Rat zu fragen.

Ich sagte ihr, daß ich sie wirklich verstünde, aber nicht wüßte, ob ich ihr in diesem speziellen Fall helfen könne. Ich kannte die betreffenden Personen nicht genug, um eine Verhaltensweise vorschlagen zu können, und ihr Problem konnte juristische Konsequenzen haben, über die ich nicht Bescheid wußte. Statt dessen besprachen wir die Übung des Fragenstellens. »Was soll ich tun?« sagte sie. »Das ist meine Frage.«

»Also dann bleiben Sie dabei. Wenn Sie möchten, machen Sie eine Atemmeditation und wiederholen dabei etwa jede Minute die Frage. Mal sehen, was passiert.« Ich ermutigte sie, doch ihrem eigenen Einfallsreichtum zu vertrauen und der Frage so lange nachzugehen, bis sich eine für sie passende Lösung ergäbe.

»Ich kann machen, was ich will, ich bin verloren«, sagte sie. Aber sie versprach, es zu versuchen.

Als sie mich einige Tage später zurückrief, erfuhr ich erleichtert, daß sie die Situaton auf für meine Begriffe äußerst geschickte Weise hatte retten können.

»Ich befolgte Ihren Rat«, sagte mir Roberta, »und konzentrierte mich während der Meditation einige Stunden lang auf die Frage. Ich hatte Angst. Es war völlig neu für mich.

Die dauernde Fragerei langweilte mich ein wenig. ›Was soll ich tun?‹ Eine Zeitlang vergaß ich die Frage und achtete nur auf die Atmung, was mir die Angst nahm. Als ich mich dann wieder auf die Frage konzentrierte, hatte sie sich geändert. ›Ich weiß, was ich tun werde‹, kam es mir.

Dabei dachte ich an Alan. Alan ist jemand aus unserem Vorstand. Ich hatte einige Finanzpapiere in meiner Aktenmappe, die Alan noch unterschreiben mußte, bevor er auf Geschäftsreise ging. Ursprünglich wollte ich sie ihm am nächsten Morgen per Kurier zuschicken, aber jetzt stand ich auf, ging zum Telefon und wählte seine Nummer. Mir war bange, während das Telefon klingelte, aber schließlich hob er ab. Ich fragte ihn, ob es ihm recht wäre, wenn ich ihm die Unterlagen morgen persönlich vorbeibrächte, und er war einverstanden.

Also sprach ich auf Nathans Anrufbeantworter, daß ich später ins Büro käme, weil ich noch einige Unterlagen zu Alan bringen müßte. Die Unterlagen waren schnell unterschrieben. Alan bat mich erst gar nicht herein, sondern unterschrieb an der Tür. Ich verbrachte die nächste Stunde im Café, um nicht vor zehn Uhr im Büro zu sein. Dann vergewisserte ich mich zunächst, ob Nathan im Büro war, und rief ihn über meine Sprechanlage an. Ich sagte ihm, es wäre leider etwas später geworden, weil Alan mich hereingebeten und wir eine Weile geplaudert hätten. Das ließ ich einfach so im Raum stehen und wartete auf seine Reaktion.

Er sagte gar nichts. Langes Schweigen an beiden Enden der Leitung. Schließlich brummte er und legte auf.

Ich wartete noch einige Tage, ob er auf Shirley zu sprechen käme, aber nichts geschah. Nathan ließ die Angelegenheit auf sich beruhen.«

»Wie kamen Sie auf Alan?« fragte ich.

»Ich weiß nicht«, antwortete Roberta, »er kam mir einfach in den Sinn, als ich meditierte.«

»Wann genau kam Ihnen die Antwort?«

»Überhaupt nicht«, sagte Roberta. »Die Frage hat sich
selbst beantwortet.«

Natürlich verändern sich Fragen nicht von selbst. Es sind die
Fragesteller, die sich ändern. Wenn man sich ernsthaft eine
Frage stellt (im Gegensatz zu solchen wie »Welche Krawatte
soll ich heute umbinden?«), werden tiefere Schichten angesprochen. Angst und Sorge werden für Schwächen gehalten,
aber das sind sie nicht nur, sie mobilisieren auch. Die Sorge
gibt Kraft, wenn man sich ihrer annimmt. Natürlich wird
sich nicht jede Sorge so optimal lösen lassen wie Robertas.
Wesentlich an Robertas Geschichte ist nicht, daß sie den
Zorn ihres Chefs umging, vielmehr, daß sie auf sich vertraute. Sie legte mit der Frage eine Strategie frei, die in Verbindung mit einigem Glück die Situation entschärfte.

Und wenn man kein Glück hat?

Roberta hatte einfach auch Glück. Daß das Vorstandsmit-
glied zu Hause war, beispielsweise. Wir halten Glück für
etwas Zufälliges, aber vom buddhistischen Standpunkt aus
ist das nicht ganz zutreffend. Glück hat mit Wachsamkeit

zu tun, mit dem Bemerken der Gelegenheiten, die sich einem bieten. Man kann dem eigenen Glück nachhelfen – wenn man sich nicht auf einen Standpunkt versteift, sondern beweglich bleibt. Robertas Geschichte ist dafür ein Beispiel. Und die Sorge hilft, die Aufmerksamkeit in die richtige Richtung zu lenken.

Es hätte auch anders ausgehen können. Roberta hätte der Anweisung des Chefs auch folgen können. Das Berufsleben ist voller solcher moralischer Kompromisse, und niemand will seinen Lebensunterhalt leichtfertig aufs Spiel setzen. Angenommen, Roberta hätte sich der Anweisung widersetzt und wäre gefeuert worden! Am Arbeitsplatz kommt es immer wieder zu großen Ungerechtigkeiten. Man kennt das vielleicht aus eigener Erfahrung oder zumindest aus dem Bekanntenkreis. In solchen Fällen ist ein gerichtliches Vorgehen oft angebrachter als spirituelle Übungen. In den USA häufen sich Zeitungsberichte über verständnisvolle Geschworene, die von Unternehmern Schadensersatzzahlungen gegenüber beschwerdeführenden Arbeitern fordern. Manche dieser Fälle kommen bis ans Oberste Bundesgericht, das neben dem Kongreß das letzte Wort bezüglich solchen Mißbrauchs hat. Es sind Extrembeispiele für das, was ich am Anfang dieses Buches gesagt habe: In der Arbeitswelt ist die Macht ungleich verteilt und wird auch mißbraucht. In Teil 5 handelt ein ganzes Kapitel von der Macht – von innerer Kraft, von äußerer Macht, von Machtmißbrauch und Korruption.

Am Ende einer Belehrung in einem buddhistischen Zentrum fragte mich einmal eine Frau: »Wie schaffen Sie es, als Geschäftsmann Ihre persönliche Integrität zu bewahren?«

»Ich schaffe es nicht!« antwortete ich spontan.

Übungen zum Thema Sorge

- *Die Frage stellen.* Wenn Ihnen der Einstieg schwer-
  fällt, fragen Sie sich: »Worum mache ich mir Sorgen?«
- *Die Frage wiederholen.* Äußeren Sie im stillen möglichst oft die Frage. Erwarten Sie keine Antwort. Betrachten Sie die Frage, als gehöre sie von nun an zu
  Ihrem Leben. Knüpfen Sie die Erinnerung an diese
  Frage an irgendeine körperliche Tätigkeit – an das
  Aufstehen, das Hinsetzen oder das Gehen. Wiederholen Sie beim Gehen die Frage im Rhythmus des
  Gehens.
- *Der Frage nachgehen.* Lassen Sie sich von der Frage
  führen. Wenn sich die Frage verändert oder eine
  andere Frage auftaucht, gehen Sie dieser nach.
- *Die Frage abschließen.* Wenn sich durch die Praxis
  des Fragenstellens eine Antwort ergibt, ist Raum für
  die nächste Frage, die nächste Herausforderung.
  Doch selbst wenn die Antwort ausbleibt, geht es weiter. Der Geist hört niemals mit dem Fragen auf!

»Oh, danke!« sagte sie lachend. Ich glaube, sie war über
meine Antwort überrascht und erleichtert zugleich.

Meine Antwort war etwas leichtfertig. Ich bemühe mich
natürlich um größtmögliche Aufrichtigkeit, aber es gelingt
mir nicht immer, und ich bin mit Kampfansagen vorsichtig.
Die Kunst des Kompromisseschließens und klugen Sich-
zurückziehens ist ebenso wichtig, wie seinen Mann zu ste-

hen. Ich habe vor langem begriffen, daß es in der Arbeitswelt kein Schwarz und Weiß gibt, nur Grau, Grün, Gelb und
die restliche Farbpalette.

Sich Sorgen machen heißt, diese Farbpalette zu erkunden
und durch die Arbeit mit den Farben des Regenbogens
innerlich bereichert zu werden.

6

Ärger

Beruflicher Ärger ist ein großes Problem – für einige Menschen das größte überhaupt.

Natürlich ist der Arbeitsplatz nicht der einzige Lebensbereich, in dem Ärger eine Rolle spielt. Aber dort haben andere Menschen tatsächlich Macht über uns – was die Karriere und das Auskommen angeht. Wir werden beurteilt und herumbefohlen. Da gibt es neben Vorgesetzten auch Kunden, Verkäufer, Konkurrenten und Partner, die einen alle hinters Licht führen, frustrieren oder eben ärgern können.

Die Stimme, die sagt: »Jetzt bin ich wütend«, ist selbst nicht wütend, sondern ehrlich.

Durch dieses Machtungleichgewicht kann sich beruflicher Ärger ins Extrem aufschaukeln. Dann wird die Mischung aus Ohnmacht und Wut gefährlich, ja vielleicht sogar tödlich. Wer kennt nicht Schlagzeilen über Amokläufer, die an den Arbeitsplatz kommen und das Feuer eröffnen.

Das sind natürlich extreme Einzelfälle. Für die meisten von uns ist beruflicher Ärger weniger eine Frage des Explodierens als des Schmorens. Diejenigen, die sich aus Verzweiflung dem Alkohol ergeben, Medikamente mißbrauchen oder sogar Selbstmord begehen, machen keine Schlagzeilen, doch ist ihr erlittenes Unrecht deshalb nicht weniger schlimm. Man darf beruflichen Ärger nicht auf die leichte Schulter nehmen. Langfristig gesehen wirkt sich selbst unterschwelliger Ärger gesundheitsschädlich aus, er zerstört die Lebensfreude, Freundschaften und die Karriere ganz bestimmt.

Ärger kommt nicht aus heiterem Himmel. Normalerweise beruht er auf einer wahrgenommenen Ungerechtigkeit. Sogar Tiere werden wütend, häufig aus denselben Gründen wie der Mensch. Ich hatte einmal einen Hund namens Brahms, der gutmütig und folgsam war. Aber wenn ich Brahms zu sehr ausschimpfte, duckte er sich und fletschte die Zähne. Er wußte, daß ich der Chef war und die meiste Zeit war das für ihn in Ordnung. Aber wenn Brahms das Gefühl hatte, daß ich zu weit ging und meine Macht mißbrauchte, reagierte er. Er wurde böse.

Wir Menschen sind da nicht anders, nur ein wenig komplizierter. Unsere Wut ist oft begrifflich weit gesteckt. Oft genügt beispielsweise schon ein bloßer Gedanke, ein Satz oder ein einziges Wort, um einen in Rage zu bringen. Tiere haben dieses Problem nicht. Außerdem können die Menschen mehr als nur die Zähne fletschen und knurren. Sie verbergen ihren Ärger oder machen sich bei einem vertrauten Kollegen oder später bei einem Freund oder dem Ehepartner Luft. Manchmal tritt Wut in verkleideter Form auf, als Verwirrung, Unentschiedenheit oder sogar als Depression. In solchen Fällen kann schon die bloße Erkenntnis, daß man sich eigentlich ärgert, eine große Hilfe sein! Manche Wut wird auch jahrelang genährt. Brahms' Ärger verflog bereits bei einem Hundekuchen. Könnten wir Menschen unseren Feinden nur auch so leicht vergeben!

Dieses Kapitel zeigt, wie man mit Ärger positiv umgehen kann. Wir können lernen, das Potential zu innerem Wachstum zu nutzen, das der Ärger birgt. Gerade weil Wut »heiß«, so energiegeladen ist, kann sie der Charakterbildung in einem Ausmaß dienen wie kaum eine andere Emotion.

Ärger hat einen Grund

In spiritueller Hinsicht ist man für seinen Ärger selbst verantwortlich. Doch ist dieses Gefühl selten völlig unberechtigt. Manchmal ist Zorn wirklich angebracht. Er erwächst aus einer Mischung von äußeren und inneren Gefühlen, Gerechtigkeit und Ungerechtigkeit, persönlichen Empfindlichkeiten und ungelösten Familienproblemen.

Wenn man einmal in Wut geraten ist, ist man mit Vorwürfen schnell bei der Hand. Die »Gründe« der Wut lassen sich leicht finden, wenn man sie nur beim anderen sucht. Der buddhistische Ansatz beugt dieser Versuchung vor. Er ignoriert zwar nicht die Ursachen des Ärgers, aber ins Auge gefaßt werden zunächst die ihn begleitenden körperlichen Auswirkungen. Wenn man vor Wut nicht aus noch ein weiß, lassen sich ihre Gründe kaum mehr objektiv erfassen. Da ist es besser, zunächst mehr Abstand zur Wut zu gewinnen.

Angst

Meistens versteckt sich hinter der Wut ein naher Verwandter, die Angst. Beide Emotionen rufen zum Teil ähnliche körperliche Symptome hervor – das Herz schlägt schneller, das Blut schießt in den Kopf, Nacken und Kiefermuskulatur spannen sich an. Der Hauptunterschied besteht darin, daß uns die Wut vorwärts treibt, schreien, kämpfen und um uns schlagen läßt, während die Angst uns zum Rückzug drängt, zur Flucht, zum Sichverstecken. Unsere größte Angst ist natürlich die Angst vor dem Tod, vor der Vernichtung und völligen Auflösung. In dem Maß, in dem die persönliche Identität von der beruflichen Rolle und dem beruflichen Status abhängt, stellt alles, was diese Identität stört, eine ernsthafte Bedrohung dar. Hat sich bereits einiger Ärger angesammelt, kann ein weiterer Tadel oder eine Rückstufung das Faß zum Überlaufen bringen und im Extremfall zum Amoklauf gegenüber den Kollegen und schließlich zum Selbstmord führen. So kann eine Entlassung zur Lebensbedrohung werden, Angst und Wut können tödlich sein.

Gibt es berechtigte Wut?

Wut wird immer irgendwie als berechtigt empfunden. Wenn wir wütend sind, dann deshalb, weil irgend jemand etwas gesagt oder getan hat. Wir fühlen uns ungerecht behandelt, und davon nährt sich unsere Wut. Und solange man sich auf dieses Gefühl beruft und sich selbst ausschließlich als Opfer sieht, wird sich die Wut wie ein Waldbrand immer weiter entfachen.

Unrecht gibt es auf der ganzen Welt. Keiner bleibt davon verschont. Es ist der Zündstoff aller Konflikte, von familiären und firmeninternen Unstimmigkeiten angefangen bis hin zu Religionskriegen, ethnischen Konflikten und Terroranschlägen, die weltweit soviel Leid verursachen. Ob das Unrecht wenige Menschen oder ein ganze Nation betrifft, ist im Grunde nur eine Frage des Ausmaßes.

Am Arbeitsplatz gibt es unterschiedlichste Formen des Ärgers. Und es ist nicht die ungerechte Behandlung allein, die den Ärger bedingt. Es kommen meist mehrere Faktoren zusammen. Hier einige Beispiele.

Selbstvorwürfe

Theodora leitete den Kundenservice der Kreditkartenabteilung einer großen Bank. Die Bank plante weitere Entlassungen, und eines Morgens fand sie ein Vorstandsmemo in ihrem Fach, in dem sie angewiesen wurde, eine Personalkürzung von 20 Prozent durchzuführen. Das Leistungssoll, von dem ihr Jahresbonus abhing, blieb aber unverändert.

Natürlich war sie wütend. Die Anweisung war schlecht durchdacht, man überging ihre Seite völlig. Theodora saß damit zwischen zwei Stühlen, außerdem war ihr Einkommen gefährdet, in einer Weise, die nicht mehr von ihr persönlich beeinflußbar war.

Als mir Theodora diese Situation beschrieb, gab sie ihre Wut sowie ihr gleichzeitiges Unbehagen darüber offen zu.

Sie machte nicht die Leute aus der Vorstandsetage für ihren Ärger verantwortlich, sondern warf sich selbst mangelnde Selbstbeherrschung vor. Obwohl ich ihr versicherte, daß ganz bestimmt nicht ihr, sondern ihren Vorgesetzten ein Vorwurf zu machen wäre, wurde sie das Gefühl nicht los, daß ihr Ärger ein persönliches Versagen war.

Unterdrückte Wut

Theodora empfand tatsächlich Wut. Doch gibt es Menschen, die in ähnlichen Situationen statt vor Wut zu kochen eher ins Gegenteil verfallen – bei ihnen schlägt die Wut, noch bevor sie hochkommt, in Gereiztheit und Verwirrung um. Diese unterdrückte, dumpfe Wut ist darum nicht weniger Wut als die aufbrausende, sie hat nur eine andere, indirekte Gestalt angenommen. Jeder weiß, wie gefährlich es ist, wenn man seine Wut am Arbeitsplatz direkt äußerst, besonders gegenüber einem Vorgesetzten. Deshalb unterdrücken wir solche Gefühle manchmal lieber, sehr zum Nachteil der eigenen seelischen und körperlichen Gesundheit.

Fehlgeleiteter Ärger

James war Verkaufsleiter einer Computerhardwarefirma. Ihm unterstanden sechs Vertreter, die Minicomputer an große Firmen verkauften. Eines Freitags erhielt er einen Anruf von einem seiner größten Kunden, der ohne viele Erklärungen von einem Großauftrag zurücktrat, mit dem James fest gerechnet hatte.

Fünf Minuten nach diesem Anruf kam Teresa, seine beste Vertreterin, in sein Büro, um zu fragen, ob sie ihren Urlaubstermin verlegen könne.

»Warum haben Sie sich das nicht gleich überlegt?« fuhr er sie an. »Ich habe Ihrer Meinung nach wohl nichts Besseres zu tun, als mit Urlaubsterminen herumzujonglieren?«

Das kennt wohl jeder, daß man seinen Ärger bei der nächstbesten Gelegenheit ablädt, statt ihn im richtigen Zusammenhang zu klären. Wieder spielen die Machtverhältnisse eine Rolle. James hätte es sich nicht leisten können, seinem Kunden gegenüber wütend zu werden, auch wenn dieser noch so unfreundlich gewesen wäre. Er war auf zufriedene Kunden und weitere Bestellungen angewiesen. Also mußte Teresa für seinen Ärger herhalten.

Am nächsten Tag, nachdem er sich beruhigt und noch einmal über den Vorfall nachgedacht hatte, erklärte James Teresa die Situation und entschuldigte sich. Sie hatte Verständnis dafür – das ganze Verkaufsteam stand unter Druck –, doch war sie für James' Entschuldigung wirklich dankbar.

Tiefsitzender Ärger

George kam früh grantig im Büro an und ging abends grantig nach Hause. Er war als Firmengriesgram bekannt. Bei Besprechungen glänzte er mit Einsilbigkeit. Am Telefon verzichtete er auf Small talk. Ihn entschuldigte einzig, daß er der beste Ingenieur im Hause war. George litt an »tiefsitzendem« Ärger. Er war mit ihm verwachsen. Sein Ärger hatte wahrscheinlich wenig mit seinem Arbeitsplatz zu tun. Vielleicht hatte er ein unglückliches Familienleben. Vielleicht litt er unter Depressionen. Oder sein Mißmut rührte von einer unglücklichen Kindheit her.

In allen diesen Beispielen hat der Ärger offensichtlich seine guten Gründe. Und das macht den Umgang mit ihm so schwierig. Seine Berechtigung läßt sich nicht ganz von der Hand weisen.

Selbst der Dalai Lama, dessen Geduld und grenzenloses Mitgefühl angesichts der Besetzung seines Heimatlandes ihm weltweite Bewunderung und einen Friedensnobelpreis eingetragen haben, stimmt in diesem Punkt überein. In seinem Buch *Der Mensch der Zukunft* sagt er:

Hat man hingegen trotz unfairer Behandlung die Situation auf sich beruhen lassen, so hat sie möglicherweise höchst negative Konsequenzen… Solch eine Situation verlangt danach, daß man ein wirkungsvolles Gegenmittel einsetzt. Ohne wütend oder haßerfüllt zu reagieren, wird man unter solchen Umständen aus Mitgefühl für den Missetäter womöglich eine klare Position beziehen und zu energischen Gegenmaßnahmen greifen. In der Tat besteht einer der Verhaltungsgrundsätze im Rahmen der Bodhisattva-Gelübde darin, energische Gegenmaßnahmen zu ergreifen, wenn die Situation danach verlangt. Ergreift ein Bodhisattva keine energischen Gegenmaßnahmen, wenn die Situation dies erfordert, so bricht er eines seiner Gelübde.

Der Dalai Lama sagt also im wesentlichen, daß in spiritueller Hinsicht Handeln geboten ist, in Form von »energischen
Gegenmaßnahmen«, wenn der Ärger aufgrund von tatsächlich erlittenem Unrecht auftritt. Das Problem ist, daß oft gerade das Unrechtsbewußtsein den Ärger nährt, seine Auflösung und Transformation verhindert. Man beachte, daß der
Dalai Lama betont, man solle die energischen Gegenmaßnahmen gegen erlittenes Unrecht erst ergreifen, wenn man
selbst nicht mehr wütend ist. Er sagt auch, daß dabei nicht
die geringste Verteidigung im Vordergrund stehen dürfe,
sondern das Mitgefühl für den Missetäter. Diese Position
scheint große geistige Reife zu verlangen, aber ich glaube,
jeder von uns kann sich in dieser Richtung bemühen. Sicherlich existieren am Arbeitsplatz viele kleine und nicht so
kleine Ungerechtigkeiten wegen der ungleichen Machtverhältnisse und der großen Rolle, die Geld und Profit spielen.
Doch obwohl sie uns das Leben schwermachen können, stellen sie zugleich auch eine Gelegenheit dar, mit Ärger anders
umgehen zu lernen.

Die Stimme der Wahrheit

Der erste Schritt im spirituellen Umgang mit dem Ärger ist,
daß man ihn sich bewußtmacht. Wenn ich das in meinen
Kursen erkläre, ruft es Verwunderung hervor. Denn ist das
nicht selbstverständlich? Natürlich wissen wir, daß wir wütend sind!

Oft stimmt das eigentlich nicht. Wut (oder auch Angst) ist
eine so überwältigende, mitreißende Emotion, daß Wutemp-

finden und wütende Handlung oft zusammenfallen. Selbst wenn wir unsere Wut nicht ausagieren (und am Arbeitsplatz bleibt einem meist nichts anders übrig, als sie zu unterdrücken), werden wir von ihr mitgerissen, überschwemmt und gehen völlig in ihr auf. Aus geistiger Perspektive betrachtet, läßt uns der Zorn wenig Spielraum. In der Tat ist einer der Gründe, weshalb man so typischerweise »explodiert«, der, daß man die Auseinandersetzung mit der Wut scheut. Wutgefühle sind sehr unangenehm, und sie auszuagieren, scheint unmittelbare Erleichterung zu bringen.

Wie kann man mehr Abstand zu Ärger und Angst gewinnen? Eine Möglichkeit ist das Selbstgespräch; man sagt beispielsweise zu sich: »Jetzt bin ich wütend.« Die innere Stimme, die das sagt, ist selbst nicht wütend, sondern ehrlich. Deshalb nenne ich sie die Stimme der Wahrheit.

Je mehr man imstande ist, sich die unangenehmen Gefühle der Wut bewußtzumachen – die Übelkeit, das Herzrasen, die Verkrampfung der Kiefermuskulatur –, desto mehr Abstand gewinnt man zu ihr, man packt sie in Geduld. Noch besser ist, wenn man die Worte »Ich bin wütend« oder auch nur »Wut!« nicht nur zu sich sagt, sondern sie tatsächlich *atmet*. Allein schon zwei- oder dreimal das Wort »Wut« zu atmen, im Sitzen oder während man den Gang entlanggeht, kann schon viel bewirken. Am Arbeitsplatz hat man für eine längere Meditation gewöhnlich keine Zeit. Aber jede noch so kleine Abstandsnahme ist besser als keine, und Ehrlichkeit ist nicht nur eine Methode der Beruhigung, sondern auch eine des Kraftschöpfens.

Selbst wenn die Wut unterschwellig ist, man statt zu »kochen« innerlich »friert« – müde, gereizt oder verwirrt ist –, kann man sich mit der Stimme der Wahrheit wieder fangen,

indem man feststellt: »Moment! Das ist eigentlich Wut!« Innere Stärke ist, wie wir gleich sehen werden, für die Transformation des Ärgers wesentlich.

Welche Kraft die Stimme der Wahrheit haben kann, zeigt
folgendes Erlebnis, das mir Michael erzählte, ein Polizeimeister, der buddhistische Meditation praktiziert.

*Ich hatte gerade einen Wagen wegen eines Verkehrsdelikts
herausgewunken. Die Führerscheinkontrolle ergab, daß
es sich um einen gestohlenen Wagen handelte. Als ich aus
meinem Wagen ausstieg, hatte sich der Verdächtige bereits mit verschränkten Armen vor seinen Wagen gestellt.
Er war groß und muskulös. Ich sah keine Waffe, aber sein
Blick verriet mir, daß er nicht bereit war, klein beizuge-
ben. Als er zu sprechen begann, bestätigte sich mein Verdacht, daß es jemand mit krimineller Vorgeschichte war.
»Das schwör ich«, sagte der Verdächtige, »da bringt ihr
mich nicht mehr hin.«*

*Ich war viele Jahre lang ein typischer, übereifriger Poli-
zist, bevor ich zu meditieren begann. Ich beherrschte Ka-
rate und konnte einen Verdächtigen auf vielerlei Art zu
Boden bringen. Aber damals meditierte ich schon seit ein
paar Jahren und versuchte, Auseinandersetzungen mit
möglichst wenig Gewalt beizulegen.*

*»Das verstehe ich«, sagte ich ruhig und ließ meine
Arme unten, »aber es bleibt Ihnen nichts anderes übrig.
Ich muß Sie mitnehmen. Das ist mein Job.«*

*Der Verdächtige schüttelte den Kopf und starrte auf
den Boden. Dann sah er mich an: »Hast wohl Angst?«*

*Ich hatte keine Zeit, lange über meine Antwort nach-
zudenken. »Ja, ich habe Angst«, sagte ich, was der Wahr-*

heit entsprach. Die Situation war brenzlig. Ich wußte nicht, ob er ein Messer oder eine Pistole bei sich versteckt hatte. Und auch ohne Waffe war er allein körperlich schon eine Bedrohung. »Ich könnte verletzt werden«, sagte ich, »Sie könnten verletzt werden. Aber damit wäre nicht viel gewonnen.«

Sobald ich meine Angst zugegeben hatte, änderte sich etwas. Der Verdächtige entspannte sich ein wenig. Wissen Sie, er war ein Verlierer. Er sagte nichts. Sein Leben war eine Katastrophe. Er mußte wieder lange ins Gefängnis zurück. Aber eines konnte man ihm nicht nehmen. Er war groß und stark und hätte mich verletzen können. Das war die Wahrheit. Wenn ich nicht einmal das zugegeben hätte, hätte ich ihm den Respekt für das einzige versagt, was ihm blieb. Ich hätte ihn völlig ignoriert, und er hätte nichts mehr zu verlieren gehabt, wenn er mich angriff. Daß ich jedoch meine Angst zugab, hieß etwas. Es bedeutete, daß er noch auf irgend etwas stolz sein konnte.

»Du wirst mir die Handschellen nicht hinter meinem Rücken anlegen«, schrie er, »ich kann das nicht ausstehen.«

»In Ordnung«, sagte ich und ging mit den Handschellen langsam auf ihn zu, »dann vorne. Sie wissen, daß ich Ihnen Handschellen anlegen muß. Das ist Vorschrift.«

Der Verdächtige ließ sich die Handschellen anlegen und stieg in meinen Wagen, ohne noch irgendwelche Umstände zu machen.

Ich hatte noch einige Fragen an Michael. »Hätten Sie früher, bevor Sie zu meditieren begannen, Ihre Angst in so einer Situation zugegeben?«

»Niemals!« lachte Michael, »das wäre ein Zeichen der Schwäche gewesen. Ich wäre schon mit gezogener Pistole aus dem Wagen gestiegen und hätte ihn alle viere von sich strecken lassen, bevor er überhaupt einen Ton gesagt, geschweige denn einen Finger gerührt hätte.«

»Dann haben Sie doch ziemlich viel riskiert, als Sie nicht mit gezogener Waffe ausgestiegen sind, finden Sie nicht?«

Michael zuckte mit den Schultern: »Als Polizist steht man ständig vor solchen Entscheidungen. Gewalt bedingt Gewalt. Wenn ich mit gezogener Pistole ausgestiegen wäre, wäre es vielleicht zu einer Eskalation gekommen. Ich bemühe mich immer, der Situation angemessen zu reagieren. Hätte ich eine Waffe gesehen, hätte ich anders reagiert.«

Ärger und Angst positiv nutzen

Viele Menschen mit spirituellen Neigungen schämen sich ihrer Wutgefühle und sehen sie als eine Art persönliches Versagen an. Sie glauben, sie müßten bloß noch mehr spirituelle Fortschritte machen und mehr meditieren, um keinen Zorn mehr zu empfinden. Das ist ein lobenswerter Charakterzug. Weil man weiß, daß Wut nichts bringt und einem selbst und anderen schaden kann, will man diesen Schaden verhindern. Aber sich seiner Wut zu schämen, bringt im Grunde gar nichts. Tatsächlich führt das oft nur dazu, daß man Ärger verdrängt, ihn sich selbst nicht eingesteht.

Nach einem meiner Seminare kam einmal eine Frau ganz verstört zu mir. Sie hatte jahrelang ihren Ärger hinuntergeschluckt, der oft und heftig in ihr hochkam, und war schockiert, als sie mich sagen hörte, Wut sei eine Energie und etwas Menschliches, ja, es gäbe sogar berechtigte Formen des Zorns.

»Ich kann mir einfach nicht verzeihen«, sagte sie und begann zu weinen, »ich verletzte so viele Menschen mit meiner Wut.«

»Wenn Sie sich selbst nicht verzeihen«, antwortete ich, »werden Sie andere weiterhin verletzen.«

Sie hörte, was ich sagte, bezweifelte es aber. Sie war in einem religiösen Umfeld aufgewachsen, wo solche Gefühle als Sünde angesehen wurden, als etwas, dessen man sich schämen mußte.

Ärger und Angst stellen weniger ein persönliches Versagen dar als eine potentielle Weisheit. Sie bringen eine Wahrheit zum Ausdruck. Der Polizeimeister hatte wirklich Angst. Er hatte guten Grund dazu. Er hätte sich auch sagen können: »Ich bin hart im Nehmen und sollte als Polizist wirklich keine Angst haben, und wenn, dann sollte ich es nicht zeigen«, da wird zuviel »gesollt«. Ob es einem gefällt oder nicht, wenn man wütend ist, ist das einfach so.

Das ist der heikle Punkt, den man nicht leichtfertig übergehen darf. Ich sage ganz bestimmt nicht, man solle seinem Ärger nach Gutdünken Luft machen. Es ist ein großer Unterschied, ob man sich die Energie des Ärgers bewußtmacht oder sie gedankenlos herausschießen läßt, ob man sich wutentbrannt fühlt oder wutentbrannt handelt. Doch ob die Wutgefühle destruktiv oder nützlich sind, liegt ganz an uns. Als jemand, der von Natur aus jähzornig und ungeduldig ist, kann ich aus eigener Erfahrung sagen, daß es normalerweise nicht sehr viel bringt, seinen Zorn unreflektiert zu äußern, egal für wie berechtigt man ihn auch hält. Wenn man zu diesem Gefühl als erstes inneren Abstand gewinnt und dann ruhig zu seinem Gegenüber sagt: »Ich bin sehr wütend auf dich«, beweist das echte innere Stärke, so wie der Polizeimeister sagte: »Ja, ich habe Angst.« Auch wenn man Stärke demonstrieren will, indem man anderen gegenüber explodiert, ist es in Wirklichkeit ein Zeichen der Schwäche. Es macht gewöhnlich alles nur noch schlimmer.

Den Ärger transformieren

Wenn man seiner Wut Raum läßt und seinen Ärger konfrontiert, ist das der erste Schritt zur Transformation dieser Energie. Wut ist ein Zustand der Hochspannung, der nach Entladung drängt und sich transformieren will. In den obenerwähnten Fällen stellte James' Entschuldigung gegenüber seiner Angestellten Teresa beispielsweise eine solche Transformation dar. Sein Ärger und ihre Verletztheit lösten sich im Akt der Entschuldigung auf. Theodora, die leitende Bankangestellte, ließ man hingegen in der Luft hängen, sie wußte nicht mehr, was sie tun sollte.

Es gibt zwei Arten von spirituellen Praktiken, auf die man in diesem Fall zurückgreifen kann. Einmal kann man Ärger durch die Anwendung von Gegengiften – Güte, Vergebung und Mitgefühl – transformieren. Man kann mit ihm aber auch so umgehen, wie es im vorigen Kapitel über die Sorge beschrieben wurde, und auf die Übung des Fragenstellens zurückgreifen.

Gegengifte anwenden

Ärger ist scheinbar eine Art Selbstverteidigung. Es ist, als stellte man einen Gebietsanspruch und sagte im Grunde: »Das kannst du mir nicht antun! Mir nicht!« In diesem Sinn ist Ärger stets in gewisser Hinsicht selbstgerecht, mag er auch noch so berechtigt scheinen. Wut empört, bereitet die Plattform, von der aus man schreien kann: »Ich, ich, ich!« Er funktioniert wie die Automatikschaltung eines Autos, die an einem steilen Berg automatisch herunter und damit auf eine höhere Tourenzahl schaltet. Wie spüren diese Kraftzufuhr, diese Beschleunigung, dieses Gasgeben der Wut.

Dieses Gefühl der Berechtigung macht den Umgang mit der Wut so schwer. Wut läßt sich immer irgendwie rechtfertigen, zu ihrer Verteidigung finden sich stets Gründe. Wenn jemand von seinem Ärger spricht, bekommt man normalerweise tatsächlich eine überzeugende Geschichte zu hören. Das Problem ist, daß man bei der Schilderung seines eigenen Ärgers nie weiß, wieviel an der Geschichte, wie überzeugend sie auch sein mag, tatsächlich wahr ist und was man nur zu gerne wahrhaben möchte.

Es ist ein erster wichtiger Schritt, daß man von seinem Ärger Abstand nimmt, aber das allein genügt nicht. Man hat sich damit noch nicht direkt mit seiner Wut auseinandergesetzt, sondern hat sozusagen nur den Behälter geweitet. Um unseren Ärger wirklich anzugehen, um herauszufinden, ob unser Gefühl von Selbstgerechtigkeit auf wackligen Füßen steht, müssen wir noch weiter gehen.

Die Gegengifte der Wut sind natürlich Großmut und Güte. Güte liefert das Ich eher aus, als es zu schützen. Sie ruft nicht aus: »Ich! Ich! Ich!«, sondern: »Du! Du! Du!« Güte tritt gewöhnlich auf, wenn sich das Ich sicher und geborgen fühlt.

Aber man kann auch dann noch Güte praktizieren, wenn sich das Ich bedroht fühlt, ja sogar inmitten der Wut.

Die Übung des halben Lächelns

Haben Sie schon einmal eine Buddhastatue mit Zornesfalten gesehen? Ich glaube nicht, denn Buddhas werden fast immer mit einem geheimnisvollen sanften Lächeln dargestellt. Nicht mit einem breiten Grinsen, sondern mit einem leisen Ansatz des Lächelns. Das hat nicht nur mit religiösem Kunsthandwerk zu tun, sondern auch mit einer alten buddhistischen Praktik – der Übung des halben Lächelns.

Wenn Sie sich ärgern und beispielsweise gerade zu sich sagen: »Ich ärgere mich!«, dann verziehen Sie die Mundwinkel zu einem kleinen Lächeln. Es kann so zart sein, daß man es äußerlich vielleicht gar nicht sieht. Möglicherweise wenden Sie jetzt ein: »Ich bin wütend. Mir ist nicht nach Lächeln zumute! Es wäre unehrlich!« Gut. Lächeln Sie trotzdem. Es wird nicht leicht sein. Unser Ärger widersetzt sich. Dieser Widerstand ist tatsächlich interessant. Wovor haben wir Angst? Welchen Schaden würde ein kleines Lächeln anrichten?

Wir machen unseren Gesichtsausdruck gerne von unseren Gefühlen abhängig, aber spirituell gesehen trifft auch das Gegenteil zu. Ein Lächeln, selbst wenn uns nicht danach ist, bringt zum Ausdruck, daß wir uns inmitten der Wut um

Güte bemühen. Vor einigen Jahren las ich in einem wissenschaftlichen Blatt einen Bericht über Experimente mit Gesichtsausdrücken. Man hatte Versuchspersonen zur Messung des Herzschlags, der Atmung und der elektrischen Leitfähigkeit der Haut an Elektroden angeschlossen, alles physiologische Kennzeichen des Stresses. Die Versuchspersonen hatten verschiedene Gesichtsausdrücke anzuschauen und dann nachzuahmen. Allein die Nachahmung der Gesichtsausdrücke – vom freundlichen Lächeln bis zur ekelerfüllten Grimasse – verursachte eine physiologische Reaktion, ohne daß alle Versuchspersonen diese Gefühle auch wirklich hatten. Unsere Gesichtsmuskeln sind offenbar in beiden Richtungen emotional verankert!

Als junger Buddhist hatte ich das Problem mit dem klassischen buddhistischen Gruß, bei dem die Hände zu falten waren und der im Kloster gepflegt wurde. Ich fragte einmal meinen Lehrer: »Wenn mir nicht nach Händefalten zumute ist, wenn ich wütend bin, ist das dann nicht Heuchelei? Wäre dann nicht ein anderer Gruß angebracht?« Mein Lehrer antwortete schroff: »Der Gruß ist völlig in Ordnung!« Ich brauchte lange, um zu kapieren, was er meinte. Schließlich sah ich ein, daß die Grußgeste und mein momentanes Gefühl zwei getrennte Angelegenheiten waren. Das Händefalten war eine Respektsbezeugung, die Geltung hatte, egal was ich empfand. Daran war in der Tat nichts zu rütteln.

Genauso verhält es sich mit der Übung des halben Lächelns.

Durchatmen

Ruhe hilft ebenfalls gegen den Ärger. Aber wie können wir mitten in der Wut zur Ruhe kommen? Daß das geht, ist schon eine Volksweisheit, wie die Redewendungen »Bis zehn zählen!« und »Tief durchatmen!« zeigen. Wenn man sich ärgert, verändert sich die Atmung. Sie setzt aus, wird flach und unregelmäßig. Atmen wir jetzt tief durch, hilft uns das, uns zu beruhigen. Die Atemmuskulatur entkrampft sich, der Bauch atmet wieder mit. Ist der Ärger an unserer flachen Atmung schuld, oder macht uns unsere beengte Atmung rasend? Vom buddhistischen Standpunkt aus geht beides Hand in Hand. Änderungen auf der einen Seite wirken sich auf der anderen aus und umgekehrt.

Übrigens läßt sich dieses bewußte Durchatmen nicht als Trockenübung durchführen. Es ist nur erlernbar, wenn man tatsächlich wütend ist! Manchmal fordere ich meine Workshopteilnehmer auf, die Augen zu schließen und an etwas zu denken, daß sie wütend macht, um diesen Atmungswechsel zu üben. Sich selbst in Wut zu versetzen ist an sich schon eine interessante Übung. Man erfährt, daß sich die in einem liegende Wut gedanklich leicht auslösen läßt – man braucht sich bloß den Betreffenden oder die Betreffende vorzustellen oder sich an eine verletzende Bemerkung zu erinnern.

Sich ein freundliches Bild vom Gegner machen

Viele stellen sich unter einer Visualisation ein exotisches, schwieriges Unterfangen vor, was auf einige Visualisationspraktiken tatsächlich zutrifft. Aber es gibt auch ziemlich einfache Techniken. Tatsächlich ist Visualisieren etwas, das man ständig tut. Zum Beispiel ist man geneigt, besonders wenn man einen Groll gegen jemanden hegt, sich den Gegenstand des Zorns immer wieder im Geiste heraufzubeschwören – und das heißt, daß man sich den Gegner wahrscheinlich recht genau vorstellt.

Wenn Sie sich also ärgern, schließen Sie die Augen und stellen sich vor, daß Ihr Gegner gegenüber auf einem Stuhl sitzt. Lassen Sie Ihre Wut hochkommen, aber schalten Sie, soweit es geht, den diese Wut begleitenden inneren Monolog aus. Vergessen Sie einen Augenblick lang Ihre nachträglichen verletzenden Bemerkungen und gepfefferten Antworten.

Konzentrieren Sie sich statt dessen auf Ihre durch die Wut ausgelösten Körperempfindungen und auf die Vorstellung des Gegners. Ja, die Betreffende hat Sie wirklich geärgert. Was sie getan hat, war wirklich unfair, unsensibel, wenn nicht gar grausam.

Wenn Sie den Gegner deutlich vor sich sehen, lassen Sie ihn unerwartet etwas Freundliches tun oder sagen. Stellen Sie sich vor, daß sich der oder die Betreffende bei Ihnen entschuldigt oder Ihnen hilft. Stellen Sie sich vor, daß von ihm oder ihr Großzügigkeit und Güte ausgehen.

Was empfinden Sie jetzt Ihrem Gegner gegenüber?

Wenn Sie sagen: »Das ist lächerlich. Sie würde das nie

tun!«, denken Sie daran, daß das *Ihre* Visualisation ist, die in Ihrer Vorstellung abläuft. Ihr vorgestellter Gegner kann tun und lassen, was immer Sie wollen.

Sind Sie sicher, daß Sie sich nur deshalb wehren, weil Ihr Gegner zu keiner Freundlichkeit Ihnen gegenüber imstande wäre oder weil Sie Ihren selbstgerechten, heiligen Zorn nicht einmal für kurze Zeit aufgeben möchten?

Es ist eine ähnliche Übung wie die des halben Lächelns. Beginnen Sie damit, obwohl Ihnen nicht danach ist, nur für ein, zwei Sekunden.

Diese Übung ermöglicht eine weitere Trennung zwischen dem Empfinden des Ärgers, auf das man unmittelbaren Einfluß hat, und den Tatbeständen, die einen ärgern. Mag das Unrecht noch so zum Himmel schreien, unser Empfinden hat seinen eigenen Raum und seine eigene Zeit. Es ist etwas Separates.

Ein gutes Beispiel aus neuerer Zeit ist die amerikanische Bürgerrechtsbewegung, während der landesweit Bilder zu sehen waren, auf denen Polizeihunde unbewaffnete Menschen angriffen und abschreckende Polizeibeamte auf betende Demonstranten einschlugen. Was empfanden die Demonstranten dabei? Natürlich waren sie wütend. Wer wäre es an ihrer Stelle nicht gewesen? Aber weil die Demonstranten aufgrund ihres Glaubens und ihrer Praxis der Gewaltlosigkeit fähig waren, ihr Gefühl von dem zu trennen, was sie wirklich *taten*, setzten sie sich schließlich durch, nicht ihre Angreifer. Sie ergriffen »wirksame Gegenmaßnahmen«, wie der Dalai Lama sagt, und keine Gewaltmaßnahmen.

Es erhebt sich die Frage

Angenommen, der berufliche Ärger hat wirklich einen tieferen Grund, und man hat bereits einen gütlichen Abstand gefunden. Was ist dann zu tun?

An diesem Punkt ist der Ärger also keine große Empfindung mehr, sondern so etwas wie geläuterte Energie. Ja, denkt man, dagegen muß etwas unternommen werden. Man darf das nicht einfach durchgehen lassen. Hier sind wirksame Gegenmaßnahmen notwendig. Wir sind nicht mehr von unserer Welt gebeutelt. Gefaßter sehen wir wieder klarer. Der Teil, der in uns schrie: »Ich! Ich! Ich!«, hat sich beruhigt. Jetzt können wir uns sagen: »Ich bin noch wütend. Ich habe mich zwar beruhigt, aber das Unrecht steht noch im Raum. Was soll ich tun? Wie läßt sich mit dieser Situation von einer Position des Vertrauens und der Stärke aus umgehen?«

Wir haben im vorigen Kapitel über die Sorge gesehen, wie man das Fragenstellen üben kann, und dieselbe Methode läßt sich auch hier anwenden. Da sind wieder die vier Schritte:

1. Die Frage stellen.
2. Die Frage wiederholen.
3. Der Frage nachgehen, insbesondere wenn sie sich ändert.
4. Die Frage abschließen.

Die Frage könnte lauten: »Was soll ich in dieser Situation tun?« oder »Was läßt sich gegen das Unrecht unternehmen?« Wenn man eine solche Frage wiederholt und jedesmal beim Aufstehen, beim Hinsetzen oder beim Gang durch den Korridor auf sie zurückkommt, wird sie sich wahrscheinlich schrittweise auf ein oder zwei Worte verdichten: »Reaktion?« oder »Was tun?« Bemerkt man, daß die Wut wie die Glut eines Feuers beim Fragen wieder aufflackert, dann sollte man versuchen, diese Energie auf die Frage umzulenken. Die Wut und die Frage sind zwei Seiten desselben Dilemmas. Und denken Sie daran, die Frage kann sich plötzlich ändern. Es könnte sich eine Antwort ergeben. Oder vielleicht verblaßt die Frage. Dies sind alles gültige, brauchbare Ergebnisse. Es besteht kein Grund zur Verzweiflung, wenn sich nicht sofort eine Antwort ergibt. Viele berufliche Konflikte sind vertrackt und schwer zu lösen. Diese Übung ist der Mühe wert, ob sich eine Antwort ergibt oder nicht.

Diese Übung könnte *strategische* Komponente der Wut genannt werden, wie das nächste Beispiel zeigt.

Dem Chef die Stirn bieten

David hatte einen Chef, der die Leute offensichtlich gern herunterputzte. Oft konnte man ihn im Büro einen Untergebenen wegen eines angeblichen Fehlers ausschimpfen hören. Das ärgerte David. Ihm taten die Leute leid, die das auszuhalten hatten (David blieb von den Wutausbrüchen seines Chefs, mit dem er auch befreundet war, gewöhnlich verschont). Aber er wußte nicht, was er dagegen tun konnte. Eines Tages schaute er wieder einmal beim Vorbeigehen kurz ins Chefbüro und sah die übliche Szene: Der Verkaufsleiter der Firma wurde für einen Fehler verantwortlich gemacht,

Übungen bei Ärger

- Wenn Sie sich ärgern, lassen Sie die Stimme der Wahrheit sprechen: »Jetzt ärgere ich mich.«
- Üben Sie das halbe Lächeln. Entspannen Sie die Stirn und verziehen Sie die Mundwinkel zu einem fast unsichtbaren, aber spürbaren Lächeln.
- Atmen Sie durch! Gehen Sie vom flachen Atmen wieder zur Bauchatmung über. Atmen Sie langsam.
- Stellen Sie sich vor, daß Ihr Gegner plötzlich freundlich zu Ihnen ist.
- Fragen Sie sich: »Welchen Grund hat dieser Ärger?« Lassen Sie verschiedene Antworten zu.
- Fragen Sie sich: »Was kann ich tun? Wie kann ich entschlossen auftreten?« Arbeiten Sie mit diesen Fragen weiter wie beschrieben.
- Wenn trotz aller Abstandnahme »energische Gegenmaßnahmen« erforderlich sind – persönlicher, administrativer oder juristischer Art –, versuchen Sie ruhig und überlegt vorzugehen.

den eigentlich der Chef verursacht hatte. Er ging sofort hinein und stellte sich zwischen den Chef und den Verkaufsleiter. »Das reicht«, sagte er zum Chef.

Der Chef sah David kalt an. David blickte genauso kalt zurück. Der Verkaufsleiter ergriff die Gelegenheit, entschuldigte sich und ging.

»Mach das nie wieder«, zischte der Chef.

»Genau das wollte ich dir auch sagen«, erwiderte David.

Das war Davids Geschichte.

»Puh!« rief ich aus, als David sie mir erzählte, »das war riskant. Hatte das irgendein Nachspiel?«

»Nein«, erklärte David, »ich hatte Glück. Mein Chef und ich kennen uns schon ewig. Ich hatte gewisse Freiheiten. Außerdem glaube ich, hat er sich irgendwo danach gesehnt, daß ihm jemand endlich einmal die Stirn bietet. Ich wußte auf einmal genau, was zu tun war.«

»Waren Sie aufgebracht?« fragte ich.

»Nicht solange ich im Büro war. Danach zitterte ich allerdings etwas.«

Ich hätte ebenfalls gezittert. Im weiteren Gespräch stellte sich heraus, daß David eine Menge Vorarbeit geleistet hatte, um so entschieden handeln zu können. Er hatte sich lange Zeit mit seiner Wut auseinandergesetzt und sich gefragt, was er hier tun könne. Es kann Wochen oder Monate dauern, aber wenn das Bemühen echt und die Absicht klar ist, wird man im richtigen Augenblick handeln.

7

Meditation

Ohne ein Kapitel über die Meditation wäre dieses Buch unvollständig. Doch erschien es mir hier im Konfliktteil passender als am Anfang des Buches, weil die Meditation ein so wirksames Mittel gegen die negativen Emotionen des Konflikts darstellt. Die Meditation ist jedoch eine selbständige Sache, eine fundamentale spirituelle Praxis, die weit mehr als symptomatische Erleichterung bringt.

Meditation geht den Dingen auf den Grund. Warum denken und fühlen wir so und nicht anders? Wo kommen wir her? Wohin gehen wir? Was wollen wir wirklich? Das sind die Art von Fragen, die wir mit Hilfe der

Ziel jeder Meditation ist es, zu mehr Selbsterkenntnis zu führen und damit auch zu größerer Menschenkenntnis.

Meditation erforschen können. Meditation führt zu mehr Selbsterkenntnis und damit auch zu größerer Menschenkenntnis. Menschen, die regelmäßig meditieren, sind deswegen noch nicht unbedingt glücklicher, wohlhabender, hübscher und erfolgreicher als Menschen, die das nicht tun, aber sie leben wahrscheinlich bewußter und intensiver.

Zu den großen gesellschaftlichen Veränderungen der letzten dreißig Jahre gehört, daß die Meditation heute als etwas

Normales angesehen wird und gesellschaftlich anerkannt ist. Als ich 1965 in meinem zweiten Collegejahr mit buddhistischer Meditation begann, war das etwas sehr Exotisches. Ja, einmal bat der Leiter meines Wohnblocks auf dem Universitätsgelände einen Freund von mir, der auch meditierte, zu sich ins Büro und warf ihm vor: »Jacob, ich höre, Sie haben *Kerzen* in Ihrem Zimmer und führen *Meditationen* durch!« Das Gespräch kam auf keinen grünen Zweig mehr. Zum Glück gab es keine Vorschrift, die das Meditieren ausdrücklich verbot, so daß der Leiter nur bissig anmerken konnte, Kerzen stellten eine Brandgefahr dar.

Die Zeiten haben sich geändert, aber was die Definition der Meditation angeht, herrscht noch einige Verwirrung. Ist sie eine Technik? Eine Methode, sich in einen bestimmten Geisteszustand zu versetzen? Soll sie eine spezielle Erkenntnis herbeiführen? All dies kann auf Meditation zutreffen. Häufig besteht die irrtümliche Ansicht, man könne nur in einer bestimmten Körperhaltung meditieren. Doch ist die Meditation in Wirklichkeit an keine spezielle Körperhaltung und keine spezielle Situation gebunden. Die burmesische Ärztin und buddhistische Lehrerin Dr. Thynn Thynn formuliert das in ihrem Buch *Living Meditation, Living Insight* folgendermaßen:

Wenn Meditation Geistesfrieden herbeiführen soll... dann muß sie laufend stattfinden und im Alltag aufgehen. Meditation findet hier und jetzt statt, inmitten all der Höhen und Tiefen des Lebens, inmitten aller Konflikte, Enttäuschungen und allem Herzeleid – inmitten von Streß und Erfolg.

Es gibt in der Tat viele verschiedene buddhistische Meditationspraktiken, in denen jeweils auf etwas anderes Nachdruck gelegt wird. Neben der formellen Meditation im Sitzen kann man auch im Gehen oder im Stehen meditieren, es gibt Meditationen, in denen Klänge oder das Visualisieren von Formen und Farben eine Rolle spielen, Mantrameditationen, Atemmeditationen und Meditationen über den Tod. Viele Menschen glauben, die Meditation käme nur in asiatischen Traditionen vor, aber auch das Christentum kennt Meditationspraktiken beziehungsweise Kontemplationsübungen. Das trifft auch auf einige jüdische und islamische Traditionen zu. In einem gewöhnlichen Tun innezuhalten, um sich auf Geist und Körper zu konzentrieren, ist eine universelle spirituelle Praktik.

In diesem weiten Sinn ist Meditation ein Weg, den Daseinsgrund zu finden, der Geburt und Tod umfaßt. Meditation führt zu einem sinnerfüllteren Leben. Ja, das Leben selbst ist Meditation.

Als man bei meinem Lehrer Shunryu Suzuki Roshi unheilbaren Krebs diagnostizierte, bemerkte einer der Ärzte: »Ich dachte, buddhistische Meister wären über so etwas erhaben!« Dieses idealistische Mißverständnis war vor dreißig Jahren noch gang und gäbe. Ich hoffe, daß es mittlerweile mehr Leute besser wissen. Meditation ist nichts, das uns der Menschlichkeit enthebt, sondern etwas, das uns als Menschen vervollkommnet. Das, was den Tod meines Lehrers so außergewöhnlich machte, war nicht die Krankheit, sondern seine Einstellung ihr gegenüber. Nach der Diagnose bis zu seinem Tod schien sich sein Leben in nichts zu ändern. Er ging seinen täglichen Pflichten nach, war lustig und freundlich wie immer. Daß er so normal starb, war das Außergewöhnliche an ihm. Er ist mir noch heute, nach dreißig Jahren, ein Vorbild, ein lebendiges Beispiel für »tiefgründig gelebte Normalität«.

Tiefgründig gelebte Normalität, das bedeutet, den Alltag selbst als Geschenk zu betrachten, heißt, die Gegenwart anzunehmen, so wie sie ist. Und dazu erwächst einem die Kraft, wenn man sich ein Leben lang der Meditation widmet.

Das Meditieren im Sitzen

Spirituelle Praktiken erfordern Konzentration, und diese läßt sich sehr gut üben, indem man ruhig dasitzt und nichts tut. Natürlich ist es eine Übertreibung, »nichts tun« zu sagen. Selbst wenn man ganz ruhig dasitzt, atmet, denkt, hört, sieht und fühlt man. Es spielt sich durchaus einiges ab. Korrekter wäre zu sagen »ruhig dasitzen und nichts *anderes* tun«. Bei der Meditation im Sitzen achten wir darauf, was in unserem Inneren vorgeht, ohne uns mit anderen Dingen zu beschäftigen.

Das klingt leicht, ist aber gar nicht so einfach, wie jemand meinen könnte, der es noch nie versucht hat. Auch wenn Sie bereits viel meditiert haben, lesen Sie bitte weiter. Es werden Meditationsformen vorgestellt, die man sogar mitten im Alltagsstreß praktizieren kann.

Der Leerlauf des Geistes

Man glaubt, seinen Geist zu kennen. Ich bin mein Geist, ich bin ich – was gibt es da noch mehr zu verstehen? Andererseits kommt man untertags kaum dazu, sich selbst zu fragen: »Welcher Verfassung bin ich gerade?« Das läßt sich nur durch kurzes Innehalten herausfinden. Der Geist muß sozusagen langsamer werden und zur Ruhe kommen, trotzdem aber am Laufen bleiben – er muß in den Leerlauf geschaltet werden.

Bleiben wir im Bild. Ein Auto hat neben verschiedenen Gängen zum Vorwärts- und Rückwärtsfahren einen Leerlauf. Auch wenn dieser nicht die Hauptsache des Autofahrens darstellt, könnte man sich eine Weile darauf konzentrieren. Und genau das tun wir, wenn wir, ohne etwas anderes zu tun, ruhig dasitzen. Wir schalten geistig auf Leerlauf und lassen die Maschine laufen, ohne dabei vorwärts oder rückwärts, nach rechts oder links zu fahren. Deshalb brauchen wir uns weder auf ein Fahrtziel noch auf den Verkehr zu konzentrieren. Schilder und Ampeln sind jetzt unwichtig, und wir können unsere ganze Aufmerksamkeit auf das Auto, das Lenkrad, den Ganghebel und das Summen des Motors richten.

Das Sitzen

Versuchen wir es. Setzen Sie sich bequem hin. Sollten Sie auf dem Boden sitzen wollen, benutzen Sie ein zehn bis fünfzehn Zentimeter starkes Kissen und verschränken Sie die

Beine. Ansonsten wählen Sie eine Sitzgelegenheit aus, die Ihnen gerades Sitzen erlaubt. Polstersessel sind denkbar ungeeignet. Ein Bürosessel oder ein klassischer Lehnstuhl passen. Nehmen Sie eine Haltung ein, in der Sie mindestens zehn bis fünfzehn Minuten lang unverkrampft und ohne herumzurutschen sitzen können.

Versuchen Sie mindestens eine Zeitlang in Ihrer normalen Arbeitshaltung dazusitzen. (Wenn Sie Zimmermann oder Stewardeß sind oder sonst irgendeinen Beruf haben, bei dem Sie kaum sitzen, empfiehlt sich natürlich mehr Geh- oder Stehmeditation, die weiter hinten in diesem Kapitel beschrieben werden.) Dieser Rat gilt vor allem für diejenigen, die das Meditieren im Schneidersitz bereits gut kennen. Je unabhängiger die Meditation von einer bestimmten Körperhaltung ist, desto eher kann man überall meditieren.

Bemühen Sie sich am Arbeitsplatz um eine möglichst unauffällige Meditationshaltung. Mit neunzehn arbeitete ich in der Collegebücherei. Wenn ich gerade kein Buch zu holen hatte, setzte ich mich kerzengerade auf die Bank in der Bücherausgabe und versuchte mit geschlossenen Augen zu meditieren. Das muß meine Chefin, eine strenge ältere Dame, sehr befremdet haben. Nach meiner dreimonatigen Probezeit wurde ich entlassen. Das dürfte meine erste Lektion in Sachen spirituelle Praxis am Arbeitsplatz gewesen sein!

Wenn Sie bequem aufrecht sitzen, legen Sie die Hände locker in den Schoß oder auf die Knie, Handflächen nach oben. Was sehen Sie? Die Topfpflanze gegenüber? Das Feuer im Kamin? Denken Sie daran, Sie sollen nichts anderes tun, als ruhig dazusitzen. Lassen Sie also Ihren Blick 1,50 m bis 2 m vor sich auf dem Boden ruhen. Lassen Sie die Augen offen. Das Meditieren mit geschlossenen Augen kann besonders bei Anfängern sehr ablenkend sein und schnell zu einer anderen Beschäftigung werden.

Atmen Sie normal, und beobachten Sie, wann Sie ein- und ausatmen.

Es ist Ihre normale Atmung und doch anders. Wir atmen ununterbrochen, im Durchschnitt zwanzigtausendmal pro Tag. Wie viele Atemzüge nehmen wir davon wahr? Nicht sehr viele.

Beobachten Sie jetzt einige Atemzüge. Versuchen Sie sich den Vorgang des Atmens bewußtzumachen, wie die Luft ein- und ausströmt, sich Brust und Bauch ausdehnen. Oder wie sich der Luftstrom durch die Nasenlöcher anfühlt.

Stellen Sie fest, wie lange Sie sich auf Ihre Atmung konzentrieren können.

Haben Sie sich dabei ertappt, daß Sie nach zwei bis drei Atemzügen bereits an etwas anderes denken, an den morgigen Zahnarzttermin oder an den Müll, der heute noch dringend hinausgestellt werden muß?

Meine Glückwünsche. Sie sind normal. Außerdem werden hier keine Punkte gezählt.

Es ist nicht leicht, den Motor unseres Geistes leerlaufen zu lassen. Der Geist will irgend etwas zu tun haben, dauernd aktiv sein. Er gleicht einem Affen im Zoo, der herumklettert und -hüpft und sich ständig mit irgend etwas beschäftigt, und daran ist nichts verkehrt. Er gehört zu uns, so wie Arme, Beine, Magen und Milz. Er ist ein Geschenk, hat eine Funktion, und ohne ihn wären wir keine Menschen. Wir sollten dankbar sein für diesen Unruhestifter.

Trotzdem erschöpft sich die Funktion des Geistes nicht in seiner Geschäftigkeit. Er ist auch in der Lage, sich zu konzentrieren, zu reflektieren und sich seiner selbst bewußt zu sein. Das ist der natürliche Ruhezustand des Geistes, sein Leerlauf. Und mehr noch, im Leerlauf ist man Herr seiner Geistesverfassung.

Wohin mit den Gedanken?

Eine typische Frage unter Meditationsanfängern ist: »Was soll ich gegen meine Gedanken machen?« Die Antwort ist einfach: »Nichts!« Unsere Gedanken sind eine natürliche Aktivität unseres Geistes, eine ebenso normale Erscheinung wie Wellen auf dem Ozean. Mit mehr Erfahrung treten dann während der Meditation neben der Gedankenflut auch Phasen der Gedankenstille auf. Man darf nur nicht an seinen Gedanken festhalten und daran herumkauen wie ein Hund an seinem Knochen. Lassen wir die Gedanken einfach kommen und gehen. Sie bleiben nicht lange, wenn man sie nicht festhält. Sie werden zu Gästen, die nicht mehr erwünscht sind. Das Gespräch flaut ab, es wird immer stiller, und bald führen die immer länger dauernden Gesprächspausen dazu, daß sie sich verabschieden.

Das Meditieren im Stehen

Experimentieren Sie nach dem Sitzen einmal mit dem Stehen. Stellen Sie sich dazu normal hin, die Beine in einer Linie mit den Schultern, das Gewicht auf beiden Füßen, die Hände locker neben sich.

Stehen Sie einfach da.

Nach kurzer Zeit wird Ihnen das komisch vorkommen.

Bleiben Sie stehen. Beobachten Sie Ihre Atmung. Spüren Sie Ihren Körper, Ihre Fußsohlen und den Boden darunter.

Was macht Ihre Atmung? Fühlt sie sich anders an als im Sitzen? Fällt Ihnen die Beobachtung der Atmung leichter oder schwerer? Was ist mit Ihren Augen? Haben Sie ein größeres Bedürfnis, sich umzuschauen?

Worin unterscheidet sich die Art zu stehen vom Schlangestehen an der Kasse, vom Stehen beim Beobachten eines Sonnenuntergangs, vom Stehen am Trinkwasserautomaten oder vom Stehen in der Teeküche, während wir darauf warten, daß das Wasser kocht?

Das ist der Punkt. Die Meditation ist nicht irgend etwas Mysteriöses, schwer Erlernbares wie das Golfspielen oder das Infinitesimalrechnen. Es ist etwas, das wir immer schon fast tun. Wie oft steht man nicht im Lauf eines Tages einfach nur da und wartet? Worin unterscheidet sich dieses normale Stehen von der Meditation im Stehen?

Jeder ist schon einmal gesessen

Diese Frage erinnert mich an eine Geschichte aus meiner frühen Zeit als Buddhist. In den 60er Jahren tauchten viele seltsame Vögel vor der Tür unseres Klosters auf. Unter anderem ein Elektriker aus Schweden, dessen begrenzte Englischkenntnisse zudem durch einige Biere eingeschränkt waren.

Unser Leiter war an der Tür und fragte ihn, was er wolle:

»Ich möchte Buddhismus studieren!« kam lauthals die Antwort.

»Sind Sie schon einmal gesessen?« wollte der Leiter wissen. Es war die übliche Abkürzung für »Haben Sie schon einmal im Sitzen meditiert?«.

Der Schwede wußte nicht, was er darauf sagen sollte. Offensichtlich war es eine einfache Frage. Doch obwohl er die Worte verstand, begriff er nicht recht, worum es ging. Sollte das eine Fangfrage sein? Machte der Leiter sich über ihn lustig? Natürlich war er schon einmal gesessen.

Er entschloß sich, nicht auf diesen buddhistischen Trick hereinzufallen und platzte schließlich erhobenen Hauptes heraus: »Gesessen ist jeder schon einmal!«

Der Schwede wurde in unserem Retreatzentrum aufgenommen und blieb dort mehrere Jahre. Natürlich hatte er recht. Wir alle sind schon einmal gesessen. Das tun wir täglich – und stehen, gehen und liegen ebenso.

Meditation im Gehen

Im Buddhismus spricht man von dem Gehen, Stehen, Sitzen und Liegen als den »vier Haltungen«. Ich kenne zwar Ihren Beruf nicht, aber sicher werden Sie in unterschiedlicher Länge dabei sitzen, gehen und stehen. (Das Liegen gehört wahrscheinlich nicht zu Ihrem Berufsalltag, es sei denn, Sie sind Automechaniker oder Versuchsperson in einem Schlafforschungslabor.) Vielleicht gehört zu Ihrem Berufsalltag der Gang zum Fotokopierer, oder Sie gehen vom Wagen zum Arbeitsplatz, oder durch Krankenhausgänge oder Schulkor-

ridore. In den meisten Berufen ist das Gehen eine Zwischen-
betätigung, die zum Meditieren ideal geeignet ist.

Und so wird traditionell im Gehen meditiert: Machen Sie
mit Ihrer linken Hand eine Faust, Daumen nach innen, und
legen Sie die rechte Hand darüber, Daumen nach oben. Legen Sie dann die gefalteten Hände unterhalb des Brustbeins
an die Brust. Stellen Sie sich vor, Sie hielten sich an einer
Stange fest, zum Beispiel an einer Karussellstange, die sich
mit Ihnen mitbewegt. Wenn Sie lieber die Hände locker ge-
faltet an die Brust legen oder einfach hängenlassen wollen,
ist das ebenfalls in Ordnung.

Machen Sie jetzt einen Schritt und atmen Sie dabei aus.
Beim nächsten Schritt einatmen, beim nächsten ausatmen
etc. Das wird ungefähr doppelt soviel Zeit in Anspruch nehmen wie normales Gehen, während Sie sich mit Hilfe Ihrer
vorgestellten Karussellstange gerade halten. Zusätzlich können Sie wie beim Sitzen Ihre Atmung beobachten. Stellen Sie
sich beim Gehen vor, Sie bewegten sich in der Sitzhaltung
langsam durch Raum und Zeit.

Wer nicht dauernd verwundert angesehen werden will,
wird bei der Arbeit kaum so langsam gehen können. Gehen
Sie in Ihrer normalen Geschwindigkeit, konzentrieren Sie sich
dabei aber auf Ihre Fußsohlen. Diese einfache Übung der Auf-
merksamkeitsverlagerung vom Kopf zu den Sie erdenden
Füßen hat erheblichen Einfluß auf Ihre Geistesverfassung.

Man kann beim normalen Gehen aber auch so meditieren, daß man alle zwei bis drei Schritte das Wort *Gehen* still
vor sich hersagt.

»Gehen.«

»Gehen.«

»Gehen.«

Wir kennen diese Stimme bereits. Erinnern Sie sich an den Polizisten Michael und die Stimme der Wahrheit? Sie ist es, die »Gehen« sagt. Das Wort »Gehen« bezeichnet unstrittig das, was Sie tun. Ist man wütend, durcheinander oder verärgert, kann einem diese im stillen wiederholte Wahrheit, dieses im Takt gesprochene Wort eigenartigerweise weiterhelfen.

Diese Übung kann man überall machen, ohne daß dies jemand merken müßte. Sind Sie gerade zur Teeküche unterwegs, um sich eine Tasse Kaffee zu holen? Plagt Sie der Gedanke an die Telefonate, die Sie noch zu erledigen haben, das Memo, das Sie noch schreiben müssen, die Arbeit, die sich auf Ihrem Schreibtisch stapelt?

Fein. Das alles kann warten. In der Zwischenzeit:

»Gehen. Gehen. Gehen.«

Sagen Sie es auf dem Hinweg zu sich und wenn Sie mit der Tasse dampfenden Kaffees an Ihren Platz zurückkehren. Diese Art von geistiger Beschäftigung mag sinnlos scheinen, ist es aber nicht. Sie übt die Geistesgegenwart.

Sitzmeditation am Arbeitsplatz

»Jeder ist schon einmal gesessen!« Wenn Sie einen Schreibtischberuf haben, dann gehört das Sitzen zu Ihrer Arbeit. Das Meditieren im Sitzen ist während der Arbeitszeit etwas problematischer zu realisieren als das Gehen. Wie gesagt, stellt das Gehen meist eine Arbeitsunterbrechung dar. Doch wenn Sie sitzen, erwartet man, daß Sie arbeiten! Ich möchte nicht, daß Ihr Chef Sie wegen dieses Buches aufgebracht zur

Rede stellt und wie der Leiter zu meinem alten Studienkollegen sagt: »Ich höre, Sie *meditieren* während der Arbeit!« (Mir ist klar, daß eine wachsende Zahl von Managern nichts gegen die Meditation haben, ja sie sogar aus eigener Erfahrung kennen. Hier tut sich glücklicherweise etwas.)

Wenn Ihre Arbeit beispielsweise in der Dateneingabe besteht und Sie ständig mit Tippen beschäftigt sind, solange Sie am Schreibtisch sitzen, dann werden Sie für kurze Sitzmeditationen wohl Ihre Pausen anzapfen müssen. Doch wenn Ihre Arbeit mehr im Organisieren besteht – wenn Sie etwa Manager oder Computerprogrammierer sind –, dann gehört das Planen und Nachdenken zu Ihrer bezahlten Arbeit.

Doch gibt es von Expertenseite auch schon Empfehlungen, daß Schreibtischarbeiter zur Steigerung der Leistungsfähigkeit öfter kleine Pausen einlegen sollten, um die Augen zu entspannen und Haltungsschäden vorzubeugen. Diese Minipausen sind für kurze Sitzmeditationen hervorragend geeignet. Denken Sie aber an meine Erfahrung in der Collegebücherei, und zeigen Sie möglichst nicht, daß Sie meditieren. Zwei Dinge sind relativ unauffällig: Man kann erstens beide Füße auf den Boden stellen und zweitens die Hände in den Schoß legen bzw. auf die Armlehnen.

Versuchen Sie zehn Atemzyklen durchzuführen. Das dauert im Schnitt eine Minute. Wiederholen Sie dies stündlich, achtmal pro Tag.

Wenn Sie am Computer arbeiten, senken Sie den Blick auf einen Punkt knapp unterhalb des Bildschirms. Meistens befindet sich dort der Herstellername, den Sie nötigenfalls mit farbigem Papier überkleben können. Das ist dann Ihr »Atmungs«-Zeichen. Immer wenn Ihr Blick darauf fällt, erinnert es Sie daran zu atmen. Man kann aber auch den Monitor vorübergehend ausschalten. Viele Leute wissen nicht, daß sich der Bildschirm unabhängig vom Computer aus- und einschalten läßt. Es kann sehr entspannend, ja befreiend wirken, wenn man einige Augenblicke lang bei abgeschaltetem Monitor atmet. Während Sie auf das Papierstück oder den dunklen Monitor schauen, arbeiten Sie nicht, Sie denken nicht nach, ärgern sich nicht, sind weder zerstreut, gelangweilt noch gestreßt, oder was es auch sonst noch sein mag. Nichts beschäftigt Sie mehr.

Sie atmen.

Sie achten auf Ihre Atmung.

Sie sind für einen Augenblick dem »weißen Kreis« Ihrer normalen Aktivitäten entkommen.

Haben Sie schon einmal einen Ringkampf gesehen? Die Ringer müssen innerhalb eines weiß markierten Kreises bleiben, beim Übertreten gibt es Strafpunkte. Wer den Kreis zu oft übertritt, wird disqualifiziert. So verlangen es die Ringkampfregeln.

Den »Ring« unseres Geistes – seine Größe, seine Form, seine Lage und Sphäre – bestimmen wir selbst. Wir können den Kreis ziehen, wo wir wollen.

Es ist unser Kreis.

Erweitern wir ihn stündlich für eine Minute, achtmal am Tag. Er wird beinahe der alte sein, sobald wir die Hände von der Armlehne nehmen und den Blick vom farbigen Papierstück beziehungsweise vom dunklen Monitor abwenden. Doch wird sich etwas geändert haben.

Der Kreis wird ein bißchen flexibler, ein klein wenig elastischer geworden, eine Minute mehr zu Bewußtsein gekommen sein.

Es ist Ihr Ring.

Meditationsübungen

- Beobachten Sie stündlich eine Minute lang im Sitzen Ihre Atmung.
- Richten Sie beim Stehen Ihre Aufmerksamkeit auf die Füße. Spüren Sie den Boden unter Ihren Füßen.
- Lassen Sie beim Gehen die Stimme der Wahrheit zu sich sprechen: »Gehen, gehen.«
- Fragen Sie sich: »Welcher Verfassung bin ich gerade?« Egal wie die Antwort ausfällt – »ruhig«, »besorgt«, »wütend« –, es ist die Stimme der Wahrheit. Es sind Sie.

TEIL III

Stagnation

Stagnation ist der Sektor des Energierads, unter den Langeweile, Depression und Frustration fallen. Stagnation heißt,
daß man mit Unbeweglichkeiten verschiedener Art zu
kämpfen hat, steckenbleibt. Nehmen wir etwa mangelndes
berufliches Engagement – man kann nichts mehr mit seiner
Arbeit anfangen und hat auch keine Lust, sich nach etwas
anderem umzusehen. Diese Art Erschöpfung scheint einen
nicht mehr loszulassen. Man stagniert angesichts unlösbarer
Schwierigkeiten.

Stagnation ist ein Zustand der Energielosigkeit, eher kühl
als warm. Es ist das Gegenteil des Konflikts. In Konfliktzuständen bringen uns Ärger, Sorgen und Streß auf Touren.
Man setzt sich für seine Beförderung ein, widersetzt sich
dem Chef, versucht das Beste aus seinem Job zu machen.
Auch wenn Konfliktzustände unangenehm sind, sie machen Dampf. In Stagnationszuständen fehlt uns dagegen die
Kraft, wir verlieren unsere Energie und fallen zurück wie
eine Schnecke, die versucht, aus einem Brunnen emporzu-
kriechen. Dieser Zustand fühlt sich wie eine Sackgasse an,
eine Niederlage. Und wenn wir uns nicht aufraffen können
und einen neuen Versuch wagen, werden wir möglicherweise tatsächlich scheitern.

Doch hat die Stagnation auch ihr Gutes, als ein Ort, wo
neues Leben entstehen kann. Sie ist wie ein Schoß oder
Sumpf. In einem Sumpf wimmelt es von Leben. Dort können zarte Lebewesen wie Kaulquappen ruhig und geschützt
aufwachsen. Das Marschland der Stagnation ist ein sicherer

Hafen, in den wir zurückkehren können, wenn wir verletzt wurden.

In dem Zustand der Stagnation kommt man morgens kaum aus dem Bett. Man rührt bei der Arbeit keinen Finger zuviel. Sie bringt zwar das Geld für die Miete ein, macht aber keinen Spaß. In der Stagnation stellt man weniger fest, daß es einem schlechtgeht, vielmehr stellt man überhaupt nicht mehr fest, wie es einem geht. Wird man gefragt, wie man seine Arbeit findet, zuckt man nur mit den Schultern. In dieser Situation kann allein die Feststellung, daß es einem schlechtgeht, ein Fortschritt sein!

Die Übungen, die in diesem Teil vorgestellt werden, sind alles Methoden, um das innere Feuer wieder zu entfachen, damit man wieder in Schwung kommt und Interesse an etwas findet, und sei es nur etwas so Einfaches wie dem Wind zuzuhören oder eine Topfpflanze zu gießen. Die Langeweile liegt letztlich nicht an der Arbeit, sondern an uns. Auch wenn wir unsere Arbeit nicht ändern können, so können wir doch unsere Einstellung ihr gegenüber ändern. Das ist die spirituelle Herausforderung der Stagnation.

Man darf jedoch nicht vergessen, daß man, wenn man den Sumpf verläßt, wieder vor denselben Problemen und Konflikten steht, denen man zuvor den Rücken gekehrt hat. In anderen Worten, man tauscht Geborgenheit gegen Kraft und kehrt in die Arena des Stresses und Konflikts zurück – dieses Mal jedoch hoffentlich besser vorbereitet. Die Übungen zielen nicht darauf ab, daß man sich besser fühlt, sondern daß man überhaupt etwas fühlt. Es kann uns vielleicht sogar eine Zeitlang schlechter gehen. Aber wir werden uns wieder mehr spüren, und darauf können Kraft, Klarheit und Selbstvertrauen wachsen.

8

Langeweile

Was ist Langeweile?

Über Langeweile wird im Berufsleben häufig geklagt. Es gibt viele Tätigkeiten (Putzen, Fabrikarbeit, die Arbeit an der Rezeption oder im Einzelhandel), die als langweilig gelten. Noch vor fünfzig Jahren traf das auf die meisten Berufe zu. Es gehört mit zu den Privilegien einer Wohlstandsgesellschaft, daß es interessante Berufe gibt, die eine Herausforderung darstellen. Andererseits bevorzugen manche Menschen – Künstler und Schriftsteller zum Beispiel – anspruchslose Brotberufe, um ihre ganze Kraft für ihre eigentliche Arbeit übrig zu haben.

»*Meister, wie geht's?*«
Grußformel eines
Mautkassierers

Doch Langeweile, was heißt das wirklich? Als meine Frau noch als Kindergärtnerin arbeitete, klagten ihre Zöglinge häufig: »Ich langweile mich!« Oder sie bekam in der Elternsprechstunde zu hören: »Meine Jennifer wird nicht genügend gefordert. Sie langweilt sich!« Das hieß meistens nur, daß Jennifer sich weigerte, in der Gruppe mitzumachen. Diese Unlust kennt jeder.

Langeweile bei der Arbeit kann bedeuten, daß die Arbeit

an sich uninteressant ist. Es kann aber auch bedeuten, daß man sich selbst von allem abkapselt, egal wie anspruchsvoll die Arbeit auch sein mag.

Nach dem Studienabschluß bezogen meine Frau und ich zusammen mit einem anderen Paar ein Haus. Der Mann war Kassierer im örtlichen Supermarkt. Er wollte Sozialarbeiter werden und deshalb interessierten ihn die Interaktionen mit den Kunden, den Mitarbeitern und dem Geschäftsleiter sehr. Für ihn war es die Schule des Lebens. Die anderen Kassierer waren von ihrer Arbeit offensichtlich weniger begeistert. Für sie war es ein lästiger Job.

So kann ein und dieselbe Arbeit den einen langweilen und den anderen nicht. Wenden wir uns also zunächst dem Teil des Berufslebens zu, den fast jeder für ziemlich langweilig halten dürfte – dem Weg zum Arbeitsplatz.

Mit Tempo unterwegs

Wie lang ist Ihr Anfahrtsweg zur Arbeit? (Heimarbeiter bitte jetzt nicht freuen!) Ein Durchschnittsamerikaner ist fünfundvierzig Minuten zu seinem Arbeitsplatz unterwegs, einfach gerechnet. Das sind täglich eineinhalb Stunden, fünf Tage die Woche, neunundvierzig Wochen im Jahr, jahraus, jahrein. Zählt man zusammen, wieviel Zeit das in einem fünfundvierzigjährigen Berufsleben ist, kommt man auf 16 538 Stunden. Das sind 689 Tage oder fast ganze zwei Jahre!

Zwei ganze Lebensjahre, die man nur unterwegs ist. Das ist viel Zeit. Und wie verbringt man sie? Normalerweise mit Musikhören und Nachdenken über die Arbeit. Oder man telefoniert mit dem Handy oder legt Hörbücher in den Kassettenrecorder. Vor dreißig Jahren staunte Juzuki Roshi nicht wenig, als er erfuhr, daß Amerikaner im Bett lesen! Für ihn waren das schon zu viele Tätigkeiten auf einmal. Was er da wohl von Leuten gedacht hätte, die beim Autofahren telefonieren. Wir verbringen also irgendwie unsere Zeit, während wir morgens möglichst schnell zur Arbeit und abends möglichst schnell nach Hause kommen möchten. Wir sind in Bewegung, körperlich und geistig.

In der Neuzeit hat sich das menschliche Zeitgefühl radikal verändert. Bis zur Erfindung der Eisenbahn konnte sich niemand vorstellen, schneller als mit Pferdegeschwindigkeit zu reisen. Das Tempo, in dem man sich heutzutage fortbewegt, macht das Leben wesentlich komplizierter. Es verändert die Art unserer Wahrnehmung. Don Gifford untersucht in seinem Buch *The Farther Shore: A Natural History of Perception* die Auswirkungen des modernen Lebens auf unsere Wahrnehmung und besonders, wie sehr die immer schnelleren Fortbewegungsmittel unsere Weltsicht verändert haben. Und das schreibt er über eine Reise von Williamstown, New York, nach New York City:

Mit dem Pferd bräuchte man für diese Strecke dreieinhalb bis vier Tage (das ist sechsunddreißigmal länger als mit dem Auto), zu Fuß sogar ganze zehn Tage. Jetzt könnte man einen so langen Fußmarsch oder auch Ritt für furchtbar langweilig und eintönig halten. Aber damals war das kaum der Fall, denn man befand sich mitten in der Landschaft. Es gab unglaublich viel zu sehen, Einzelheiten, die sich dem Blick entziehen, wenn man in seiner Kiste aus Glas und Stahl mit 100 Stundenkilometern durch die Gegend braust.

Professor Gifford sagt also, daß man um so mehr sieht und um so weniger gelangweilt ist, je langsamer man reist. Obwohl schnelle Fortbewegungsmittel offensichtlich nur für mehr Qualität und Abwechslung im Leben sorgen, ist das Gegenteil wahr. Wenn wir im Auto, im Bus oder im Zug zur Arbeit fahren, sind wir stark eingeschränkt. Beim Autofahren müssen wir uns auf die Straße und die anderen Autos konzentrieren. Im Bus oder Zug sitzt man zusammengedrängt in einer oft lauten und unangenehmen Umgebung. Man sitzt scheinbar ruhig da, ist aber weit entfernt davon. Die hektische Umgebung wirkt sich auf unseren Geist aus.

Andererseits steht uns auf diesen Fahrten viel Zeit zur Verfügung. Wir sind nicht mehr oder noch nicht von der Arbeit vereinnahmt, sondern Herr unserer Zeit. Jetzt schreibt uns niemand vor, was wir tun sollen. Deshalb ist der Weg zur Arbeit eine gute Gelegenheit, einige spirituelle Praktiken in den Alltag aufzunehmen.

Ein offenes Ohr haben

Eineinhalb Stunden mehr oder weniger untätig unterwegs – warum diese Zeit nicht sinnvoll nutzen? Haben Sie schon einmal probiert, 10 Stundenkilometer langsamer zu fahren? Oder hinter einem langsamen Auto nicht die Spur zu wechseln? Haben Sie schon einmal auf die Fahrtgeräusche geachtet, auf das Brummen des Motors, das Klick-klack der Schienen, das Tosen des Verkehrs? Wer wagt es einmal, die ungeschminkte Wirklichkeit wahrzunehmen? Und sollten Sie zu den Glücklichen gehören, die zu Fuß zur Arbeit gehen (ja, solche Menschen gibt es noch!), dann haben Sie den Autofahrern und Zugreisenden einiges voraus. Sie haben Landschaft – Ansichten, Gerüche und Geräusche – um sich.

Wenn Sie gewöhnt sind, Radio zu hören oder mit den Gedanken schon bei der Arbeit zu sein, ermutige ich Sie, auf diese Ablenkungen teilweise zu verzichten und statt dessen die Sinne zu schärfen, indem Sie auf die Sie umgebenden Geräusche achten – den Verkehrslärm, den pfeifenden Wind, das Hintergrundgemurmel im Bus oder Zug. Lauschen Sie einfach, ohne sich etwas dabei zu denken, ohne sich gestört zu fühlen, ohne die Zeitung aufzuschlagen oder das Radio anzuschalten. Versetzen Sie sich wie Professor Gifford in frühere Zeiten zurück, stellen Sie sich vor, Sie säßen in einer Kutsche, und seien Sie ganz Auge und Ohr.

Diese Übung besteht in Wirklichkeit aus zwei Übungen. Man hört nicht nur zu, sondern enthält sich auch jeder Kritik. Wieviel Arbeitszeit verbringt man normalerweise nicht mit Beurteilungen! Vielleicht werden Sie sogar für Ihre Urteilsfähigkeit bezahlt: Dieses Produkt ist gut, jenes schlecht. Diese Person hat gute Arbeit geleistet, jene muß mehr leisten. Um diesen Kunden muß man sich kümmern, jenen sollte man besser vergessen. Worüber sprechen Kollegen beim Mittagessen? Es dürfte eine Menge Kritik und Klatsch dabeisein. Bei so vielen Beurteilungen ist es kein Wunder, daß die Arbeit so streßreich ist!

Schauen Sie, ob Sie nicht wenigstens zehn Minuten lang auf Ihrem Arbeitsweg einfach nur dem lauschen können, was um Sie vorgeht, ohne nachzudenken, ohne zurückzuhupen, wenn jemand hupt, ohne das Radio auszuschalten, um alles draußen zu halten. Wenn Sie im Zug die Zeitung lesen, legen Sie sie weg. Gehören Sie zu jenen, die im Bus sofort den

Aktenkoffer aufklappen, lassen Sie ihn einmal zu. Sie haben etwas anderes vor, wollen sich im reinen Lauschen üben.

Wann haben Sie das letzte Mal bewußt die Geräusche um sich herum wahrgenommen? Vielleicht bei einem Spaziergang im Park, als Sie die Vögel zwitschern hörten. Was empfanden Sie? Hob sich Ihre Stimmung? Man mag den Verkehrslärm oder den pfeifenden Wind auf der Autobahn für nicht besonders inspirierend halten, doch liegt das Angenehme oder Unangenehme eines Geräusches nicht an ihm selbst. Es taucht auf und verschwindet, ohne daß es ihm selbst irgendwie peinlich wäre. Wenn Sie vor Ärger platzen könnten, weil Sie jemand laut hupend geschnitten hat, dann ist nicht die Hupe daran schuld. Es ist einfach ein Geräusch, das kommt und geht. Man selbst ist es, der es mit einem Etikett versieht: »Schlecht.« Ist es wirklich zuviel verlangt, daß man einmal dieses Etikettieren sein läßt und einfach auf die Symphonie hört, die einen umgibt, sobald man nicht mehr »schlecht« sagt?

Der Komponist John Cage führte Stücke auf, bei denen er lediglich auf der Bühne drei, zehn oder zwanzig Radios anschaltete und spielen ließ. Als er dies vor vielen Jahren das erste Mal machte, waren die Konzertbesucher zwar erst verärgert, aber dann angetan. War das Musik? Oder Lärm? Herr Cage interessierte sich sehr für den Buddhismus. Er erkannte, daß Geräusche an sich nichts Negatives sind und es vom Zuhörer abhängt, welchen Geschmack er ihnen abgewinnt.

Das Beurteilen von Geräuschen findet nicht in den Ohren, sondern im Kopf statt. Dort entscheidet sich, ob man auf die Bedeutung eines Geräusches hört (und sich zum Beispiel über die Worte eines Mitarbeiters oder Beifahrers ärgert) oder ob man nur das Geräusch an sich wahrnimmt.

Andere Autofahrer ansehen

Als ich kürzlich vor einer Gruppe Buddhisten auf die Praktik des reinen Lauschens einging, meldete sich ein Mann namens Peter zu Wort. »Ich kenne noch eine andere Übung im Zusammenhang mit dem Autofahren«, sagte er, »ich versuche so oft wie möglich, andere Autofahrer tatsächlich wahrzunehmen. Man vergißt ja so leicht, daß in den anderen Autos auch Menschen sitzen.«

»Geht das gut?« fragte ich. »Ist das nicht schwer?«

»Sie werden staunen«, antwortete er, »meistens hat man den Eindruck, als warteten die anderen nur darauf, gesehen zu werden. Oft winken sie, und ich winke zurück. Es macht wirklich einen Unterschied.«

Ich bedankte mich für diesen Hinweis und probierte es selbst aus. Peter hatte recht. Es ist wirklich etwas anderes, ob man gelegentlich winkt, weil einem die Vorfahrt gelassen wurde, oder ob man sich bemüht, öfter einmal andere Autofahrer anzuschauen.

Als ich diesen Hinweis in anderen Workshops weitergab, wurde immer wieder die Arbeitsplatzsituation mit dem Fahren auf der Autobahn verglichen. Ein Auto ist eine Art Schutzpanzer. Es schirmt einen von den anderen Verkehrsteilnehmern ab, und alles wird dadurch etwas unpersönlicher. Das kann zu einem Verhalten führen, das man in anderen Situationen nie an den Tag legen würde, angefangen von Beschimpfungen über beleidigende Gesten bis hin zu tatsächlicher körperlicher Gewaltanwendung. Das Verkehrsrowdytum hat derart zugenommen, daß sich sogar einige Psychologen darauf spezialisiert haben. Am Arbeitsplatz hat man auch einen Schutzpanzer an, freilich mehr im psychologischen als im materiellen Sinn. Man ist nicht mehr nur Joe oder Sally, sondern zudem Chef oder Assistent, Ärztin oder Krankenpfleger, Lehrerin oder Direktor.

Die Praktiken des reinen Zuhörens und des bewußten Anblickens sind eine Möglichkeit, sich des Schutzpanzers bewußter zu werden und über ihn hinauszugehen. Wenn sie auf der Autobahn funktionieren, helfen sie ja vielleicht auch am Arbeitsplatz. Die Einsicht, daß man den Schutzpanzer selbst angelegt hat, er eine gesellschaftliche Angelegenheit ist, hilft einem vielleicht, den eigenen Kollegen wieder herzlicher zu begegnen.

Die Spur halten

Als ich noch täglich über die Golden Gate Bridge nach San Francisco zur Arbeit fuhr, stellte ich häufig fest, daß die Leute (mich eingeschlossen!) ständig die Spur wechselten, um auf der Spur zu sein, auf der es momentan am schnellsten voranging. Die Brücke, die vor sechzig Jahren gebaut wurde, hat nur drei Fahrspuren pro Fahrtrichtung, so daß es dort oft zu einem Stau kommt. Könnte eine ultraintelligente Seemöwe beobachten, was die Autofahrer dort unten treiben, sähe sie sofort, daß durch den häufigen Spurwechsel alles nur noch langsamer vorangeht. Jedermann käme schnell ans Ziel, blieben alle auf ihrer Spur. Aber dazu müßten sich erst alle Autofahrer entschließen. So bemühe ich mich, den Anfang zu machen, und bleibe, obwohl es oft unlogisch erscheint, möglichst auf einer Fahrspur. Ich weiß nicht, ob die Seemöwe bisher immer recht hatte (manchmal ist eine Fahrspur völlig blockiert, weil ein Wagen stehengeblieben ist). Aber ich bleibe entspannter. Ich muß mir keine Gedanken machen, ob es jetzt auf dieser oder jener Spur schneller vorangeht, sondern ich fahre einfach hinter dem Vordermann her. Und wenn andere vor mir dazwischen wollen, lasse ich das zu, unter der Perspektive, daß ein andermal ich dazwischengelassen werden möchte.

Wir sind immer Teil eines größeren Ganzen, ob auf der Autobahn oder bei der Arbeit. Das, was für uns augenblicklich am besten zu sein scheint, muß noch nicht insgesamt das beste sein. Auch wenn wir wissen, daß sich mit unserer Entscheidung nicht zugleich auch das Verhalten aller anderen Autofahrer ändert, ist es kein naiver Altruismus, wenn man die Spur hält. Es ist eher eine spirituelle Investition, die Annahme eines größeren Ganzen, nicht weil man sofort einen Nutzen daraus zieht, sondern weil man sich so auf Dauer mit seiner Umwelt besser verträgt.

Humor und Langeweile

Da war einmal ein Mautkassierer, der jeden Autofahrer mit einem fröhlichen Grinsen begrüßte: »Meister, wie geht's?«, während er ihm die zwei Dollar abknöpfte. Er tat das nicht nur gelegentlich. Jedesmal, wenn ich bei ihm vorbeifuhr, machte er denselben Scherz. Ich ertappte mich, daß ich an der Mautstelle immer möglichst die Spur zu erwischen suchte, die an seiner Kabine vorbeiführte. Einmal nahm ich das Gespräch auf und fragte: »Woher wollen Sie das wissen?«

»Das sagen mir Ihre Augen«, antwortete er und hob und senkte die Augenbrauen wie Groucho Marx. Mit diesem Gruß brachte er sich über den Tag, der ohne diesen Humor recht eintönig gewesen wäre. Natürlich mußte jeder die zwei Dollar bezahlen, aber es war etwas Besonderes, so begrüßt zu werden. Als »Meister« angesprochen zu werden, tat einfach gut.

Es gibt wenige Menschen, die sich extra eine langweilige Arbeit aussuchen. Entweder liegt ihre Berufung woanders, oder die Umstände erlauben es nicht, daß sie sich nach etwas anderem umsehen oder kündigen. Die Tochter eines guten Bekannten von mir brachte die Jury der Yale School of Drama beim Vorsprechen zum Lachen, als sie auf die Frage: »Warum wollen Sie Schauspielerin werden?« antwortete: »Oh, das tut mir leid. Ich dachte, ich spielte eine Kellnerin!«

Man denkt in solchen Berufen normalerweise: »Das ist nicht schlimm, ich brauche mich wenigstens nicht voll zu verausgaben. Wenn alles gutgeht, mache ich das sowieso nicht lange.« Das ist eine gute Entschuldigung, aber meistens bleibt man länger in diesen langweiligen Brotberufen hängen, als einem lieb ist.

»Meister, wie geht's?« Hinter diesem Spruch steckt mehr, als man meinen möchte. Er impliziert: »Ich mache nicht nur meine Arbeit. Ich gestalte sie.« Er bringt klar zum Ausdruck, daß man nicht bereit ist, sich von seiner Arbeit die Laune verderben zu lassen. Wie viele Mautkassierer kennen Sie, die die Kraft und Ausdauer zu solch einem Humor haben? Die meisten sagen gar nichts, sie kassieren nur das Geld. Es gibt viele Berufe, die sich mit etwas Humor angenehmer gestalten ließen – ich denke da an Kellner, Verkäufer, Kundenberater, Barkeeper, Taxi- oder Busfahrer.

Ist der Spruch »Meister, wie geht's?« eine spirituelle Übung? Sicher nicht, wenn man damit nur hin und wieder ein Späßchen macht. Aber wenn man täglich allen Autofahrern freundlich kommt, sie anlächelt, wie er es getan hat, dann ist es mehr als bloßes Spaßmachen. Dieser Mautkassierer gab jedem vorbeifahrenden Autofahrer etwas Persönliches von sich. Seine Leistung lag mehr auf der spirituellen Ebene als im Materiellen.

Die Arbeit erledigen oder gestalten

Als weiteres Beispiel möchte ich eine Frau vorstellen, die beste Rezeptionistin der Welt. Empfangssekretärinnen haben meine volle Sympathie. Ihre Arbeit ist diffizil, und trotzdem wird sie nicht besonders geachtet. Aber sie sind das Gesicht und die Stimme der Firma. Ich nehme mir grundsätzlich etwas Zeit für ein Gespräch mit der Rezeptionistin, wenn ich das erste Mal einen interessierten Kunden in dessen Firma aufsuche. Ich finde, daß ich auf diese Weise oft mehr über die Firma erfahre als im Gespräch mit dem Chef persönlich. Ich frage etwa: »Wie läßt es sich hier arbeiten?« Wenn ich ein Stirnrunzeln oder Augenrollen zur Antwort erhalte, ist das ziemlich aufschlußreich.

In Los Angeles wartete ich einmal zwanzig Minuten in der Empfangshalle einer Firma und beobachtete die Rezeptionistin bei der Arbeit. Es war eine ältere Dame, und es fielen mir mehrere Dinge auf. Erstens stand sie häufig auf und ging hin und her, während sie die Gespräche vermittelte. Zweitens schien sie alle vierstelligen Durchwahlnummern auswendig zu kennen, obwohl die Firma mehrere hundert Angestellte hatte. Drittens schloß sie jedes Vermittlungsgespräch mit einer zuvorkommenden Bemerkung ab. Ihr Fundus war beachtlich, wobei sie zu variieren wußte. Manchmal sagte sie: »Noch einen schönen Tag« oder »es hat mich gefreut«. Es war, als schaute ich einem Einpersonenstück zu.

»Wissen Sie tatsächlich all diese Nummern auswendig?« fragte ich sie in einer ruhigeren Phase.

»Schätzchen«, sagte sie, »ich mache das hier seit zehn Jahren. Ich kenne mich aus.«

»Da wett ich drauf«, sagte ich und fügte angesichts dessen, daß wir in Los Angeles waren, hinzu: »Wenn es einen Oscar für die beste Rezeptionistin gäbe, dann erhielten Sie ihn.«

Das Kompliment ließ sie völlig ungerührt. »Sie haben recht!« antwortete sie. Und dann hob sie ihren Zeigefinger, um anzudeuten, daß gleich der nächste Anruf kam, und damit war unser Gespräch beendet.

Ich wünschte ihr ein gutes Gehalt. Jemand wie sie könnte Spitzenseminare abhalten darüber, wie sich ein eintöniger Beruf interessant gestalten läßt.

Einmal fuhr ich im Taxi eines strammen Afroamerikaners mittleren Alters zum Kennedy Airport in New York. Es waren noch keine fünf Minuten vergangen, da wußte ich bereits folgendes:

• Er hatte schon einmal bei den Green Bay Packers als Verteidiger mitgespielt.
• San Diego war die Stadt in den USA, in der es im Verhältnis zur Einwohnerzahl die meisten Herzoperationen gab.

Übungen zum Thema Langeweile

- Lauschen Sie auf dem Hin- und Rückweg zum Arbeitsplatz auf die Sie umgebenden Geräusche, ohne sie zu beurteilen.
- Versuchen Sie bei der Arbeit wenigstens einmal pro Tag anderen zuzuhören, ohne gleich das Gehörte zu beurteilen.
- Bleiben Sie beim Autofahren einmal hinter einem Langsamfahrer.
- Bemühen Sie sich einmal in dieser Woche an Ihrem Arbeitsplatz um Humor, Kreativität und Mitgefühl.

- Dr. Charles Drew, der die Blutplasmagewinnung entwickelt hat, gehörte zu den vielen afroamerikanischen Erfindern, die trotz ihrer großen Leistungen kaum bekannt waren.

Auf der vierzigminütigen Fahrt erfuhr ich unglaublich viel über den amerikanischen Alltag. Er war nicht nur ein Taxifahrer, sondern auch ein Lehrer mit autodidaktischer Ausbildung, ein Taxiprofessor. Als ich aus seinem Taxi ausstieg, dankte ich ihm für alles, was ich erfahren hatte. Er nickte und gab mir ohne Verlegenheitslächeln mit einem Blick zu verstehen, daß er mein Lob annahm. Er nahm seine Arbeit ernst.

Wenn man zu sich sagt: »Mein Beruf ist langweilig und schlecht bezahlt, da lohnt es gar nicht, sich anzustrengen. Meine Interessen liegen woanders«, dann verzichtet man damit auf jede eigene Gestaltung der Arbeit und macht sie ganz von äußeren Faktoren abhängig, man handelt nur noch nach Anordnung.

Wenn wir uns jedoch wie der Mautkassierer, die beste Rezeptionistin der Welt oder der Taxiprofessor verhalten, dann kann die Arbeit zu allem werden, was wir aus ihr machen.

9
─────

Mißerfolg

Niemand von uns will scheitern. Und doch gibt es immer wieder Mißerfolge im Leben. Das trifft vor allem auf das Berufsleben zu, wo die Konkurrenz für Sieger und Verlierer sorgt. Fehlschläge sind schwer zu verkraften, aber manchmal kann eine Niederlage auch als ein Zeichen der Stärke angesehen werden, besonders bei Managern und Geschäftsinhabern. Als die Firma, in der ich einmal arbeitete, einen neuen Vorstandsvorsitzenden suchte, erhielten alle Vorstandsmitglieder

> *Mißerfolge sind relativ.*
> *Erfolge sind nichts*
> *Absolutes.*
> *Heute ist nicht morgen.*
> *Du bist du geblieben.*

einen vertraulichen Bericht von der zuständigen Vermittlungsfirma. Bei einem Kandidaten stand unter der Rubrik »Schwächen« vermerkt: »Hat noch keine Niederlage erlitten.«

Für die Vermittlungsfirma war es also eine Schwäche, daß der Kandidat noch keine Erfahrung mit Mißerfolgen hatte. Und aus gutem Grund: Unsere Firma hatte Probleme. Wir brauchten jemanden, der schon einmal mit untergegangen war, damit er oder sie bei einem Konkurs nicht in Panik geriet, sondern wußte, was zu tun ist.

Es gibt kein Lehrbuch des Scheiterns. Es wird weder in

den Wirtschaftsschulen als Fach unterrichtet, noch kann man auf dem College darüber seinen Abschluß machen. Doch gehören Niederlagen zu den wichtigsten Lebenserfahrungen, sowohl im praktischen als auch im spirituellen Sinn. Und selbst wenn man glaubt, gescheitert zu sein, läßt sich unmittelbar schwer entscheiden, ob es anders tatsächlich besser gewesen wäre.

Mißerfolge sind relativ

Wenn man von »Mißerfolg« spricht, ist das etwas Relatives. Man vergleicht eine Situation mit einer anderen, die man gerne herbeigeführt hätte, und urteilt entsprechend. Das soll nicht heißen, daß es keine Fehlschläge gibt. Sie sind durchaus real, aber eben nichts Endgültiges. Und oft kommt es vor, daß man sich zum Versager macht, weil man seine Ziele zu hoch steckt.

Ich las einmal eine amerikanische Eingeborenengeschichte, die das illustriert. Der Stammeshäuptling war stolz auf seinen halbwüchsigen Sohn, der gerade das Alter erreicht hatte, um erstmals mit den Männern auf Kriegspfad zu gehen. Doch der Sohn fiel am Vorabend vom Pferd und brach sich ein Bein. Der Häuptling klagte beim Medizinmann über diesen Vorfall. »Ein Unglück«, stimmte der Medizinmann zu.

Der Kriegspfad verlief anders als geplant. Die Gruppe wurde aus dem Hinterhalt überfallen und einige Männer getötet. Unter den Rückkehrern waren viele verwundet. Als der Häuptling mit dem Medizinmann die Überlebenden empfing, um ihnen zu ihrer Tapferkeit zu gratulieren und die Verwundeten zu trösten, sagte der Häuptling zum Medizinmann, daß sein Sohn jetzt vielleicht gar nicht mehr lebte, wenn er sich nicht das Bein gebrochen hätte. »Glück gehabt«, bestätigte der Medizinmann.

Mit dieser Ambivalenz hat man es im Geschäftsleben häufig zu tun. Einmal, als meine Softwarefirma noch in den Kinderschuhen steckte, ärgerte ich mich, weil ein interessierter Kunde sich schließlich doch gegen den Kauf unseres Produkts entschied. Ich hatte das Geld dringend nötig, und so war der Jammer groß. Mein Partner tröstete mich, daß die Firma dieses Kunden auf wackligen Beinen stand, aber damit ließ sich das leere Bankkonto nicht auffüllen. Doch mein Partner hatte recht. Wenige Monate später löste sich die besagte Firma auf. Wäre es zu dem Geschäft gekommen, hätten wir eine Menge Arbeit gehabt und viel Geld verloren. So standen wir schließlich besser da.

Bevor ich mein eigenes Geschäft gründete, war ich als Versandfirmenberater tätig. Ich erinnere mich an ein kleines, schlechtgehendes Unternehmen, das pflanzliche Heilmittel vertrieb. Jonah, der Geschäftsinhaber, setzte sich sehr für seine Produkte ein, die er zum Großteil selbst herstellte. Er hoffte auf den großen Erfolg, denn einer seiner Bekannten hatte einen sehr gutgehenden Versandhandel aufgebaut. Als ich mir jedoch Jonahs Verkaufszahlen ansah, war klar, daß sich sein Geschäft nicht für den Versandhandel eignete. Das erklärte ich ihm so freundlich wie möglich. Er hörte sich meinen Rat an, aber ein halbes Jahr später lag sein Katalog wieder in meinem Briefkasten. Als ich meine eigene Firma gründete, verlor ich Jonah aus den Augen, aber kürzlich las ich im Lokalblatt einen Bericht über ihn. Er hat jetzt eine kleine, gutgehende Ladenkette. Er sprach in dem Bericht ganz offen über seinen gescheiterten Versandhandel. »Wir gingen als Versandfirma fast unter«, wurde er zitiert, »aber wir erfuhren auf diese Weise, was unsere Kunden wirklich wollen, was sehr zu unserem jetzigen Erfolg beigetragen hat.«

»Möglicherweise«, das war einer von Suzuki Roshis Lieblingskommentaren. Er pflegte damit alle möglichen Fragen zu beantworten. Wenn ihn ein Schüler fragte: »Suzuki Roshi, halten Sie den Vietnamkrieg für verkehrt?«, antwortete er: »Möglicherweise.« Wenn wir ihn fragten: »Kommt man mit Meditation am schnellsten zur Erleuchtung?«, gab er die gleiche Antwort.

Ein Schüler, der sich sehr für die Makrobiotik begeisterte, wollte ständig von Suzuki Roshi bestätigt bekommen, daß es spirituell gesehen keine bessere Ernährungsweise gibt als die Makrobiotik. Suzuki Roshi gab darauf nie eine Antwort, außer etwa ein gemurmeltes »Möglicherweise«. Nachdem er lange Zeit mit dem Thema belästigt worden war, antwortete er schließlich: »Das Essen ist etwas sehr Wichtiges.«

Das klingt vielleicht so, als wäre Suzuki Roshi nur neckisch oder unverbindlich gewesen, und oft war er das vielleicht auch. Mittlerweile glaubte ich jedoch, daß er einfach aufrichtig war.

Wenn jemand zu mir sagt: »Die Kanzlei, in der ich arbeite, macht dicht. In sechs Wochen bekomme ich mein letztes Gehalt, und dann stehe ich auf der Straße. Ist das nicht schrecklich?«, dann bin ich geneigt, wie mein Lehrer zu antworten: »Möglicherweise.«

Es ist nicht so, daß ich kein Mitgefühl hätte. Es klingt wirklich schrecklich. Aber wer weiß, was geschehen wird?

Vielleicht stellt der Betreffende in zwei Jahren rückblickend fest, daß es das Beste war, was ihm je passieren konnte.

Deshalb sage ich:

Mißerfolge sind relativ.

Erfolge sind nichts Absolutes.

Heute ist nicht morgen.

Du bist du geblieben.

Was zählt mehr: dein scheinbares Scheitern oder daß du du geblieben bist?

Sich und anderen Mut machen

»Sich selbst Mut machen, indem man anderen Mut macht« mag eine Platitüde sein, doch stimmt sie, und darauf bauen Selbsthilfegruppen wie die Anonymen Alkoholiker auf. Wenn man niedergeschlagen ist, sieht alles um einen herum trübe aus. Kann man dann bei sich oder einem anderen für einen kleinen »Lichtblick« sorgen, ist viel gewonnen.

Natürlich ist das manchmal leichter gesagt als getan. Wenn es beruflich nicht mehr weitergeht, wenn wir uns nicht mehr gefordert fühlen, sondern nur noch langweilen, dann haben wir erst recht keinen Nerv, andere aufzuheitern. Vielmehr wird sich unsere eigene Niedergeschlagenheit auf die anderen übertragen und jeden in der näheren Umgebung mit herunterziehen.

Es gibt viele Gründe, die uns die Freude an der Arbeit rauben können. Vielleicht üben wir nicht den erträumten Beruf aus. Als ich einmal wegen einer Operation im Krankenhaus lag, lernte ich einen Krankenpfleger kennen, der zwar freundlich und aufmerksam war, aber immer ein wenig traurig schien. Wir kamen irgendwann ins Gespräch, und er erzählte mir, daß er eigentlich gerne Arzt geworden wäre, aber sein Notendurchschnitt hätte für ein Medizinstudium nicht ausgereicht. Krankenpfleger wäre die nächstbeste Alternative gewesen, aber es war nicht wirklich das, was er machen wollte. Und nun lebte er mit diesem Bedauern.

Ein anderes Beispiel ist der klassische Fall des »Ich-bin-zwar-Kellner-aber-eigentlich-Schauspieler«. Oder wir haben jahrelang auf eine Beförderung hingearbeitet, die dann ein anderer erhielt, und wir selbst sind nun am Ende unserer beruflichen Karriere angelangt. Oder, was sehr vielen leitenden Angestellten und Facharbeitern Anfang der 90er Jahre passierte, wir verlieren unsere sichere, gutbezahlte Position und müssen eine schlechter bezahlte Arbeit annehmen.

Oftmals bleibt einem letztlich nur noch übrig, einen anderen Beruf zu ergreifen. Aber das ist mit vielen Risiken und neuen Problemen verbunden. Nicht jeder ist dem gewachsen. Es wäre schön, wenn die Wirtschaft nicht so unerbittlich gegenüber Menschen wäre, die schuldlos in den beruflichen Abstieg gerieten. Aber so ist es eben nicht in dieser konkurrenzbetonten, bisweilen herzlosen Arbeitswelt von heute.

Wie kann man in solchen Situationen also Hoffnung schöpfen? In einer vom Geld beherrschten Welt widerspricht es der Norm, daß man durch Aufgeben etwas gewinnt. Aber in der Welt des Geistes zählt Geld nicht. Dort herrschen andere Werte.

Joyce war eine jener besagten »Kellner-Schauspielerinnen«. Kurz vor ihrer Magisterprüfung in Psychotherapie verdiente sie sich ihren Unterhalt als Limousinenfahrerin. Eines Abends, als sie ein frisch vermähltes Paar abgesetzt

hatte und nun allein im firmeneigenen Rolls-Royce zurück-
fuhr, wurde sie an einer Kreuzung von einer hageren Frau
angebettelt. Die Frau machte große Augen, als der Rolls-
Royce neben ihr an den Straßenrand fuhr.

»Ich kann Ihnen kein Geld geben«, sagte Joyce zu der
Frau, »es reicht gerade noch für die Brückenmaut. Aber ich
dachte mir, jetzt hältst du trotzdem an, um hallo zu sagen.«

Das Gesicht der Bettlerin hellte sich auf. »Das ist wirklich
nett«, sagte sie zu Joyce. Sie tätschelte die schwarze Rolls-
Royce-Tür. »Sieh dir diesen Rolls an. Den werde ich so schnell
nicht vergessen.« Sie zwinkerte Joyce zu: »Den Wagen hier
könnte ich brauchen.«

Joyce lachte: »Wenn Sie morgen wieder da sind, kann ich
Ihnen etwas Geld geben.«

Sie fuhr am nächsten Tag wieder an der Kreuzung vorbei,
aber die Frau war nicht mehr dort.

Jemand aus dem Workshop fragte Joyce, warum sie an-
gehalten hätte, obwohl sie doch kein Geld dabeihatte. Joyce
dachte eine Weile darüber nach. »Ich weiß nicht«, sagte sie,
»die Arbeit ist ziemlich langweilig. Ich habe es einfach so gemacht.«

Ich glaube, sie wußte einfach instinktiv, daß diese kleine
Plauderei beiden guttun würde.

Sich eine Kraftquelle schaffen

Wenn es beruflich schlecht läuft, wenn man keinen Erfolg
hat, wenn man keine Anerkennung erhält, was tun? Soll
man kündigen? Vielleicht. Wer ernsthaft eine Kündigung in

Erwägung zieht, der sollte zunächst das Kapitel »Kündigung« lesen. Doch angenommen, eine Kündigung ist ausgeschlossen? Angenommen, man will die Stelle trotz allem nicht aufgeben, was dann?

Das hängt ganz von unserer Geistesverfassung ab. Wenn wir ärgerlich, aufgebracht oder wütend sind, ist diese Energie zunächst ins Positive umzuwandeln, vielleicht durch einige Übungen, die im zweiten Teil beschrieben sind. Aber angenommen, wir sind einfach nur traurig oder niedergeschlagen. Was dann?

Jetzt haben wir es sicher nicht nötig, uns zu beruhigen oder den Streß zu reduzieren. Ja, wir brauchen gerade das Gegenteil – wir müssen in Schwung kommen, Kraft schöpfen, unseren Energielevel anheben, um wieder zupacken zu können.

Haben Sie ein Foto von Ihrer Familie, Ihrem Partner oder von Freunden an Ihrem Arbeitsplatz? Wahrscheinlich ja, denn das ist die gebräuchlichste Form der persönlichen Arbeitsplatzgestaltung.

Erlauben Sie nun folgende Frage: Haben Sie ein Foto von Ihrem Arbeitsplatz oder Ihren Kollegen auf Ihrem Nachttisch stehen?

Selbstverständlich nicht.

Berufs- und Privatleben gelten nicht gleich viel. Letzteres schätzt man eindeutig mehr, weshalb man seinen Arbeitsplatz auch mit Erinnerungsstücken von Freunden oder geliebten Menschen schmückt.

Warum tun wir das? Die meisten Menschen denken sich nicht viel dabei – es ist einfach etwas, das man tut. Aber wenn ich Sie darum bäte, genauer darüber nachzudenken, würden Sie wahrscheinlich antworten, daß Sie sich über diese Bilder und Erinnerungsstücke eben freuen und daraus Kraft schöpfen. Jene Bilder und Muscheln, Steine, Cartoons oder was immer es sein mag, womit wir unserem Arbeitsplatz eine persönliche Note verleihen, stellen eine Art Schrein dar. Sie bilden ein Gegengewicht zum Computermonitor, zur Eingangsablage, zum Werkzeugkasten oder zur Schreibtischlampe.

Wenn man niedergeschlagen ist, wenn man über einen Mißerfolg traurig ist, kann ein solcher persönlicher Schrein zur Kraftquelle werden. Wann haben Sie das letzte Mal die Familienfotos auf Ihrem Schreibtisch abgestaubt oder umgestellt? Oder Ihre Muschel- oder Dinosauriersammlung ergänzt? Sich um den Schrein zu kümmern, ihn umzugestalten und zu ergänzen, bedeutet, daß wir innerlich in Bewegung kommen und Trost finden. Egal, wie enttäuschend die Arbeit sein mag, der Schrein verkörpert den Teil von uns, der davon nicht betroffen ist.

Hier sind einige praktische Ratschläge, wie sich der Schrein am Arbeitsplatz positiv aufladen läßt.

Stellen Sie eine Vase mit frischen Blumen oder eine echte Topfpflanze auf. Eine Pflanze verschönt nicht nur den Arbeitsplatz, sie braucht auch Pflege – Wasser, Dünger, Beschneidung –, sonst stirbt sie. Darin gleicht sie Ihnen. Die Pflanze ist ebenso verletzlich wie Sie. Sie braucht ebenfalls Zuwendung. Kümmern Sie sich also regelmäßig um sie, sie ist ein Teil von Ihnen. Was es bedeutet, wenn man sie eingehen läßt, braucht einem nicht erst ein spiritueller Meister zu sagen.

Ich habe eine Pflanze in meinem Büro. Ich nenne sie Audrey III (Audrey II ist die menschenfressende Pflanze in dem Kultfilm *The Little Shop of Horrors*.) Meine Pflanze breitet sich überall aus. Sie rankt über die Bücher, den Aktenschrank und läßt mich kaum ans Fenster kommen. Aber ich beschneide sie nicht. Ich gieße und dünge sie und lasse sie wachsen. Sie ist der Teil meiner Firma, den ich nicht zu leiten versuche. Ich lasse mich von ihr leiten. In dem Film kann die menschenfressende Pflanze Audrey II sprechen und ruft ihrem Besitzer zu: »Seymour! Füttere mich!« Manchmal ist mir, als hörte ich Audrey III ebenso flüstern.

Wenn Sie nicht am Schreibtisch arbeiten – weil Sie etwa Zimmermann sind –, dann richten Sie in Ihrem Auto oder Lastwagen einen persönlichen Schrein ein. Die Becherhalter an den Armlehnen sind zum Beispiel für kleine Topfpflanzen wie geschaffen.

Und da es in diesem Kapitel um Trost geht, sollte in Ihrem Schrein die Erinnerung an einen vergangenen Erfolg nicht fehlen. Vielleicht stellen Sie eine Medaille aus der Schulzeit auf oder Ihr Hochzeitsfoto. Oder einen Stein, den Sie bei einem Spaziergang während Ihres Meditationsretreats gefunden haben. Lassen Sie den Erfolg durch irgend etwas spürbar werden. Machen Sie ihn greifbar.

Verändern Sie mindestens einmal wöchentlich etwas an Ihrem Schrein. Ihn nicht zu beachten heißt, daß Sie sich selbst übergehen. Die innerliche Auseinandersetzung bei seiner Umgestaltung belebt und bringt neuen Schwung. Wenn Sie das nicht glauben, vergessen Sie den Schrein einmal für einige Tage und widmen ihm dann wieder Ihre Aufmerksamkeit. Es wird sicher ein Unterschied zu spüren sein.

Halten Sie ihn privat. Der Schrein braucht für andere nicht als Schrein erkennbar zu sein. Vor allem braucht er nicht religiös auszusehen. Es sind keine Buddhastatuen oder Heiligenbilder nötig, damit der Schrein funktioniert. Zudem sind solche Dinge am Arbeitsplatz unangemessen, der schließlich keine Privatsphäre ist. Behalten Sie Ihre Andachtsbilder für sich, und suchen Sie sich neutralere Gegenstände aus, die sie für Sie symbolisieren. Plaudern Sie nicht mit anderen über Ihre persönliche Ecke. Sie verliert ihre positive Wirkung, wenn man ihre Geheimnisse verrät.

Der Schrein am Arbeitsplatz repräsentiert den oben erwähnten Sumpf. Er steht für das Marschland oder den Schoß, wo unsere Wunden heilen können und neues Leben entspringt. Wenn das auf den ersten Blick zu einfach oder offenkundig erscheint, denken Sie daran, daß spirituelle Praktiken meistens etwas Selbstverständliches an sich haben. Deshalb werden sie auch so leicht unterschätzt. Als mir Suzuki Roshi beim ersten Mal erklärte, was Meditation ist, brauchte er dazu ganze fünfzehn Minuten, und ich erinnere mich noch an meine Entrüstung: »Das war's? Das ist alles? Bei mir als Amerikaner spart er sich das Wesentliche wohl!« Ich brauchte viele Jahre, bis ich wirklich verstand, daß die äußere Form der spirituellen Praxis tatsächlich sehr einfach sein kann – ja, eigentlich verstand ich das erst, als ich selbst Meditation lehrte und fünfzehnminütige Unterweisungen gab. Das Entscheidende an der spirituellen Praxis, das »Wesentliche«, ist man selbst. Und das ist alles andere als einfach und offensichtlich.

Darin liegt das Geheimnis. Das ist der Dreh. Und das macht die Sache spannend.

In dem Film *Marathon Man* spielt Dustin Hoffman einen Mann, der nicht in seine Wohnung kann, weil sie von bewaffneten Männern umstellt ist, die ihn töten wollen. Er bittet einen Bandenführer aus der Nachbarschaft um Hilfe, dem er alle Wertgegenstände aus seiner Wohnung ver-

Übungen zum Thema Mißerfolg

- Richten Sie sich am Arbeitsplatz eine kleine persönliche Ecke ein. Kümmern Sie sich mindestens einmal wöchentlich um diesen Kraftplatz, indem Sie die Gegenstände in die Hand nehmen oder umstellen oder die Pflanzen gießen.
- Heitern Sie in dieser Woche jemanden auf. Merken Sie, wie ansteckend das ist?
- Wenn Sie sich wieder einmal gescheitert sehen, fragen Sie sich: »Was ist Erfolg, was Mißerfolg?« Worin liegt für Sie der Unterschied?

spricht, wenn seine Bande dort einbricht und ihm seine Schuhe und seine Pistole holt.

Der Bandenführer ist kein Trottel. Er will wissen: »Was ist der Haken?«

Der Dustin-Hoffman-Charakter antwortet: »Es ist gefährlich.«

Über das Gesicht des Bandenführers breitet sich ein Grinsen aus: »Das ist kein Haken. Das macht Spaß.«

Ist man seinen Mißerfolgen gegenüber derart eingestellt, werden sie einen nicht lange zur Verzweiflung treiben.

Und wer ist in meiner früheren Firma schließlich Vorstandsvorsitzender geworden? Jemand, der Erfahrung mit Niederlagen hatte. Das war gut so, denn ein Jahr später erlitt die Firma trotz aller Bemühungen Schiffbruch und mußte verkauft werden. Die meisten Angestellten, mich eingeschlossen, verloren dabei ihre Stelle. Aber unser Vorstandsvorsitzender war ein guter Krisenmanager, von dessen Gelassenheit wir alle profitierten. Und zum Trost blieb uns Entlassenen zumindest ein unsichtbarer Pluspunkt auf der Beurteilung: »Konkurserfahrung!«

Dieser »Fehlschlag« brachte mir eine Abfindung und zwang mich über Alternativen nachzudenken, was schließlich zu meiner Geschäftsgründung führte. Dazu wäre es nie gekommen, hätte ich die Stelle behalten. Wo liegt nun der Fehlschlag und wo der Erfolg?

10

Frustration

Frustration ist ein allgemein menschliches Phänomen, das nicht zuletzt am Arbeitsplatz aufzutreten pflegt. Oft stecken wir unverschuldet in der Misere. Vielleicht haben wir einen unvernünftigen oder rücksichtslosen Chef. Oder unsere Firma verliert immer mehr Boden an die Konkurrenz. Oder die langverdiente Beförderung ist uns von einem weniger begabten, dafür aber dreisteren Mitarbeiter weggeschnappt worden. Oder wir sind ungeduldig, jähzornig oder haben sonst irgendeine schlechte Angewohnheit, die uns ständig in Schwierigkeiten bringt.

In solchen Situationen möchten wir am liebsten entmutigt aufgeben. Wir haben das Gefühl, wir könnten die Situation oder uns selbst sowieso nicht ändern. Unser Kampfgeist ist erloschen, und wir möchten nur noch den Kopf hängen lassen und weinen.

Spirituelles Wollen bedeutet, die eingeschlagene Richtung beizubehalten, ohne irgendwelche Ergebnisse zu erwarten.

Auch wenn es befremdlich klingen mag, unter spiritueller Perspektive kann Entmutigung eine Chance darstellen. Frustration bedeutet, daß man mit seiner Weisheit am Ende ist. Aber stehen uns nur die gewöhnlichen Mittel zur Verfügung, oder ist da nicht noch mehr in uns? Eine tiefere Weisheit, die uns weiterhelfen könnte? Eine Quelle, die nie versiegt?

Gewöhnliches und spirituelles Wollen

»Der Weg zur Hölle ist mit guten Vorsätzen gepflastert«, heißt ein altes Sprichwort. Wer kennt die guten Neujahrsvorsätze nicht, die nach ein paar Wochen schon wieder vergessen oder nur noch einen müden Scherz wert sind. Man fastet kurz und kehrt wieder zu den alten Eßgewohnheiten zurück. Oder man kauft Sprachkassetten, weil man endlich Spanisch lernen will, die dann nach ein, zwei Wochen im Handschuhfach verstauben.

Das sind Beispiele für normale Vorsätze, deren Erfolg oder Scheitern daran gemessen wird, ob man sein Ziel erreicht oder nicht. Aber es gibt noch eine andere Art von Wollen, das weniger zur Entmutigung führt, weil das Erreichen eines Ziels dabei sekundär ist. Beim spirituellen Wollen geht es nicht um kurzfristigen Erfolg, sondern um langfristige Lebensentscheidungen. Hier ist es wichtiger, ob man die eingeschlagene Richtung beibehält – so wie ein Seemann, der Kurs auf einen Baum am fernen Ufer hält. Auch wenn das Boot hin und wieder abgetrieben wird, das Ziel vielleicht für kurze Zeit gar nicht mehr sichtbar ist, der Seemann steuert immer wieder auf diesen großen Baum am Horizont zu. Und selbst wenn sich das Boot im Kreis zu drehen scheint, ist man nicht entmutigt, weil man auf diesen Baum – das langfristige spirituelle Ziel – vertraut!

Das spirituelle Wollen ist schwieriger als das normale

Wollen, weil es umfassender und daher schwerer formulier-
bar ist. Oft ist man sich seiner nicht einmal bewußt. So ließe
sich sagen, daß es zu unseren tiefsten Anliegen gehört, zu lieben und geliebt zu werden, und trotzdem sagen wir uns nicht
jeden Morgen beim Aufstehen: »Heute möchte ich mehr lieben und geliebt werden!« Noch weniger dürfte man Derar-
tiges denken, wenn einem der Chef bei der Jahresbespre-
chung das Leistungssoll vorgibt!

Allerdings gibt es faßbare Formulierungen dieses Ziels,
mit denen wir arbeiten können. Geduld, Güte, Großzügigkeit, Freundlichkeit, Aufmerksamkeit und Mitgefühl sind
zum Beispiel alles Äußerungsweisen des liebevollen Herzens,
das der Buddhist unsere Buddha-Natur nennt. Man kann
sich irgendeinen Aspekt herausgreifen, um ihn zum Baum-
wipfel am fernen Ufer zu machen, auf den man zusteuert.
Zum Beispiel könnte man den Satz »Ich bemühe mich heute
um mehr Geduld« oder nur »Geduld!« zur Losung machen,
zum Leitfaden und stillen Mantra, das man mehrmals täglich zu sich sagt. Es ist ein so tiefsinniges Ziel, daß es stärker
motiviert, als die Absicht abzunehmen oder Spanisch zu lernen. Es verbindet mit dem reinsten Lebensquell.

Und am besten läßt sich das spirituelle Wollen üben, wenn
man die Absicht selbst das Ziel sein läßt und auf den fernen
Baum zusteuert, ohne zu erwarten, daß man dort jemals ankommt.

Nichts erwarten

Daß man sich beim Wollen nichts erwarten soll, klingt etwas komisch. Besteht denn nicht im Ziel die Absicht?

Ziele zu erreichen, das ist es, was wir in der Kindheit und Jugend lernen. Das bekommt man in der Schule und an der Universität beigebracht. Da geht es um gute Noten und Spielsiege. Am Arbeitsplatz ist es dasselbe. Man wird für das Erreichen von Zielen belohnt und für ihr Nichterreichen bestraft. Klare Zielvorgaben gibt es in der ganzen Wirtschaft, in jeder Branche und Firma. Ziellosigkeit am Arbeitsplatz ist kaum vorstellbar.

Aber unser Leben ist nicht in allen Aspekten derart leistungsbezogen.

Nehmen wir etwa einen geliebten Menschen – den Ehe- oder Lebenspartner oder Kinder zum Beispiel. Will man da mit seiner Liebe etwas bezwecken? Mißt man sie als eine Leistung, für die es Punkte gibt? Sagt man sich etwa: »Ich bin stolz auf mich. Ich liebe meine Kinder zwanzig Prozent mehr als letztes Jahr. Das ist wirklich ein Fortschritt!«

Natürlich nicht. Man liebt den Partner oder das Kind bedingungslos. Die Liebe ist in ihrem tiefsten Grund unermeßlich. Sie ist ganz einfach ein Teil unserer selbst.

Diese Art Liebe ist ein gutes Beispiel für spirituelles Wollen.

Zieht man zum Beispiel ein Kind groß, ist das ein Nonstopunternehmen, Tag für Tag, Jahr für Jahr, achtzehn oder zwanzig Jahre lang. Das geht vieles mehr oder weniger unter. Man macht viele Fehler. Es gibt viele Rückschläge. Trotzdem wird man sich nie vornehmen (oder fast nie), daß man seinem Kind jetzt nie mehr das Essen mit den Fingern verbieten wird, weil sein Ungehorsam jedes weitere Wort sinnlos macht. So etwas denkt man nicht, weil man sein Kind liebt und das Beste für sich möchte. Also bemüht man sich weiterhin, auch wenn es sinnlos erscheint.

Und schließlich, wenn das Kind erwachsen vor einem steht, ist für das, was aus ihm geworden ist, all das mitverantwortlich, was man je für es getan hat und zu ihm gesagt hat.

Verhält es sich da mit unserem eigenen Leben nicht genauso? Wenn wir uns lebenslang ständig bemühen, bessere Menschen zu werden, worin unterscheidet sich das dann von der Erziehung eines Kindes?

So läßt sich die Arbeit unter zwei Aspekten sehen. Dazu schreibt man auf die Vorderseite eines Blatt Papiers seine beruflichen Ziele: daß man die Erstellung von Webseiten lernen will, die Produktivität seines Teams um 20 Prozent steigern will, mit fünfunddreißig Jahren Vorstandsvorsitzender sein will, bis Juni fünftausend neue Mitglieder anwerben will. Auf der Rückseite versucht man dann die Aspekte der Arbeit zu beschreiben, die über solche Ziele hinausgehen und zu der reinen Liebe gehören, wie sie auch dem Partner oder Kind entgegengebracht werden. Was könnte das sein? Vielleicht läßt es sich nicht in Worte fassen, vielleicht ist es nur ein Bild, nur ein von Sonnenstrahlen umgebener Kreis. Vielleicht spürt man etwas. Vielleicht hat man das Gefühl, da ist etwas, das einen jeden Morgen zur Arbeit drängt, das mit keinem konventionellen Ziel zusammenhängt.

Dieses nicht umzubringende Etwas ist unser spirituelles Wollen. Es durchdringt das ganze Leben. Manchmal ist es augenfälliger als andere Male, aber es ist ständig da. Und weil es ständig da ist, liegt es jenseits aller Hoffnungen und

Verzweiflung. In diesem weiteren Sinn ist der Baum am Horizont immer gegenwärtig, ganz gleich wohin das Boot fährt, und ermutigt und führt einen. Und wenn man mit seinem Boot stets auf den Baum zusteuert, wo er auch auftaucht, ist das spirituelle Wollen in Aktion.

Schweres und Leichtes

Leute, die regelmäßig meditieren, sind von spirituellen Übungen am Arbeitsplatz oft enttäuscht, weil die kurzen Anstrengungen scheinbar nichts bewirken. Ausgiebiges Meditieren in einer ruhigen Umgebung führt zu spürbaren Ergebnissen, der Geist beruhigt sich, die Sinne schärfen sich, man ist tatsächlich lockerer und entspannter. Viele verbinden die spirituelle Praxis als solche mit dieser Art von Erfahrung. Haben Sie schon einmal im Fitneßcenter Gewichte gehoben? Die leichten Gewichte lassen sich viele Male mühelos heben. Doch es ist unglaublich anstrengend, ein schweres Gewicht auch nur einmal zu stemmen.

Spirituelle Übungen inmitten der Hektik des Alltags zu machen entspricht dem Heben schwerer Gewichte. Daß man sie nur Momente lang ausführen kann, heißt nicht, daß sie unwirksam sind. In Gegenteil trainiert das Ihre spirituellen »Muskeln« auf andere Weise ebenso wie häufiges Stemmen kleiner Gewichte.

Die traditionelle Meditation ist eine Form der Praxis. Eine andere Praxisform ist es, sich mitten im beruflichen Alltag Momente der Selbsterforschung und -erkenntnis zu erkämpfen. Sie lassen sich nicht gegeneinander ausspielen.

Jede ist auf ihre Art wertvoll und nützlich. Harry Roberts, der eine Zeitlang in der Nähe unseres buddhistischen Zentrums lebte und uns oft bei der Gartenarbeit und beim Gemüseanbau beriet, pflegte zu sagen: »Spirituelle Praxis taugt nichts, wenn man sie nicht aus dem Meditationsalltag mit in den Alltag hinübernimmt.« Er drückte sich noch gepfefferter aus, doch man versteht auch so, worum es geht! Ich kann mich erinnern, daß sich Suzuki Roshi oftmals ähnlich geäußert hat. Die beiden Männer sind sich nie begegnet, aber sie hätten sich sicher gut verstanden.

Ausdauer

Als ich in den 60er Jahren mit der buddhistischen Praxis begann, erwartete ich mir von der Meditation, so wie viele andere auch, den großen spirituellen Durchbruch in ein ganz anderes Leben. Mit der Zeit begriff ich dann, daß große Veränderungen im Leben gewöhnlich schrittweise stattfinden, auch wenn es manchmal zu Durchbrüchen kommt. In anderen Woren, die Transformation beruht auf Geduld, Vertrauen und Ausdauer. Es ist relativ leicht, sich für etwas ganz Konkretes einzusetzen, kräftigere Arme oder einen attraktiveren Körper etwa. Aber wie soll man sich in einem Beruf, der einen langweilt und frustriert, motivieren und aus der Antriebslosigkeit befreien? Durch ausdauerndes spirituelles Wollen, das einen schrittweise aufrichtet, auch wenn man scheinbar auf der Stelle tritt. Beim ausdauernden spirituellen Wollen wird die Absicht zum Ziel. Oder anders gesagt, spirituelles Bemühen macht mit der Zeit Freude.

Lana war Grundschullehrerin. Sie liebte ihre Arbeit, hatte aber mit der mangelnden Disziplin der Kinder Schwierigkeiten. Sie wurde immer ungeduldiger und aufbrausender. Sie verstand die Kinder zwar, hatte sich aber emotional nicht im Griff. Und das bekümmerte sie. Dann war der Punkt gekommen, an dem es so nicht mehr weiterging, und so betete sie jeden Morgen beim Betreten des Klassenzimmers im stillen: »Heute verliere ich nicht die Fassung. Heute bleibe ich gelassen.«

Trotzdem hatte sie täglich ihre Ausrutscher. Als ich sie kennenlernte, war sie am Verzweifeln. Sie bemühte sich nun schon seit über zwei Jahren und konnte überhaupt keinen Fortschritt feststellen.

»Was empfinden Sie bei dem allmorgendlichen Gebet?«

»Es tut mir gut«, antwortete sie sofort, »nur was dann im Laufe des Tages passiert, ist so entmutigend.«

»Ich glaube, daß das Gebet wirkt«, sagte ich, »behalten Sie es bitte bei.«

»Wozu soll es denn gut sein«, wendete sie ein, »wenn ich überhaupt keine Besserung feststellen kann?«

»Sie sprechen nun schon seit über zwei Jahren dieses Gebet und fühlen sich gut dabei. Das genügt«, antwortete ich.

Ohne sich dessen voll bewußt zu sein, hatte Lana an ihrer spirituellen Bemühung Freude gefunden, und das hielt sie aufrecht. Wenn man etwas um der Sache selbst willen tut, und nicht nur auf die Wirkung aus ist, ist das echte spirituelle Praxis. Das war bei Lana der Fall. Ihre Praxis stimmte. Ich fand, daß sie zu streng mit sich selbst war. Ihre Ungeduld besserte sich langsam und unmerklich.

Ich bat sie, einmal ehrlich über die zwei Jahre nachzudenken. »Hat sich wirklich nichts gebessert?«

Sie dachte eine Weile nach. »Ein wenig schon«, sagte sie schließlich.

»Aber nicht soviel, wie Sie es gerne hätten.«

»So ist es«, gestand sie mit einem reuigen Lächeln.

Das ist gut so, sagte ich mir, ich kenne dieses Gefühl. Wenn sie mit dem Ergebnis zufrieden wäre, würde sie sich nicht weiter bemühen.

In dieser Form können wir unser Leben lang üben.

Die Kultivierung des spirituellen Wollens gleicht einer Botschaft, die in einen tiefen Brunnen geworfen wird. Man sieht und hört sie nicht ankommen. Trotzdem macht es unten »platsch«, und dieses Platschen, diese kleinen Wellen im Teich unserer Verhaltens- und Reaktionsmuster halten das Wollen in Gang.

Möchten Sie nicht auch wie Lana Ihren Tag mit einem kurzen Satz beginnen und damit fortfahren, auch wenn sich nichts zu bessern scheint? Wie lange wären Sie bereit dazu? Eine Woche, einen Monat, ein Jahr?

Wie wäre es mit immer?

Den eigenen Weg finden

Spirituelles Wollen verändert nicht nur uns selbst, sondern auch unsere ganze Situation. Manchmal kommt der Anstoß von außen, und manchmal hallt die in den Brunnen geworfene Botschaft wider, ist ein Echo vernehmbar.

Katherine war Managerin in einer High-Tech-Firma. Alice war Abteilungsleiterin und hatte ihr Büro gegenüber. Aus irgendeinem Grunde stimmte es zwischen den beiden

Frauen von Anfang an nicht. Katherine hatte den Eindruck, von Alice ständig abgelehnt zu werden, egal was sie tat. Es kam nie offen zum Ausdruck, war aber spürbar.

Katherine beschloß einen Versuch zu wagen. Als ihr Alice wieder auf dem Korridor entgegenkam, sagte sie: »Dieses Kleid steht Ihnen wirklich. Woher haben Sie es?« Alice schaute sie verdutzt an und murmelte: »Saks«, bevor sie rasch weiterging. Kein schlechter Anfang. Katherine machte Alice nun bei jeder Gelegenheit ein kleines Kompliment über ihr Äußeres. Alices Antworten blieben jedoch einsilbig.

Katherine war enttäuscht. Ihr Entgegenkommen schien nicht viel zu bewirken. Es kam nichts zurück.

Dann traf Katherine Alice eines Tages auf dem Parkplatz. Sie hatten ihre Autos zufällig nur einen Wagen auseinander geparkt.

Katherine saß in ihrem Volvo-Sportwagen und Alice in ihrem BMW. Katherine winkte und nahm mit Alice Blickkontakt auf. Alice zögerte kurz und winkte dann freundlich lächelnd zurück.

Diese Begebenheit, erzählte Katherine uns Workshopteilnehmern, war eine wichtige Bestätigung für sie. Von da an lief es mit Alice etwas besser. Katherines bescheidene Annäherungsversuche hatten mit der Zeit genügend Wellen geschlagen, um wahrgenommen zu werden. Ihre Botschaft fand ein Echo. Und ihre Freundlichkeit und Bereitschaft, etwas Neues auszuprobieren, zahlte sich schließlich aus.

Viele Menschen halten spirituelle Praktiken nur dann für authentisch, wenn sie von etablierten spirituellen Traditionen »offiziell« gelehrt werden. Und sie haben in gewisser Hinsicht recht. Aber am authentischsten ist die spirituelle Praxis dann, wenn man sie selbst gestaltet.

Suzuki Roshi erzählte uns, er sei von seinem Lehrer nie direkt in Praktiken unterwiesen worden. Hatten sie bei Gemeindemitgliedern Zeremonien abzuhalten, etwa eine Trauerfeier, hatte der junge Suzuki Glocken zu läuten oder Schriften zu rezitieren, ohne zu wissen, wie. Also mußte er sich vorantasten und beobachten, was sein Lehrer tat. Sobald sie dann im Tempel zurück waren, bekam er von seinem Lehrer zu hören, welche Fehler er gemacht hatte! »Deshalb«, erklärte uns der verehrte Suzuki, »hatte ich bei meiner Ankunft in Amerika keine Angst. Ich verstand zwar die Sprache kaum und das Land war mir neu und fremd, aber es ging mir prima.« Er war das Finden des eigenen Wegs gewohnt.

Der spirituelle Weg ist keine Bundesautobahn, auf der uns grüne Schilder wissen lassen, um welche Ausfahrt es sich handelt und wie man nach Los Angeles oder Houston kommt. Wir müssen diesen Weg selbst herausfinden, indem wir ihn gehen und neugierig und experimentierfreudig bleiben. Und vor allem müssen wir auf unseren angeborenen Richtungssinn hören und uns von unserem Instinkt leiten lassen.

Im alten buddhistischen oder taoistischen Sinn dem Weg zu folgen heißt, mit Herz und Verstand vorzugehen und Augen und Ohren offenzuhalten. Wir gehen nicht nur den Weg, sondern schaffen ihn auch. Uns führt nicht alle der gleiche Weg durch den Wald. Wenn unser Freund nach Norden geht, gehen wir vielleicht nach Süden. In diesem Sinne dient unser Wille als Kompaß. Er zeigt uns die Richtung an, läßt uns konsequent sein und ermöglicht uns die Frage: »Folge ich meiner Bestimmung, oder bin ich vom Weg abgekommen?«

Vertrauen

Um der eigenen Bestimmung folgen zu können, ist mehr als ein normales Selbstvertrauen nötig. Man darf nicht nur alles stets im Griff haben wollen, sondern muß auch zweifeln können, Furcht zulassen und dennoch weitergehen. Das Vertrauen ist auf andere, die Welt, das Schicksal, den Schutzengel, Gott zu erweitern. Man vertraut darauf, »daß sich etwas ergibt«. Gleichzeitig darf dieses Gottvertrauen nicht nur ein reines Wunschdenken sein. Religiöses Vertrauen ist keine Bodendeckerpflanze, die mit ihrem blühenden Grün für eine Augenweide sorgt. Es ist eher ein unscheinbarer Baumstumpf mit ein paar jungen Trieben und einem unsichtbaren Wurzelwerk. Wenn man sich auf dieses Wurzelwerk einläßt, wandelt sich die Frustration zu einem Urvertrauen. Frustration bedeutet, daß man den Mut verloren hat. Und das Wurzelwerk gibt einem der Mut zurück.

Unternehmer haben gewöhnlich sehr viel Selbstvertrauen, doch ist es nicht immer fundiert. Darin liegt meiner Beobachtung nach der Unterschied zwischen erfolgreichen und nicht erfolgreichen Unternehmen. Ich kannte einmal einen jungen Mann, der noch in seiner Collegezeit eine kleine Ladenkette für T-Shirts eröffnete. Noch als er weit über zwanzig war, pflegte er in der Kneipe beschwörend von seinem eigenen Lear-Jet zu sprechen, der ihm mit dreißig gehören würde. Ich sagte nichts dazu. Ein paar Jahre später war er mit seiner Ladenkette bankrott gegangen. Sein Selbstvertrauen war überzogen.

Mein Freund Mitchell andererseits ließ sich als Finanzberater nieder, nachdem er seine Stelle als Anlageberater verloren hatte. »Wie läuft's?« fragte ich ihn ein paar Monate später.

»Nicht sehr viele Kunden«, sagte er, »lebe von Kreditkarten.«

»Besorgt?« fragte ich mitfühlend.

Er machte nur große Augen und nickte. Aber da war etwas Positives in seiner Sorge – sie hatte etwas Besonnenes an sich. Mitchell war jemand, der Vertrauen verdient hatte. Ich gab ihm meines, und ein Jahr später bewiesen die vielen neu hinzugekommenen Kunden, daß auch andere dieser Überzeugung waren. Er ließ Vorsicht walten, und das war gut so, angesichts des Risikos, das er einging. Seine Besonnenheit zahlte sich aus.

Was diese Art von Vertrauen funktionieren läßt, ist das Element der Allverbundenheit. Allverbundenheit bedeutet, daß alles mit allem in Verbindung steht. Das bedeutet auch, daß unsere Gedanken, Gefühle und Taten nicht spurlos verschwinden. Sie haben einen Wirkungsradius, Wasserringen im Teich vergleichbar. Wenn man sich zum Beispiel auch nur ein einziges Mal fest vornimmt, zu seinen Mitarbeitern freundlicher zu sein, wird sich das noch lange auswirken, auch wenn man nicht mehr dauernd daran denkt.

Man hat uns beigebracht, der sinnlichen Evidenz zu vertrauen, das als wirklich anzunehmen, was wir hören, sehen, tasten und schmecken können. Das entspricht unserem naturwissenschaftlichen Weltbild. Aber es gibt noch eine andere Seite der Wirklichkeit, die weniger greifbar und offensichtlich ist und mit der Allverbundenheit zu tun hat.

Wenn man immer nur auf das äußere Ereignis seiner Absichten schaut, ist man schnell frustriert und gibt auf.

Vertraut man aber darauf, daß einen das Bemühen, das

wie Wasser im Sand zu versickern scheint, von der Wurzel her nährt, nimmt man also wie ein Gärtner die Gießkanne zur Hand, dann entwickelt man Ausdauer, ohne gleich Ergebnisse sehen zu müssen.

Es gibt viele buddhistische Geschichten, die von der Kraft eines ehemaligen Gedankens handeln. Eine Geschichte handelt von einem Kaninchen, das von einem hungrigen Tiger verfolgt wird.

Als der Tiger immer näher kommt und sich das Kaninchen in seiner Todesangst zusammenkauert, denkt es dabei: »Ich kann mich gut in diesen hungrigen Tiger hineinversetzen, ich weiß, was Hunger bedeutet. Er darf mich ruhig fressen, damit ich einmal als Mensch geboren werde und Erleuchtung erlange.«

Solche Volksmärchen sollen die Beständigkeit des reinen Gedankens, des spirituellen Wollens illustrieren. Sie bringen eine Weltsicht zum Ausdruck, in der Gedanken genauso real sind wie Häuser.

»Das bildest du dir nur ein!« ist ein geflügeltes Wort mit der Bedeutung: »Das gibt es in Wirklichkeit nicht!« Einstein hatte die Formel $E = mc^2$ auch erst nur in seinem Kopf, bevor er sie zu Papier brachte. Einige Jahre später explodierte eine Bombe in Hiroshima und veränderte die Welt. Was war realer, Einsteins Gedanke oder die Bombe, die mit Hilfe seiner Theorie gebaut wurde? Was ist realer, unsere Absicht oder die Handlungen, die daraus entspringen?

Ein Buddhist würde sagen, daß, wenn überhaupt, der Gedanke realer ist, weil er zu den Handlungen führt. Deshalb müssen wir auf unsere Gedanken und Gefühle, überhaupt auf unser Innenleben acht geben. Dort entscheidet sich, was wir tun und wie wir leben.

Seines eigenen Glückes Schmied sein

Seines eigenen Glückes Schmied sein, das kann man nur, wenn man auf das achtet, was um einen vorgeht. Manche Menschen haben scheinbar nur Glück. Das hängt oft davon ab, ob man Gelegenheiten zu ergreifen weiß, weil man in einer Situation auch auf Unscheinbares achtet.

Justin war Unternehmer. Er hatte ein Produkt entwickelt – ein Meßgerät für Bauingenieure – und daraufhin eine Firma gegründet. Kein Bauingenieur kannte das Meßgerät. Noch dazu war man bisher auch ohne es gut zurechtgekommen. Justin mußte also die Ingenieure erst über sein Meßgerät aufklären, bevor er es ihnen verkaufen konnte.

Er hatte mit den üblichen Anfangsschwierigkeiten zu kämpfen – es fehlte an Bargeld für die Lohnzahlungen, und die Konkurrenz schlief nicht, von den Überstunden ganz zu schweigen. Nach drei Jahren war sein Startkapital so gut wie aufgebraucht, zwei seiner wichtigsten Mitarbeiter stundeten ihm monatlich die Hälfte ihres Gehalts, und er selbst bezahlte die Hypothek mit Hilfe von Kreditkartenüberziehungen. Er schien es nicht zu schaffen.

Eines Tages, nach einer weiteren, frustrierenden Produktpräsentation – man war zwar von dem Produkt sehr angetan, schien aber keine direkte Verwendung zu sehen –, bemerkte Justin, daß einer der Ingenieure eines der Meßgeräte an seinen Platz genommen hatte und es sich gründlich ansah. Justin ging zu dem Mann, um sein Meßgerät einzusammeln und heimzufahren.

»Nett«, sagte der Ingenieur, als er ihm das Instrument zurückgab.

Übungen zum Thema Frustration

- Fassen Sie eine gute Absicht in Worte, etwa: »Ich will mehr Geduld aufbringen« oder einfach nur »Geduld«.
- Spezifizieren Sie Ihre Absicht. Wenn »Geduld« zu weit gefaßt ist, versuchen Sie es mit »Geduld am Telefon«.
- Wiederholen Sie mindestens zweimal täglich still Ihre Absicht – bei der Ankunft am Arbeitsplatz und beim Nachhausegehen.
- Sollten Sie feststellen, daß Sie Ihre Absicht vergessen haben, sagen Sie sich: »Vergessen!« und wiederholen Sie Ihre Absicht.
- Erwarten Sie kein Ergebnis. Wenn Sie sich bei dem Gedanken ertappen: »Das nützt doch sowieso nichts!«, klammern Sie ihn aus. Halten Sie an Ihrer Absicht fest.

»Nett« – der Ingenieur hatte das in einer Art gesagt, die Justin wieder Hoffnung machte. Sein Selbstbewußtsein kehrte zurück. Er beschloß, noch einmal einen Kredit aufzunehmen und die Firma weitere drei Monate am Laufen zu halten. Innerhalb dieser drei Monate kam der erste Großauftrag herein. Ein Jahr später hatte sich sein Mitarbeiterstab verdoppelt, und seine Firma war kurz davor, schwarze Zahlen zu schreiben.

Manchmal kann schon ein einziges Wort das Blatt zum Guten wenden, wenn man es zu hören bereit ist.

TEIL IV

Inspiration

Zum Sektor der Inspiration gehören Kreativität, Ambition, Begeisterung und Freude. Im Zustand der Inspiration ist man energiegeladen, empfindet das aber als angenehm, im Gegensatz zu Konfliktzuständen. Wenn man voll in seiner Arbeit aufgeht, fließt man über vor Energie. Man verausgabt sich und hat das Gefühl, dadurch zu wachsen, statt Kraft zu verlieren. Wie Harry Roberts in Kapitel 1 sagt: »Freude an der Arbeit zu finden ist für den Menschen das Größte.«

Der Schriftsteller Aldous Huxley sagte einmal bei einem Interview: »Ich habe mit dem Schreiben, das ich liebe, stets gut verdient, dabei hätte ich doch auch für nichts geschrieben!« Wenn es Ihnen in Ihrem Beruf genauso geht, prima! Sie gehören zu den Glücklichen. Häufiger kommt es vor, daß man diese Erfahrung nicht mit seinem Brotberuf macht, sondern mit seinen Hobbys und Nebenbeschäftigungen. Machen Sie einmal an einem sonnigen Wochenende einen Spaziergang durch die Nachbarschaft und plaudern Sie ein wenig mit Ihrer Nachbarin, wenn sie gerade in ihrem Rosengarten arbeitet oder mit deren Ehemann, wenn er in der Garage an seiner Holzplastik schnitzt. Sicher werden sie mit Begeisterung von ihrer Tätigkeit sprechen und bei ihrer unbezahlten Arbeit große Sorgfalt walten lassen. Man sieht ihnen an, daß ihnen ihre Arbeit Freude macht.

Aber selbst wenn wir alle unsere Traumberufe ausübten, liefe nicht immer alles wunderbar. Energiereiche Zustände, ob sie nun positiv oder negativ sind, sind labil, schwanken zwischen Inspiration, Kreativität und Begeisterung einerseits und Streß, Schwierigkeiten und Sorgen andererseits. Man denke nur an einen mit Terminen jonglierenden Filmregisseur oder an einen Softwareentwickler, der Fristen einhalten muß, oder an einen Zeitungsreporter, der seine Titelgeschichte bis Redaktionsschluß fertig haben muß. Das ist ein stündliches, minütliches Auf und Ab.

Ich kenne das. Ich war jener termingeplagte Softwareentwickler. Ich habe das Auf und Ab mitgemacht. Erinnern Sie sich an die bunte Popcornkette aus Kapitel 3, wo rot Streß, blau Frustration, gelb Zufriedenheit und grün Begeisterung bedeutete? Der energiereiche Zustand kann sich anfühlen wie grünes Licht, rotes Licht, grünes Licht, rotes Licht! Deshalb geht es in diesem Teil hauptsächlich um Methoden, wie man mit diesen Übergängen, diesen Höhen und Tiefen, positiv umgeht, statt sich ihnen zu ergeben.

Im positiven Spannungszustand der Inspiration steht man ständig auf der Kippe zwischen Konflikt und Stagnation. Lehnt man sich zu weit auf die eine Seite, kippt man in den ungesunden Bereich der negativen Anspannung – Ärger, Sorge und Angst. Lehnt man sich zu weit auf die andere Seite, verfällt man in Antriebslosigkeit – Frustration, Depression und Schwäche. Kurze Phasen der Inspiration bei der Arbeit kennt jeder: die Lehrerin, die für ihre Klasse eine Theateraufführung organisiert, die Verkaufsleiterin, die ihr Team zu größerer Leistung anfeuert oder spätnachts noch wichtige Präsentationen vorbereitet. Man kann sich hin und wieder schnell einmal in Begeisterung versetzen, aber einen Zustand der Begeisterung für längere Zeit aufrechtzuerhalten erfordert ein objektiveres Vorgehen. Dazu muß man sich fragen können: »Wie geht das? Ist das wirklich das, was ich will? Befriedigt das wirklich?«

In diesem Teil werden uns diese Fragen in vier Kapiteln beschäftigen. Zunächst sehen wir uns die Ambition an – ihre positiven und negativen Seiten sowie ihr Potential für das spirituelle Wachstum. Zweitens geht es um Zeit und Geld und die kritische Durchleuchtung des Sprichworts »Zeit ist Geld«. Drittens wenden wir uns der Friedfertigkeit zu und werden erfahren, wie wichtig sie am Arbeitsplatz ist und worin sich diese Form der positiven Anspannung auszeichnet. Und schließlich werden wir über eine sehr heikle Form der Inspiration sprechen – das Kündigen!

11

Ambition

Ich hatte einmal einen Bekannten, nennen wir ihn Jason, der war ein exzellenter High-School-Lehrer. Das sagten die Eltern aller Schüler. Und die Schüler liebten ihn. Er war innovativ, offen und kreativ. Eltern, die seinem Unterricht beiwohnten, waren begeistert von der schwirrenden Energie und Neugierde, die den Raum erfüllte.

Jason ging viele Jahre lang in seinem Beruf auf. Doch dann war er auf einmal unzufrieden. Er beneidete insgeheim seine Schwester, die eine erfolgreiche Chirurgin war. Er träumte von einem größeren Haus und einem Maserati-Kabrio. Deshalb sah er sich nach einer lukrativeren Beschäftigung um und entschloß sich schließlich, Immobilienhändler zu werden. Sein zukünftiger Chef, ein Jungunternehmer mit forschem Auftreten und einem Mercedes-Sportwagen, hatte ihm vorgeschwärmt, wie schnell sich auf dem heißen Immobilienmarkt Geld machen ließ.

> *Weißt du, was dein Problem ist, Rocco? Du willst immer mehr.*
>
> AUS DEM FILM:
> »Hafen des Lasters«

Jason ging ins Büro des Schuldirektors und hielt eine Abschiedsrede, die sich gewaschen hatte. Er warf ihm Phantasielosigkeit und Borniertheit vor, die Arbeit an der Schule

wäre unerfreulich und das Schulsystem überhaupt zu büro-
kratisch und veraltet. Nachdem er sich so Luft gemacht
hatte, kehrte er, überwältigt vom Gefühl seiner neuen Freiheit, Schule und Lehrerkarriere endgültig den Rücken.

Jasons Entscheidung war unklug. Der Immobilienboom
im Nordosten, wo er lebte, war ebenso plötzlich zu Ende. Es
gab für ihn keine Reichtümer zu holen. Jason begann frustriert und deprimiert sein Lehrerrentekapital aufzubrau-
chen. Er beschäftigte sich mit Rauschmitteln. Das Familienleben zerbrach. Seine Frau reichte die Scheidung ein.

Das Traurigste an dieser Geschichte ist, daß Jason sein
Glück mit Füßen getreten hat. Er hatte einen Beruf, der ihn
erfüllte und von dem er gut lebte. Davon können viele nur
träumen. Und doch warf er alles über Bord, um einem un-
ausgegorenen Traum nachzujagen, der nicht zu ihm paßte.
Er war der geborene Lehrer, ein Genie im Klassenzimmer,
und kein Händler. Selbst wenn er im Immobiliengeschäft
Unmengen verdient hätte, wäre er unglücklich gewesen.

Es gehört zu den Stärken unseres kapitalistischen Systems, daß es Ambition fördert und belohnt. Der Wunsch,
es möge einem selbst, den Kindern und der Familie besser-
gehen, der Drang zu erfinden, zu erneuern, zu erforschen
und zu schaffen, kann eine positive Kraft zum Wohl aller
sein. Aber die Ambition hat ihre Schattenseite. Sie ist mit
Gier verbunden, dem Streben nach Geld, Status und Macht.
Ambition kann leicht zum Selbstzweck werden – dann ist sie
schädlich, süchtig und destruktiv.

Kann man mit weltlicher Ambition sinnvoll umgehen? Hat
sie in einem spirituellen Leben überhaupt noch Platz? Durch
welche Geisteshaltung läßt sie sich mäßigen, so daß sie nicht
in blinde Habgier ausartet? Mein Bekannter Jason glaubte

dem amerikanischen Traum zu folgen – er wollte höher hinaus, kein Risiko scheuen, sich das Gold holen gehen. Dafür zerstörte er alles, was ihm lieb war. Er war weder ein schlechter Mensch noch ein Dummkopf. Im Gegenteil, er war clever, hilfsbereit und herzlich und spirituell engagiert. Was ging schief?

Sie haben schon gemerkt, daß ich gerne Filme zur Veranschaulichung heranziehe, sehen Sie es mir also noch einmal nach, wenn ich auf einen meiner Lieblingsfilme zu sprechen komme: *Hafen des Lasters*, in dem Humphrey Bogart den zynischen Kriegshelden mit einem Herzen aus Gold spielt und Edward G. Robinson den Gangster Rocco. Nehmen wir dieses markige Gespräch:

BOGART: Weißt du, was dein Problem ist, Rocco? Du willst immer *mehr*.

ROBINSON (während er grinsend die Zigarre aus dem Mund nimmt): Stimmt genau! Immer *mehr*!

Nun ist »mehr« an sich nicht schlecht. Mehr zu wollen ist legitim. Gerade im Berufsleben kann das Mehrwollen sehr vorteilhaft sein. Der Wunsch, neue Fertigkeiten zu lernen, nützlich zu sein, einen besseren, erfüllenderen Beruf zu finden, zu einer besseren Welt beizutragen und ihr ein dauerhaftes Vermächtnis zu hinterlassen – das alles sind wichtige und wertvolle Ziele, sowohl in materieller als auch in spiritueller Hinsicht. Aber zwischen Ambitionen und Gier, Risikobereitschaft und Dummheit, Mehrwollen und niemals Zufriedensein liegt nur ein kleine Schritt. Der Gangster Rocco wollte aus reiner Sensationslust mehr, nicht weil er ein höheres Ziel verfolgte. Er wollte mehr, weil er unersättlich war, und diese Unersättlichkeit trieb ihn immer weiter. Es kümmerte ihn wenig, was er anderen antat, Hauptsache, sein Verlangen nach *mehr* wurde vorübergehend gestillt.

Wir alle sind ein bißchen wie Rocco, glaube ich. Es ist zum Teil dieses primitive Mehrwollen, das unseren Wunsch nach einem besseren Leben nährt und für immer kühnere Träume sorgt. Wenn Rocco grinsend zugibt: »Stimmt genau! Immer *mehr*!«, sagt er das in gewisser Hinsicht stellvertretend für uns alle. Auffällig an Roccos Rede ist, daß er das Mehr nicht spezifiziert. Er will nicht nur mehr Sicherheit, mehr Anerkennung, größere Zufriedenheit, sondern überhaupt mehr. Das Mehr wird bei ihm zum Selbstzweck.

Darin unterscheidet sich legitime Ambition von Gier. Und um diesen Unterschied geht es in diesem Kapitel – wie sich mit Ambition richtig umgehen läßt. Hätte mein Bekannter Jason zwischen seiner legitimen Ambition als vielbeschäftigter Lehrer und seiner bloßen Eifersucht und Unzufriedenheit unterscheiden können, wäre er wahrscheinlich nicht so tief gefallen. Er verwechselte beides im entscheidenden Moment und handelte entsprechend unüberlegt. Sein Ehrgeiz machte ihn blind.

Ich möchte hier einflechten, daß es im Buddhismus eine ganze Reihe von Praktiken gibt, die für einen angemessenen Umgang mit weltlicher Ambition wie geschaffen sind, auch wenn es sich um einen Bereich handelt, der traditionell ausgeklammert blieb. Ein Nachteil, der am Alter der buddhistischen Tradition liegt. Der Stolz ist im Buddhismus allerdings ein großes Thema. Seine Hartnäckigkeit macht selbst spirituell fortgeschritteneren Menschen zu schaffen. Zieht man in Betracht, wieviel Aufmerksamkeit ihm in den traditionellen Texten gewidmet wird, war in den alten buddhistischen

Klöstern der Stolz ein ebenso großes Problem wie die Ambition in heutigen Firmenbüros. Doch sind klösterlicher Stolz und moderne berufliche Ambition keineswegs dasselbe.

Als ich vor vielen Jahren in einem buddhistischen Retreatzentrum lebte, hielt man dort das normale Berufsleben für eine Ablenkung von der spirituellen Praxis. Viele meiner buddhistischen Bekannten suchten sich anspruchslose Jobs, auch wenn sie einen Universitätsabschluß hatten, um sich auf ihr spirituelles Studium konzentrieren zu können.

Ich möchte meine Jahre in mönchischer Einfachheit nicht missen. Durch sie lernte ich, was mir kein Buch hätte vermitteln können, nämlich, wie wenig wir von dem, das uns notwendig scheint, wirklich brauchen. Konsumgesellschaften setzen auf die Bedürfnisvielfalt der Menschen. Je mehr jeder einzelne braucht, desto besser. Die Werbung im Fernsehen und durchs Telefon, Reklametafeln und Zeitungsinserate sorgen dafür, daß der Strom der Bedürfnisse nie abreißt – es wird alles getan, damit wir ständig mehr wollen.

Suzuki Roshi pflegte zu sagen, nur der Wunsch nach geistigem Erwachen sei berechtigt. Diese Einstellung ist sehr vernünftig, angesichts der Tatsache, daß jeder eines Tages sterben und allen Besitz zurücklassen muß.

Aber wer kein Mönch ist, lebt meistens anders. Man möchte wirklich etwas erreichen, wenn nicht für sich, dann für seine Kinder, die Gemeinde und die Gesellschaft. Man plant voraus, stellt sich sein berufliches Fortkommen vor, träumt von den Höhen, die man erreichen will, und freut sich auf einen angenehmen Ruhestand. Und das ist nicht nur eitel. Alle Anstrengungen, sich zu entwickeln und zu wachsen, dienen der Menschheit.

Was will man wirklich?

Wer das bedürfnislose Leben eines Heiligen führt, für den ist Ambition kein Thema. Aber wer weniger bescheiden ist, der sollte sich zumindest ehrlich fragen, was er will und warum. Jason ruinierte sich mit seinem Ehrgeiz nicht zuletzt deshalb, weil er sein echtes Bedürfnis überging. Es war die Arbeit mit Kindern, die ihn glücklich machte. Das war jedem klar, der ihn im Unterricht erlebte, und auch er hätte das erkannt, wäre er sich selbst gegenüber wirklich ehrlich gewesen.

Suzuki Roshi hatte in einer Hinsicht recht. Jeder sucht im Grunde seines Wesens eine Antwort auf die »große Frage von Leben und Tod«, wie die Buddhisten sagen. Doch hätte selbst Suzuki Roshi zugegeben, daß das nicht unser einzig berechtigtes Anliegen ist, nur unser tiefstes. Es gibt viele andere Bedürfnisse, die nicht nur berechtigt, sondern auch sprituell verdienstvoll sind. Der Wunsch nach einem erfüllenden Beruf, der anderen nicht schadet und der eigenen Ethik nicht widerspricht, fällt unter die »rechte Lebensführung«, auf die im Kapitel 17 noch genauer eingegangen wird. Die rechte Lebensführung ist ein wichtiger Aspekt des buddhistischen Weges, und am besten dient der Ehrgeiz unseren geistigen Idealen dann, wenn wir eine solche Lebensführung anstreben.

Mit dem Ehrgeiz arbeiten

Obgleich es im traditionellen Buddhismus keine Übungen gibt, die direkt mit beruflicher Ambition zu tun haben, lassen sich doch einige indirekt für ein Arbeiten mit dem Ehrgeiz nutzen. Hier bieten sich vor allem zwei Übungen an: ehrliches Empfinden und ehrliches Bemühen.

Bei der Praktik des ehrlichen Empfindens geht es um eine einfache Frage: wie man sich gerade fühlt. Geht es einem gut, schlecht oder weder noch? Man fragt hier nicht nach Emotionen wie Liebe, Begeisterung oder Ärger, sondern es geht um eine grundlegendere Empfindung des Angenehmen oder Unangenehmen, des Mögens oder Nichtmögens, wie sie auch im Tierreich vorkommt. Man beobachte einmal den Alltag eines Hundes oder einer Katze, wie sie in jeder Situation entscheiden – das mag ich, das mag ich nicht.

Das Problem bei uns Menschen ist, daß wir uns bezüglich unseres Mögens oder Nichtmögens sehr viel einreden können.

Wenn wir uns fragen: »Wie finde ich momentan meine Arbeit? Mag ich sie oder nicht?«, meldet sich wahrscheinlich ein ganzer Komplex widersprüchlicher Gedanken und Gefühle – sie ist besser als die letzte Arbeit, sie wird gut bezahlt, der Anfahrtsweg ist kurz, die Kollegen sind nett –, der die momentane Befindlichkeit überlagert, die nach buddhistischer Tradition auf drei Antworten hinausläuft:

1. Ich mag sie.
2. Ich mag sie nicht.
3. Ich kann sie weder leiden noch nicht leiden; ich bin neutral.

Dieses Gefühl der Abneigung oder Zuneigung wurzelt sehr tief in unserer Psyche. Etwas zu mögen oder nicht zu mögen, abgestoßen oder angezogen zu werden, gehört zu den Grundfunktionen des Lebens überhaupt. Deshalb ist es so wichtig, daß wir uns dieser Tatsache bewußt bleiben.

Jason zum Beispiel hatte sich von seinen echten Empfindungen entfernt. Er wollte jemand anderes sein, wollte ein tolles Auto fahren, die Freunde seiner Schwester beeindrucken. Ihn beschäftigte nur noch, was er nicht war, so daß er schließlich seinen Lehrerberuf für verfehlt hielt, obwohl er im Grunde gerne unterrichtete.

Schauen wir im Gegensatz dazu Emilys Fall an, die eine bei Kollegen, Schülern und Eltern gleichermaßen beliebte Schuldirektorin war. Doch sie selbst fand ihren Beruf immer schwieriger und stressiger, was so weit ging, daß sie schließlich einen Therapeuten aufsuchte. Nach einigen Monaten Therapie war ihr klar, daß der Schuldienst trotz des äußeren Erfolges nicht das war, was sie eigentlich wollte. Sie kündigte und ist heute als selbständige Gastronomin wesentlich glücklicher.

Die Praktik des ehrlichen Bemühens ist nicht ganz so einfach, denn hier geht es um die Motivation, um das Warum. Stand beim ehrlichen Empfinden das Wie im Vordergrund, so lautet die Frage jetzt: »Warum tue ich das? Was beabsichtige ich damit?« Wenn wir immer nur mit Rückenwind segeln, dabei aber kein klares Ziel vor Augen haben, werden wir uns schnell verirren. Das ehrliche Bemühen hilft uns den Leuchtturm zu finden, auf den wir zusteuern können.

Schauen wir uns nun diese beiden Praktiken genauer an.

Das ehrliche Empfinden

Eine der gebräuchlichsten Fragen lautet: »Was empfinden Sie dabei?«

Diese einfache, direkte Frage ermöglicht einem in der Geborgenheit der psychotherapeutischen Sitzung manchmal einen Augenblick völliger Offenheit sich selbst gegenüber. Vielleicht platzt man dann zu seinem eigenen Erstaunen heraus: »Das ärgert mich!« Die Frage des Therapeuten führt zur Bewußtmachung eines bis dahin verdrängten Gefühls.

Die spirituellen Übungen des Buddhismus sind zwei Jahrtausende älter als die Psychotherapie, und doch haben einige Ähnlichkeit mit dem therapeutischen Dialog. Wenn man sich fragt »Was empfinde ich?«, hat man sich so wie der Buddha auf den Weg der Selbsterkenntnis gemacht.

Selbst der Buddha machte in jungen Jahren eine schwere Berufskrise durch. Er war ein Prinz und wurde entsprechend aufgezogen. Er genoß als Teenager und Twen das königliche Leben in vollen Zügen – er war reich, hatte Diener, Konkubinen, Macht. Doch dann machte sich ein Zweifel in ihm breit und er dachte immer öfter: »Das ist mir eigentlich zuwider. Es befriedigt mich nicht.« Schließlich gab der Buddha seinen lukrativen Job als Kronprinz auf und wurde ein Wanderasket. So steht am Anfang der großen Weisheitstradition des Buddhismus der Ambitionswandel eines einzelnen Mannes.

Die Praktik des ehrlichen Empfindens beruht wieder auf der Technik des Fragestellens, wie sie in Kapitel 5 beschrieben wurde. Doch gibt es jetzt größere Einschränkungen. Tatsächlich ist nur die Frage erlaubt: »Wie finde ich momentan meine Arbeit?« Und es gibt nur drei Antworten: Ich mag sie, ich mag sie nicht, ich weiß es nicht!

Wenn Sie bei der Übung versucht sind, die Antwort erklärend auszuweiten – »Nun, ich mag sie meistens, aber mein Chef bringt mich so auf die Palme!«–, dann sind Sie vom ehrlichen Empfinden ins Labyrinth der Gedanken und Gefühle zurückgekehrt. Kehren Sie zur Ausgangsfrage zurück: »Wie finde ich momentan meine Arbeit?«

Die wahre Erkenntnis des eigenen Gefühls kann manchmal schockieren. Ich hatte einmal auf einem Meditationsretreat ein Gespräch mit einer Schullehrerin namens Gail. Gail erklärte, daß sie Achtkläßlern hauptsächlich lateinamerikanischer Herkunft Englischunterricht gab. Die Jungen flogen oft wegen Banden- und Drogengeschichten von der Schule, und die Mädchen verließen sie oft vorzeitig, um in der Familie zu helfen. Gail erzählte mir, daß sie letzten Sommer ein Nahtod-Erlebnis hatte. Sie hatte eine schwere Bienengiftallergie und war auf einem Waldspaziergang von einer Biene gestochen worden. Als die Sanitäter ankamen, war sie im Schockzustand und kaum noch bei Bewußtsein.

»Ich fühlte, wie ich meinen Körper verließ. Da war keine Angst. Ich war ziemlich ruhig. Ich konnte hören, wie sich die Sanitäter um mich kümmerten, aber ich war irgendwo anders. Es war so, als hätte ich die Wahl, entweder einfach weiter hinwegzuschweben oder zurückzukommen. Für einige Augenblicke war ich mir unsicher. Ich war zufrieden mit meinem Leben und meinen bisherigen Leistungen.

Und dann fielen mir die Kinder in der Schule ein. Als Lehrer hat man es nicht immer leicht. Ich sage mir oft: ›Das packe ich nicht mehr.‹ Aber dann denke ich immer, wieviel ich noch bei diesen Kindern ausrichten kann. In ihrem Alter läßt man sich noch etwas sagen. Manchmal war mein Einfluß wirklich schon entscheidend. Ich erkannte, daß ich noch nicht sterben wollte. Ich wollte zu meinen Kindern zurück.

Als ich wieder zu Bewußtsein kam, sagten mir die Sanitäter, daß sie mich schon fast aufgegeben hatten, doch dann wären plötzlich wieder Lebenszeichen aufgetreten und ein normaler Blutdruck dagewesen. Das war, als ich die Augen öffnete. Sie konnten es sich nicht erklären, sagten jedoch, es sei schon öfter vorgekommen.«

Gail erkannte in diesem Augenblick zwischen Leben und Tod, was sie wirklich fühlte. Sie empfand in sich die nackte Wahrheit, und das brachte sie zum Leben zurück.

Max machte die umgekehrte Erfahrung. Als ich ihn kennenlernte, war er ein echter Workaholic. Wenn man ihn fragte, wie ihm seine Arbeit als Börsenmakler gefiel, antwortete er stereotyp: »Großartig! Ich liebe meine Arbeit!« Seine Gesundheit und das Familienleben litten unterdessen.

Ich kannte Max gut genug, um zu wissen, daß er nicht ehrlich zu sich war. Mir war klar, daß er seine Arbeit überhaupt nicht mochte. Er war gelernter Musiker, konnte aber wie so viele begabte Künstler davon nicht leben. Immer wenn er mir von seinem aufregenden Beruf vorschwärmte, konnte ich spüren, wie traurig er im Grunde war, daß er nicht machen konnte, was er wirklich liebte – Musik.

Als wir einmal abends in einem mexikanischen Restaurant essen waren, beschloß ich, ihn direkt darauf anzusprechen: »Max, im Grunde deines Herzens würdest du eigentlich viel lieber Geige spielen, nicht wahr?«

»Was?« rief er bitter aus. »Ich soll wohl verhungern?«

»Ich spreche jetzt nicht vom Finanziellen. Ich frage dich, was du wirklich tun möchtest.«

Max ließ den Kopf hängen und starrte auf seine Enchilada. »Dazu ist es zu spät«, murmelte er.

Mit der Zeit lebten Max und ich uns auseinander. Das letzte, was ich von ihm hörte, war, daß er und seine Frau sich scheiden ließen.

Wie viele Menschen hatte Max seinen nicht so lukrativen Lieblingsberuf zugunsten einer gutbezahlten Tätigkeit aufgegeben. Er berief sich auf seinen finanziellen Erfolg – der unstrittig da war –, doch ging alles auf Kosten seiner wahren Ambition, die ihn wirklich erfüllt hätte. Man kann Max gut verstehen. Ich jedenfalls tue das aus eigener Erfahrung. Ich brach mit zwanzig ebenfalls meine Karriere als Musiker und Komponist ab. Es ist schwer, sich als Musiker oder auch als anderer Künstler seinen Lebensunterhalt zu verdienen. Ich gehe niemals auf der Straße oder in der U-Bahn an einem Saxophonisten vorbei, ohne ihm oder ihr ein paar Dollars in den Hut zu legen. Ich glaube, ich tue das auch in Anerkennung eines selbst nicht eingeschlagenen Weges.

Es hätte eine Erleichterung bedeutet, wenn Max sich sein echtes Gefühl eingestanden, sich seine Trauer und seinem Bedauern gestellt hätte. Vielleicht hätte er sein Berufsleben zumindest so eingerichtet, daß ihm für die Mitwirkung in einem Gemeinde- oder Laienkammerorchester Zeit geblieben wäre. Er hätte unentgeltlich in Krankenhäusern oder Rehazentren spielen können. Meine Mutter, eine pensionierte Musiklehrerin, musizierte früher mehrmals in der Woche in einem Pflegeheim, wo sie offensichtlich katatonischen Alzheimer-Patienten Lieder vorsang und sich dabei auf dem Klavier begleitete. Sie erzählte mir rührende Geschichten von diesen Patienten – daß sie den Kopf hoben, sobald sie die Musik hörten, und mit den Händen den Takt zu schlagen begannen. Einige sangen sogar mit, obwohl sie den Rest der Woche kein Wort über die Lippen brachten.

»Was empfinde ich?«– hätte sich Max auf diese Frage ehrlich eingelassen, wäre er heute vermutlich noch immer mit seiner Frau zusammen und zufriedener mit seinem Leben, seiner Arbeit und seiner Liebe zur Musik.

Die Geschichte von Max zeigt, daß die modernen Arbeitsplatzbedingungen einem erfüllten Leben oft im Weg stehen. Wer jetzt einwendet, schließlich verdanke man dieser Leistungs- und High-Tech-Gesellschaft einen noch nie dagewesenen Reichtum und Lebensstandard, dem antworte ich: Reisen Sie einmal in ein Entwicklungsland. Fahren Sie nach Bali oder Indien, nach China oder nach Afrika – oder auch nur zu den Amischen Mennoniten in Pennsylvania oder Ohio. Sehen Sie sich die Gesichter an. Hören Sie die Lieder an, die diese Menschen bei der Feldarbeit oder beim Fischen singen. Ja, die Menschen in der dritten Welt sind oft unterernährt, ungebildet oder krank. Und die meisten von ihnen wären am liebsten Amerikaner. Und doch habe ich angesichts des großen Interesses an Spiritualität in Amerika und der Begeisterung für heilige Kulturen wie der tibetischen das Gefühl, daß das traditionelle, vorindustrielle Leben etwas bietet, das wir vermissen.

Man muß aufpassen, daß man das Leben und die Armut in der dritten Welt nicht romantisiert. Es ist ein hartes Leben, das oft jung beendet wird. Aber es ist ernüchternd zu erkennen, daß unser modernes Leben in vieler Hinsicht unbefriedigender verläuft als in traditionellen Gesellschaften. Wir haben viel gewonnen, aber auch viel aufgegeben.

Wie ergeht es Ihnen bei der Arbeit? Was empfinden Sie tatsächlich?

Machen Sie es nicht so wie Jason, der vor Ehrgeiz blind wurde. Machen Sie aber auch nicht den gleichen Fehler wie Max, indem Sie Ihre Träume ganz aufgeben, nur weil sie sich nicht gleich so verwirklichen ließen, wie Sie es wollten. Ihr wahres Empfinden, Ihre legitime Ambition ist irgendwo in der Mitte angesiedelt.

Und wenn die Antwort auf die Frage »Wie finde ich momentan meine Arbeit?« lautet, ich weiß es nicht, oder das ist nichts Besonderes, ist das in Ordnung. Vielleicht bedeutet es, daß Ihr Beruf Sie nicht allzusehr fordert. In diesem Fall könnte der Abschnitt über die Stagnation für Sie interessant sein. Oder es bedeutet, daß Sie wirklich ambivalent sind – daß Sie Ihre Arbeit zum Teil mögen und zum Teil nicht mögen. Das ist auch in Ordnung.

Stellen Sie sich nur immer wieder diese Fragen, und seien Sie nicht überrascht, wenn Ihre innere Stimme von Tag zu Tag verschiedene Antworten gibt. Es gibt kein Gesetz darüber, daß man seine Tätigkeit immer gleich empfinden muß. Wichtig ist einzig und allein das langfristige Ergebnis dieses Frageprozesses.

Das ehrliche Bemühen

Die Praktik des ehrlichen Bemühens beruht auch auf einer Fragestellung, doch heißt es diesmal: »Warum mache ich diese Arbeit? Was bezwecke ich damit?« Hier gehen wir über das Naheliegende hinaus – »um meinen Lebensunterhalt zu verdienen«, »um mich nützlich zu machen« – und fragen tiefer. Jeder Beruf bringt Geld, also warum gerade diesen tun?

Und man kann sich auf viele Weise nützlich machen. Befriedigt Sie Ihre jetzige Arbeit wirklich voll und ganz?

Man kann die Frage auch anders stellen: »Welche Bedürfnisse werden durch diesen Beruf befriedigt?« Dabei kann die Aufstellung einer Liste recht hilfreich sein. Seien Sie möglichst ehrlich. Trifft eine der folgenden Aussagen auf Sie zu?

- Ich möchte einen wertvollen Beitrag in der Welt leisten.
- Ich möchte anderen helfen.
- Ich möchte eine wissenschaftliche Entdeckung machen.
- Ich möchte zur Spitze aufsteigen.
- Ich möchte der Welt (oder den Freunden, den Eltern, mir selbst) beweisen, was ich kann.
- Ich möchte frühzeitig in Pension gehen.
- Ich möchte Zeit haben zum Gedichteschreiben.
- Ich möchte berühmt werden.
- Ich möchte Arzt/Ärztin sein, weil alle in der Familie Ärzte sind.
- Ich koche liebend gern.
- Ich bin gern mit Menschen zusammen.

Sich einzugestehen, daß man »berühmt sein« möchte, erfordert große Ehrlichkeit. Die meisten Menschen würden eine solche Motivation nicht zugeben, aber viele haben sie. Sie wird von unserer Mediengesellschaft gefördert. Und sollte die Antwort Ja sein, kann man weiterfragen: »Warum berühmt werden? Wozu soll das gut sein?« Beim aufrichtigen Bemühen gräbt man immer tiefer, bis man schließlich seinen innigsten Wunsch, seine wahre Berufung entdeckt.

Woher weiß man, wann man sie gefunden hat?

Es gibt kein Patentrezept, aber eine Arbeit, die wirklich

befriedigend ist, hat, wie ich bei mir selbst festgestellt habe, ein spielerisches Moment an sich.

In vielen Sprichwörtern wird die Arbeit dem Spiel beziehungsweise dem Vergnügen gegenübergestellt. »Erst die Arbeit, dann das Vergnügen.« »Was man gern tut, ist keine Arbeit.« Oder man bezeichnet etwa eine leichte Tätigkeit als Kinderspiel.

Ein Kinderspiel! Jeder, der viel mit Kindern zu tun hat, kann nur bewundern, mit welcher Unermüdlichkeit und Ernsthaftigkeit sie ihren Spielen nachgehen. Fragen wir uns also einmal nicht, weshalb wir so hart arbeiten, sondern, weshalb Kinder mit solchem Ernst spielen.

Niemand schreibt ihnen das vor. Und bezahlt werden sie dafür auch nicht. Ja, ginge man auf einem Spielplatz auf einige Kinder zu und gäbe jedem von ihnen fünf Dollar mit den Worten: »Hier, ich möchte, daß du dafür eine Stunde lang spielst«, steckten sie das Geld zwar sofort ein, doch würde man damit ihr Spiel zerstören, dessen bin ich mir sicher.

Anstrengen muß man sich sowohl bei der Arbeit als auch beim Spiel, aber beim Spielen ist diese Anstrengung etwas ganz anderes. Spielen macht Spaß, da ist Spontaneität, man ist irgendwie eins mit dem, was man tut. Bei der Arbeit geht es nüchterner zu, es gibt mehr Vorschriften, sie ist festgelegter. Warum arbeitet man? Warum spielt man? Worin unterscheidet sich beides?

Erinnern Sie sich an den humorvollen Mautkassierer, der jeden vorbeifahrenden Autofahrer mit »Wie geht's, Meister?« begrüßte? Er wußte, wie er sich mit kleinen Späßchen seine eintönige Arbeit versüßen konnte. Als ich kürzlich von New York heimflog, fragte mich die Stewardeß beim Einchecken, nachdem sie die üblichen Sicherheitsfragen bezüglich des Gepäcks gestellt hatte, mit einem trockenen Grinsen: »Und Ihre Schuhgröße und Blutgruppe?«

»So bringen Sie sich wohl über den Fragealltag?«

»Stimmt, Schätzchen«, sagte sie und fügte hinzu, »uns New Yorker hält der Humor aufrecht.«

Noch wesentlicher ist, daß es beim Spiel für Unaufrichtigkeit oder Selbstbetrug keinen Platz gibt. Wenn man bei der Arbeit ganz bei der Sache ist, so wie Kinder das sind, wenn sie etwa eine Sandburg bauen oder Versteck spielen, gewinnt man eine Art innerer Sicherheit, eine Art Freiheit. Sie läßt sich nicht leicht aufrechterhalten. Ich kann nicht behaupten, daß ich mein Geschäft mit jenem spielerischen Ernst führe, mit dem ein Kind eine Sandburg baut. Oft lasse ich mich völlig vereinnahmen, verstehe ich keinen Spaß.

Aber nicht immer. Es gibt Augenblicke, in denen sich der Ernst wandelt. Manchmal, wenn ich ganz ins Computerprogrammieren vertieft bin, stelle ich fest, daß ich mit dem Programm herumspiele, nur um eine noch elegantere, noch schönere Lösung zu finden. Der Unterschied ist nur für einen anderen Programmierer feststellbar, aber mir liegt daran. Es handelt sich um eine Art spielerischen Ernst, um eine Leichtigkeit und Freude, die ganz anders ist als das Gefühl, nur seine Arbeit zu machen.

Diese Leichtigkeit verändert die Ambition völlig – in meinem Fall die Ambition, ein erfolgreicher Softwareunternehmer zu sein. Die Ambition ist dann kein Ziel mehr, das man erreichen will; vielmehr wird sie eine Art Freude, ja sogar Liebe, die sich selbst genügt. Ich glaube, das muß Harry Roberts gemeint haben, als er sagte: »Es gibt nichts Größeres für den Menschen, als Freude an der Arbeit zu finden.«

Jason machte die Arbeit Freude, aber er ließ sich von nied-

Übungen mit der Ambition
• Wie geht es Ihnen gerade? Bezeichnen Sie Ihr Gefühl: gut, schlecht oder neutral. • Wie finden Sie momentan Ihre Arbeit? Gut, schlecht oder weder noch? • Was ist Ihr größter Wunsch? • Praktizieren Sie nun das ehrliche Bemühen? Wie ließe sich spielerische Leichtigkeit in Ihre Arbeit bringen?

rigeren Ambitionen hinreißen. Max kannte diese Freude. Er fand sie aber nicht in seinem aktuellen Beruf. Emily, die Schuldirektorin, die Gastronomin wurde, erkannte, daß ihr die Arbeit keine Freude machte, und suchte, bis sie das Richtige fand.

Freude an der Arbeit zu haben ist der spannungsgeladene positive Aspekt der Ambition. Es ist Ambition als Inspiration.

»Wie geht's, Meister?«

»Und Ihre Schuhgröße und Blutgruppe?«

Welcher Satz, welche Frage könnte Ihnen Spielraum und Freude an der Arbeit geben?

12

Zeit und Geld

Was haben die Weltreligionen zum Verhältnis zwischen Spiritualität und Geld zu sagen? Jesus jagte die Geldwechsler aus dem Tempel. Paulus sagte: »Die Liebe zum Geld ist die Wurzel allen Übels.« In einigen buddhistischen Schulen dürfen die Mönche kein Geld anfassen. Orthodoxen Juden ist am Sabbat das Geldausgeben verboten, und im Islam gilt das Verlangen von Zinsen als Unrecht.

Zeit ist nicht Geld.
Zeit ist Geist.
Zeit ist Liebe.

Geld und Spiritualität passen nicht zusammen, darin sind sich offensichtlich alle großen spirituellen Traditionen einig. Geld scheint etwas an sich zu haben, das uns von uns selbst entfernt, unsere Vision verdunkelt. Menschen betrügen, lügen, stehlen, ja töten sogar für Geld – für etwas, dessen Wert hauptsächlich auf einer komplizierten Konvention beruht, ohne die es nichts wäre. Das Christentum, das Judentum, der Buddhismus und der Islam entstanden alle zu einer Zeit, in der das Geld noch eine relativ neue Erfindung war. Vielleicht sahen die Gründer dieser großen Religionen mit eigenen Augen, wie das Geld den Umgang der Menschen untereinander veränderte.

Fragt man die Menschen, weshalb sie arbeiten, antworten

sie für gewöhnlich: »Um Geld für den Lebensunterhalt zu verdienen.« Tatsächlich wird eine Arbeit, die kein Geld bringt, normalerweise nicht als Arbeit bezeichnet, sondern als Hobby oder ehrenamtliche Tätigkeit. Geld macht die Arbeit zur Arbeit.

In den letzten dreißig Jahren hat sich die Einstellung zum Geld gewandelt. Als ich 1967 mein Studium abschloß, war ich wie viele aus meiner Generation der Überzeugung, daß es wichtiger war, ein integres Leben zu führen als viel Geld zu verdienen. Wir wollten Gutes tun und emotionale und spirituelle Erfüllung finden. Obwohl ich an einem angesehenen College studiert hatte und in ein lukratives Berufsleben hätte einsteigen können, ging ich auf ein Priesterseminar und wechselte schließlich in ein buddhistisches Kloster über, ohne je an meine finanzielle Zukunft zu denken.

Wer von uns in den fünfziger und sechziger Jahren aufwuchs, war sich nicht bewußt, wie reich die Vereinigten Staaten im Vergleich zum Rest der Welt eigentlich waren. Damals konnte man es sich als Studienabgänger leicht erlauben, wenig ans Geld zu denken. Das ist in den 90ern anders. Eine kürzliche Umfrage des American Council of Education ergab, daß 75 Prozent der heutigen Studienanfänger vor allem »finanziell gut dastehen« wollen, verglichen mit 40 Prozent im Jahr 1970. Nur 41 Prozent waren an »philosophischen Inhalten« zur sinnvollen Lebensgestaltung interessiert, im Gegensatz zu 83 Prozent im Jahr 1967.

Als ich mein Studium abschloß, gehörte ich zu jenen 83 Prozent und verbrachte die nächsten fünfzehn Jahre in einem buddhistischen Retreatzentrum. Dort lernte ich neben der Meditation und einem gründlichen Studium der buddhistischen Tradition ein Leben ohne Geldsorgen kennen.

Das machte meine Rückkehr ins Berufsleben mit fünfunddreißig ziemlich ungewöhnlich. Ich hatte noch die Einstellung eines Mönchs und nicht die eines Arbeitssuchenden. Ich war ziemlich rasch im konventionellen Sinn erfolgreich, aber der Mönch, der immer noch in mir war, fragte sich: »Ich verdiene gut, vor vier Jahren verdiente ich als Leiter eines Retreatzentrums gerade ein Zehntel davon. Ich bin dieselbe Person mit denselben Fähigkeiten geblieben. Was hat sich geändert?«

Geändert hatte sich natürlich, daß ich jetzt eine Arbeit machte, die meinem profitorientierten Arbeitgeber (und dessen Kunden) viel Geld wert war. Anders war außerdem, daß ich jetzt wieder die Macht des Geldes zu spüren bekam – wie es motivierte, inspirierte und verführte –, in einem Alter, in dem die meisten Menschen das schon lange gewöhnt sind.

Mich hatte meine spirituelle Ausbildung nicht darauf vorbereitet. Also beschäftigte mich jetzt die Frage: »Was ist Geld eigentlich, und wie läßt es sich mit einem spirituellen Leben vereinbaren?«

Betrachtungen über das Geld

Im Buddhismus werden unterschiedlichste Betrachtungen angestellt: Meditationen über den Atem, das Mitgefühl, sogar über bunte Räder und heilige Bilder. Aber es fehlen Meditationen über das Geld, wahrscheinlich weil buddhistischen Mönchen der Umgang damit verboten war. Andererseits handeln viele Meditationen und Übungen von der Gier. Gier ist ein psychischer Zustand, Geld dagegen ist materiell greifbar und meßbar. Das ist mit ein Grund für seine Macht. Es stellt einen universellen Wertmaßstab dar und läßt sich von Person zu Person weitergeben. Die Gier bleibt in uns, das Geld andererseits kann überall hin. Es scheint ein Eigenleben zu führen, etwas Äußerliches zu sein.

Ist das aber wirklich der Fall? Hängt die Wirklichkeit des Geldes nicht stark von Einstellungen, Wünschen und Projektionen ab, ja wird sie durch diese nicht erst erschaffen? Wie beeinflußt das Geld unser Tun und Lassen am Arbeitsplatz? Das sind die Fragen, denen in diesem Kapitel nachgegangen wird.

Beginnen wir unsere Betrachtungen über das Geld mit einer Untersuchung seiner äußeren Erscheinung. Nehmen Sie aus Ihrer Brieftasche oder Ihrem Portemonnaie den größten Schein, den Sie haben. Wahrscheinlich wird es ein Zwanzigdollarschein sein. Gut. Aber ein Hundertdollarschein (ein Hundertmarkschein) wäre noch besser geeignet. Hundert Dollar sind eine Menge Geld. Darauf paßt man auf. Angenommen also, der Hundertdollarschein liegt vor uns.

Schauen wir ihn an. Zu sehen ist das freundliche Gesicht Benjamin Franklins. Die Ecken zieren große Zahlen, die uns sagen, daß das Stück grünen Papiers hundertmal wertvoller ist als ein fast identisches Stück grünen Papiers, auf dem nur die Zahl 1 steht. Natürlich ist ein Hundertdollarschein rein vom Material her nicht teurer als eine Eindollarnote; beide kosten den Fiskus in der Herstellung dasselbe. Der größte Wert des Benjamin-Franklin-Bilds beruht auf einer gesellschaftlichen Vereinbarung, einer Konvention, einem Gesetz. Es ist eine Grundvereinbarung wie die, daß die Woche sieben Tage oder der Tag vierundzwanzig Stunden haben soll. Diese Dinge wurden irgendwann einmal festgelegt. Es sind willkürliche Vereinbarungen, Gesetze, die erst im Lauf der Jahrhunderte den Charakter einer unumstößlichen Wirklichkeit annahmen.

Auch das Geld ist eine solche erschaffene Wirklichkeit. Man kann sich die Mühe machen und die Geschichte des Geldes bis zu den Anfängen zurückverfolgen. Doch auch wenn wir die Entstehung des Geldes verstehen, nützt uns das wenig. Man kann nicht auf die Bank gehen und sich beschweren, daß der brandneue Hunderter eine Fiktion ist und man statt dessen lieber etwas von »tatsächlichem« Wert erhalten möchte, eine Goldmünze etwa.

Diese Berechtigung verloren wir in den 30er Jahren, und der Umlauf von Silbermünzen wurde in den USA in den 70er Jahren abgeschafft. Abgesehen davon, weshalb sollte die Gold- oder Silbermünze »realer« sein als das Papier, bloß weil sie mehr wiegt und glänzt?

Setzen wir unsere Betrachtungen mit einem Experiment fort. Früher sahen sich buddhistische Mönche eine gelbe Tonscheibe so lange genau an, bis sie sich diesen Gegenstand mit geschlossenen Augen exakt vorstellen konnten. Versuchen wir also etwas Ähnliches. Legen Sie den Geldschein vor sich hin, sagen wir auf den Küchentisch, und schauen Sie ihn genau an.

Wenn ich Sie frage: »Was ist das?«, was wäre Ihre Antwort?

Würde sie lauten: »Nun, es ist grünliches Papier mit einer Abbildung Ben Franklins darauf«, dann erwiderte ich herausfordernd: »Gut, dann bräuchten Sie sich ja nicht sofort zu bücken, wenn Sie ihn auf einem belebten Gehsteig fallen lassen.«

Würden Sie antworten: »Das ist ein Hundertdollarschein.

Damit kann ich Lebensmittel für eine Woche einkaufen«, könnte ich entgegnen: »Das stimmt nicht. Es ist nur ein grünes Papierstück. Außerdem, woher wollen Sie wissen, daß es ein echter Hundertdollarschein ist? Vielleicht ist es Falschgeld.«

Tatsächlich lassen sich manche Blüten heutzutage nur noch mit Spezialgeräten erkennen.

In der Praxis ist es das gegenseitige Vertrauen, das einen Hundertdollarschein von einer Blüte unterscheidet. Wenn Sie für Ihre hundert Dollar eine volle Einkaufstasche ausgehändigt bekommen, dann deshalb, weil Sie und der Kaufhausangestellte von der Echtheit dieses Scheines ausgehen. Es sind gesellschaftliche Spielregeln, die man von Kindesbeinen an zu akzeptieren lernt.

Wenn man liest, daß ein gewöhnlicher Fön bei einer Auktion für fünftausend Dollar wegging, nur weil er einmal Jacqueline Onassis gehört hatte oder daß ein von der Hochzeit des Herzogs von Windsor stammendes, siebzig Jahre altes vertrocknetes Kuchenstück für fünfundzwanzigtausend Dollar den Besitzer wechselte, dann wird man daran erinnert, daß Geld im Grunde genommen eher einen ideellen als einen materiellen Wert darstellt. Geld kann wirklichen Bedürfnissen entsprechen, beispielsweise Essen und Unterkunft verkörpern, aber häufiger entsprechen ihm subjektive Wertvorstellungen. Geld steht für das Bild, das wir von uns haben, repräsentiert unser Image. Wir *sind* es, ohne uns dessen recht bewußt zu sein, selbst.

Machen wir noch ein anderes Gedankenexperiment. Legen Sie neben den Hundertdollarschein eine Eindollarnote.

Schauen Sie sich die Eindollarnote an.

Und jetzt sehen Sie sich den Hundertdollarschein an.

Was geht in Ihnen vor, wenn Sie den Blick von dem einen auf den anderen Schein richten?

Vielleicht empfinden Sie zunächst keinen Unterschied, aber angenommen, Ihnen fiele zuerst der eine und dann der andere Schein durch einen Gully und wäre unwiederbringlich verloren. Glauben Sie, daß Sie beide Male gleich aufgeregt wären, oder würden Sie in einem Fall heftiger fluchen?

Der größere Wert, den Sie dem Hundertdollarschein zuschreiben, liegt nicht an dem Schein selbst. Es ist etwas, das Ihnen beigebracht wurde, etwas, das Sie als wesentlichen Bestandteil des Gesellschaftssystems akzeptiert und verinnerlicht haben. Sie schreiben dem Schein diesen Wert zu, weil es jedermann tut. Es handelt sich um eine Art Kollektivvorstellung, ein durch Vereinbarung real gewordenes Phantasieprodukt.

Es ist schwer, diesen Rahmen zu verlassen. Wenn ich diese Meditation im Workshop durchführe, herrscht bei der Betrachtung des Gegenstands zunächst Begeisterung. Man stellt überrascht fest, daß man das Geld bisher benützt hat, ohne es genauer anzuschauen. Man bemerkt, daß ein solcher Geldschein unter anderem ein Kunstwerk ist, ein Stich mit Bäumen, Gebäuden und abstrakten Mustern, von den kryptischen Zeichen wie »C3« ganz zu schweigen. Wenn ich die Teilnehmer dann aber auffordere, sich einmal ihren Beruf unabhängig vom Geld vorzustellen, hat niemand viel zu sagen. Geld greift zu sehr in unser Leben ein.

Aufs Geld kann niemand verzichten, doch können wir lernen, damit bewußter umzugehen. Im Berufsleben etwa wird Geld hauptsächlich zur Bewertung und Bezahlung von Zeit eingesetzt.

Zeit und Geld

Die Redewendung »Zeit ist Geld« stammt zweifellos aus der Zeit der »Wirtschaftlichkeitsstudien«, als man in Rationalisierungsmaßnahmen ein Allheilmittel zu sehen begann. Keine andere Wendung beschreibt den Perspektivenwechsel treffender, der zwischenmenschlich gesehen eintritt, sobald man am Arbeitsplatz ankommt. Bei der Arbeit ist Zeit nur noch für Geld zu haben. Man gibt Zeit, und der Arbeitgeber gibt dafür Geld.

Das impliziert, daß Zeit etwas ist, das einem gehört, ein wertvoller Besitz, der sich zu Geld machen läßt, indem man Zeit bei der Arbeit »verbringt«. Die Arbeitgeber verbieten gewisse Tätigkeiten während der Arbeitszeit, etwa persönliche Telefongespräche, die dann in der »eigenen« Freizeit erledigt werden müssen. Ich glaube, das verblüffte mich am meisten, als ich aus dem Kloster ins Büro kam. Im Kloster besitzt niemand Zeit. Man verbringt sie gemeinsam.

Nun ist vielleicht klarer, weshalb sich die früheren religiösen Lehrer einig waren, daß Geld etwas Verderbliches an sich hat. Der Apostel Paulus sagte nicht »Geld ist die Wurzel allen Übels«, obwohl diese Bibelstelle oft dahingehend mißinterpretiert wird; er sagte »die Liebe zum Geld«. Damit ist gemeint, daß Geld unsere Geistesverfassung, unser Zeitgefühl, die Bewertung von uns selbst und anderen ändert – und darin liegt das Problem. Es ist die Liebe zum Geld, unser Anhaften an ihm, das uns seelisch schadet.

Zeit ist Leben. Wir haben Zeit, weil wir leben, weil wir in dieser Welt existieren. Wenn wir sterben, verschwindet die Zeit. Wir haben dann keine Zeit mehr. Zeit ist, wie das

Leben selbst, ein Geschenk. Weil wir da sind, ist auch Zeit da. Zeit spielt bei der spirituellen Suche, bei der Frage nach dem Sinn des Lebens, eine wesentliche Rolle: Wer bin ich? Warum bin ich hier? Diese Fragen beziehen sich auf die Zeit. Sie gibt ihnen Dimension.

Ein Effekt der formalen Meditation ist, daß sie unser Zeitgefühl verändert. Dies wird besonders bei langen Meditationsretreats spürbar. Die Zeit wird lebendiger, greifbarer, fließender. Ich spreche oft von »Zeitfülle«, um dieses Phänomen zu beschreiben. Am Arbeitsplatz erfahren wir Zeitknappheit – man ist ständig unter Zeitdruck, abgelenkt, hastet, eilt. Wenn man minuten- und stundenlang seine Atmung beobachtet, läuft einem die Zeit weder davon, noch weitet sie sich. Sie wird zu dem, was sie ist – Atmung, Herzschlag, Vogelgesang, Sonnenlicht, das unmerklich über den Teppich wandert. Dann ist man einfach in der Zeit geborgen.

Setzen wir unsere Betrachtungen über das Geld mit einer Atemübung fort. Beobachten Sie einmal Ihre Atmung, während Sie die beiden Geldscheine anschauen. Atmen ist Zeit, und die Scheine sind Geld. Ändert sich Ihre Haltung ihnen gegenüber? Was bemißt Ihren wahren inneren Wert nun genauer?

Werte

Erinnern Sie sich an Harry Roberts Onkel im zweiten Kapitel, den Medizinmann, der seinen zeremoniellen Kopfschmuck nähte? Schauen wir uns die Geschichte noch einmal genauer an.

Robert, Harrys Onkel und Lehrer, nähte seinen Kopf-schmuck für den Zeremonientanz mit großer Sorgfalt. Ein-mal trennte er sogar ein Stück wieder auf, an dem er zwan-zig Minuten lang gearbeitet hatte. »Warum trennst du das wieder auf?« fragte Harry, der ihm die ganze Zeit zuschaute. »Der Tanz findet nachts statt. Es wird niemandem auffallen. Wen kümmert's also?«

»Mich«, antwortete Onkel Robert.

Diese Geschichte enthält eine Menge wichtiger Wahrhei-ten über Zeit, Geld und Werte. Sie spielt in einem traditio-nellen vormodernen gesellschaftlichen Rahmen, der auf Ri-tualien, Bräuchen und auf der Bedeutung der Persönlichkeit und persönlichen Beziehungen aufbaut.

Roberts Arbeit war wichtig, aber er wurde nicht dafür be-zahlt. Zudem kontrollierte ihn niemand, nur sein Neffe Harry sah ihm bei der Arbeit zu. Er hätte leicht pfuschen können, um Zeit zu sparen. Doch dazu hätte er die Zeit als einen quantitativen Wert verstehen und das Zeitsparen für wichtig halten müssen.

Doch mußte Robert überhaupt keine Zeit sparen; es kam auch nicht nur auf die Herstellung des Kopfschmucks an. Wichtig war für ihn allein die Erfüllung seines inneren Qua-litätsanspruchs und damit die Geistesverfassung, in der er den Kopfschmuck nähte. Roberts wahrer Beitrag für den Zeremonientanz war keineswegs der Kopfschmuck. Sein Beitrag war seine innere Haltung, seine Vortrefflichkeit und Aufrichtigkeit, der er beim Nähen Ausdruck verlieh und die nur er selbst beurteilen konnte. Er hätte sich geschämt, wenn er mit einem Kopfschmuck beim Zeremonientanz erschie-nen wäre, den zwar jedermann schön gefunden hätte, von dem er aber gewußt hätte, daß er ihn nicht nach bestem

Vermögen hergestellt hatte. Er hätte den Leuten während der Zeremonie nicht in die Augen sehen können.

Robert lebte in einer Kultur, in der ohne weiteres angenommen wurde, daß die Geistesverfassung nicht nur an sich wichtig ist, sondern auch real spürbar ist. Das meinte Robert, als er sagte: »Ich werde es merken.« Er wußte, was er merkt, würde allen anderen auffallen.

Diese Weltansicht unterscheidet sich sehr von unserem modernen Wert-, Geld- und Zeitbegriff.

Angenommen, ein Tourist wäre zufällig an Roberts Haus vorbeigekommen und hätte den Kopfschmuck draußen auf der Veranda hängen sehen. Und angenommen, der Tourist wäre auf Robert zugegangen, um ihm den Kopfschmuck abzukaufen.

Robert hätte geantwortet: »Dieser Kopfschmuck ist unverkäuflich. Es ist ein Zeremonienkopfschmuck.«

Doch vielleicht hätte der Tourist insistiert: »Sagen Sie mir, wie viele Stunden Sie daran gearbeitet haben. Ich möchte Ihnen nichts schuldig bleiben. Sie erhalten von mir einen angemessenen Stundenlohn. Zeit ist schließlich Geld.«

Es wäre für Robert schwierig gewesen, dem Touristen zu erklären, daß sich der Wert des Kopfschmucks nicht in Zeit oder Geld umrechnen ließ. Der Wert des Kopfschmucks bestand ja darin, daß er für den Zusammenhalt der Gemeinde sorgte und Roberts Platz als Ältesten darin bestätigte, er stand für das gegenseitige Vertrauen, das die Stammeszeremonien zementierten.

Im modernen Berufsleben geht es hingegen ganz anders zu. Nehmen wir zum Beispiel Jean. Sie war Abteilungsleiterin in einer großen Investmentfirma und seit zwei Jahren ziemlich gestreßt, nachdem es durch eine Fusion zu vielen Entlassungen gekommen war. Vor der Fusion hatte sie fünfundvierzig Mitarbeiter gehabt, doch nun waren es unter dreißig, und ihre Abteilung mußte dazu noch mehr leisten als vorher. Jean hatte den Eindruck, daß sie eigentlich nur dazu da war, sich die Beschwerden ihrer Untergebenen anzuhören. Sie wußte nicht mehr, wie sie mit ihrer Frustration zurechtkommen sollte.

Eines Tages bat Charles, Jeans Chef, sie zu sich ins Büro. »Jean, ich weiß, wie frustrierend die beiden letzten Jahre für Sie und Ihr Team gewesen sind, und ich möchte Ihnen mitteilen, daß Sie gute Arbeit geleistet haben, wofür die Firma Ihnen dankt. Es fand sich etwas Geld im Etat, so daß ich Ihnen eine Jahresgratifikation in Höhe von fünftausend Dollar geben kann.«

In den folgenden Wochen ging Jean wie auf Wolken. Zumindest hatte man ihre harte Arbeit anerkannt. Das Ende des Steuerjahres stand kurz bevor, und Jean verbrachte die restlichen Wochen damit, das Geld bereits in Gedanken auszugeben.

Als sie schließlich den Gratifikationsscheck in den Händen hielt, wunderte sie sich, daß es nur dreitausendzweihundert Dollar waren. »O ja«, sagte Charles, als sie ihn daraufhin ansprach, »sie haben den Etat in letzter Minute gekürzt. Sie kennen das ja. Ich habe mein möglichstes getan.«

Jean hatte eine Freundin in der Buchhaltung und konnte der Versuchung nicht widerstehen. Sie bat ihre Freundin, sich den Abteilungsetat einmal anzuschauen. »Soweit ich sehen konnte, gab es keine Kürzung«, meldete ihre Freundin zurück. »Charles muß das Geld anders verwendet haben.«

Jeans frühere Euphorie schlug in Ärger um. Nicht die Kürzung an sich machte sie wütend. Die Differenz konnte sie verschmerzen, denn sie hatte im Grunde ja überhaupt keine Gratifikation erwartet. Was sie ärgerte, war, daß sie auf Charles' Lob hereingefallen war. Es war offensichtlich nicht von Herzen gekommen, sondern berechnet gewesen. Scheinbar hatte Charles damit nur vor, ihre Frustration zu mildern, statt ihre Leistung ehrlich anzuerkennen.

Sie wünschte sich fast, Charles hätte ihr keine Prämie gegeben, denn letzten Endes fühlte sie sich dadurch abgewertet statt anerkannt.

Doch wer weiß, ob sie mit ihrer Vermutung recht hatte. Vielleicht wollte Charles sie wirklich anerkennen und hatte das Geld dringend für etwas anderes gebraucht. Sie würde das nie erfahren, denn sie konnte unmöglich ihre Freundin Charles gegenüber bloßstellen. So blieb Jean nur Bitterkeit übrig, ihre Motivation war am Nullpunkt. Statt größerer Verbundenheit verspürte sie nun noch eine größere Distanz zu ihrem Chef.

Die Moral von dieser Geschichte ist, daß selbst dort, wo es nur aufs Geld ankommt, Geld allein letztlich nicht als Anerkennung zählt. In diesem Fall sollte es zwar eine Anerkennung darstellen, versagte jedoch in dieser Funktion durch Ungereimtheiten bei der Vergabe. So wie für Robert kein Geldbetrag von seiten des Touristen den Kopfschmuck aufgewogen hätte, unterminierte Charles' mangelnde Aufrichtigkeit die bei Jean beabsichtigte Wirkung der Prämie. Ich kenne eine Firma, in der Gratifikationen jedes Jahr erhöht wurden, wobei die zynischen Angestellten sich untereinander beschwerten: »Eigentlich hält der Chef nichts von uns, er versucht sich nur unsere Loyalität zu erkaufen.« Der Chef konnte das nicht verstehen. »Ich habe ihnen doch noch mehr als letztes Jahr gegeben!« Er begriff nicht, daß letzten Endes nicht das Geld, sondern die Intention dahinter zählt.

Die Arbeit um ihrer selbst willen machen

Ich erwähnte bereits in der Einleitung dieses Kapitels, daß nicht alle Arbeit bezahlt wird. Man ist im Genesungsheim oder in der Essensausgabe für Obdachlose ehrenamtlich tätig, geht in seiner Heimwerkstatt stundenlang seinem Hobby nach, tüncht übers Wochenende das Wohnzimmer. Jeder dürfte die Erleichterung kennen, die man empfindet, wenn man einmal ohne Leistungsdruck tätig sein darf.

Doch im Beruf? Kann man sich diese Erleichterung auch am Arbeitsplatz verschaffen? Wie ließe sich hier die Arbeit zumindest phasenweise ohne Leistungsdruck, nur um ihrer selbst willen machen? Wenn man seine Arbeit mag, wenn sie einen zufrieden macht und erfüllt, gibt es sicher Momente, in denen man so in ihr aufgeht, so begeistert ist von ihr, daß man die Zeit darüber vergißt und jeder Druck von einem abfällt.

Doch selbst wenn das nicht der Fall sein sollte, kann man Arbeiten einflechten, die außerhalb der Zeit-Geld-Gleichung liegen.

Nehmen wir zum Beispiel den Fall Teeküche.

Sollte diese bei Ihnen immer tipptopp in Ordnung sein, gratuliere ich Ihnen zu diesen himmlischen Umständen! In der Firma, in der ich arbeitete, war diesbezüglich alle Mühe umsonst – nichts half, weder humorvolle Zettel noch Tadel oder Tassen verstecken. Einmal schrieb ich auf einen Zettel:

»Kürzlich wurde ein Set Kaffeetassen bestellt, die sich von selbst abspülen und in den Schrank stellen. Leider waren sie aufgrund der großen Nachfrage nicht sofort lieferbar, so daß jeder gebeten ist, bis zu ihrer Ankunft seine Kaffeetasse selbst abzuspülen und wegzustellen.«

Man amüsierte sich darüber, doch änderte niemand sein Verhalten.

Ich war stets bemüht, die Tassen abzuspülen, sobald die Spüle überquoll. Nicht weil ich als Held dastehen wollte. Manchmal ließ ich meine schmutzige Tasse auch einfach stehen. Sondern weil ich sah, daß einige Angestellte, die für die Dateneingabe zuständig waren – Frauen –, den anderen hinterherspülten, und das wollte ich nicht auf mir sitzenlassen.

Im buddhistischen Zentrum war Putzen eine Selbstverständlichkeit. Alle Wege waren sauber gekehrt. Die Küche blitzte. Unser Leben bestand aus einer ständigen Sorgfalt im Detail – aus Arbeiten, die vom wirtschaftlichen Standpunkt aus unbezahlbar waren.

Im Kloster ist Zeit nicht gleich Geld. Zeit stellt dort eine Gelegenheit zum spirituellen Wachstum dar. Ja wir saßen mehrere Stunden am Tag bewegungslos auf einem Kissen, mit dem Gesicht zur Wand. Was könnte wirtschaftlich gesehen noch unproduktiver sein, als wenn hochgebildete Menschen in Dunkelheit und Kälte dasitzen und nichts tun?

Harrys Onkel hätte es verstanden. In seiner Kultur wäre diese Übung völlig akzeptiert worden. Wir arbeiteten an uns selbst, unserer Geistesverfassung, unserer Persönlichkeit.

Travis war der Vorarbeiter einer Installationsfirma, zu der fünf Angestellte gehörten. Weil das Geschäft davon abhing, daß die Angestellen neue Aufträge hereinbrachten, beschloß der Besitzer, seinen Arbeitern für jeden beschafften Auftrag eine Provision zu bezahlen. Travis, der bereits am meisten von allen verdiente, war als der sympathischste der Arbeiter auch bald derjenige, der am meisten Provisionen erhielt. Doch nach einigen Monaten begann ihn die neue Regelung zu stören. Er ging zu seinem Chef und schlug ihm vor, doch alle Provisionen in einen Topf zu werfen und sie dann gleichmäßig auf alle Angestellten zu verteilen. Sein Chef war überrascht: »Das heißt, daß Sie weniger Geld erhalten werden«, sagte er. »Ich weiß«, sagte Travis, »aber das Arbeitsklima hat sich verändert. Die Zusammenarbeit läuft nicht mehr so gut wie früher. Es gibt Spannungen.« Der Chef sprach mit den anderen Angestellten, auch sie fanden den Vorschlag gut.

»Wieviel Geld erhielten Sie weniger, als die Provisionen in eine gemeinsame Kasse flossen?« fragte ich Travis, nachdem er mir seine Geschichte erzählt hatte.

»Das läßt sich schwer sagen«, antwortete Travis, »zunächst war es natürlich etwas weniger, aber mit der Zeit brachten auch die jüngeren Installateure mehr Kunden bei. Auf lange Sicht habe ich wahrscheinlich überhaupt keinen Verlust gemacht. Möglich, daß ich jetzt sogar ein wenig besser davonkomme.«

»Warum haben Sie den Vorschlag gemacht?« fragte ich.

»Als es noch nach dem alten System lief, machte mir die Arbeit keinen Spaß mehr«, erklärte Travis, »ich bin der Vorarbeiter der Firma. Ich will einfach ein gutes Gefühl haben, wenn ich den anderen Jungs in die Augen schaue.«

Nicht jeder Arbeitsplatz erlaubt es einem, seine Überzeugungen so direkt zum Ausdruck zu bringen, wie das bei Travis der Fall war. Gibt es nicht auch noch weniger dramatische Gelegenheiten der Selbstverwirklichung am Arbeitsplatz?

Man könnte zum Beispiel einer Mitarbeiterin unter die Arme greifen, wenn diese hoffnungslos überlastet ist. Oder wenn der Portier den Postsack herauszustellen vergaß, könnte man sich die Zeit nehmen und es für ihn tun. Oder man könnte nach Arbeitsschluß manchmal noch zehn Minuten länger bleiben, um noch irgend etwas zu erledigen, das einem besonders Spaß macht. Und vielleicht schafft man es, das nicht nur deshalb zu tun, um beim Chef gut dazustehen oder um möglichst bald befördert zu werden, sondern um sich von der Zeit-ist-Geld-Gleichung zu lösen und ein Gefühl dafür zu entwickeln, daß man unabhängig von irgendeiner Bezahlung Herr über seine Zeit ist, die das Kostbarste ist, das man hat.

Aus der Zeit-ist-Geld-Perspektive gesehen, tut man diese Dinge umsonst. Man hat wenig Zeit. Man erhält schon für die Arbeit, die man tut, zu wenig Geld. Wozu also die Mühe?

Harrys Onkel hat die Antwort für uns parat: »Für uns selbst.«

Wer sich um geistige Ausgeglichenheit bemüht, tut das nicht nur für sich selbst. Die eigene Geistesverfassung ist auch für andere spürbar, überträgt sich. In eine saubere Küche zu kommen, ist angenehm, doch noch mehr zählt, daß man mit seiner eigenen Ausgeglichenheit anderen eine Freude macht.

Sooft man auch nur für Augenblicke aus der Gleichung »Zeit ist Geld« auszubrechen vermag, weil man etwas scheinbar ganz umsonst tut, hat man sich wieder ein Stück weiter den unsichtbaren Weg gebahnt zu einer Gleichung des Menschseins, die lautet: »Zeit ist Geist« oder »Zeit ist Liebe«.

Übungen zu Zeit und Geld

- Schauen Sie sich einen großen Geldschein so lange fest an, bis er Ihnen ganz anders und neu erscheint. Was fällt Ihnen auf?
- Beobachten Sie im Sitzen Ihre Atmung. Können Sie eine Änderung Ihres Zeitempfindens wahrnehmen?
- Versuchen Sie in der Arbeit einmal Zeit und Geld zu trennen. Machen Sie etwas außerhalb Ihrer vorgeschriebenen Tätigkeit. Was empfinden Sie dabei? Was ist anders?

13

Vergebung

Entschuldigung und Nachsicht gehören zusammen – und das normalerweise in dieser Reihenfolge. Man entschuldigt sich bei jemandem, und der verzeiht einem. Die Kunst des Entschuldigens und Nachsichtübens ist in der heutigen schnellebigen Zeit etwas aus der Mode gekommen. Besonders am Arbeitsplatz schreien manche Sticheleien und Ungerechtigkeiten danach, endlich einmal zurückgenommen zu werden. Gerade in großen Firmen sind Klatsch und Intrigen nur allzu alltäglich.

Als Sylvia Boorstein, eine gute Bekannte von mir, dieses Kapitel las, fielen ihr dazu die »Worte, die die Welt veränderten« von Rabbi David Zeller ein. Sie lauten: »Es tut mir leid. Ich habe einen Fehler gemacht. Ich bitte um Verzeihung.«

> »Es tut mir leid. Ich habe einen Fehler gemacht.«
>
> Worte, die die Welt ändern können

Wenn wir uns alle angelegen sein ließen, diese Worte in irgendeiner Form in die Tat umzusetzen, so daß sie in unserem Herzen wohnten, würde das zweifellos die Welt verändern. Entschuldigung und Nachsicht schaffen gegenseitige Sympathie, die Barrieren abbaut und die Menschen einander näherbringt. Diese Sympathie ist im modernen Berufsleben nicht leicht zu verwirklichen, wo man sich oft in endlos unterteilten Großraumbüros fremd bleibt. Doch durch ständiges spirituelles Bemühen kann der Geist der Verbundenheit wieder lebendig werden.

Die Energie von Entschuldigung und Nachsicht scheint auf den ersten Blick in den positiven Bereich der Ruhe und Entspannung zu gehören. Wenn eine Entschuldigung angenommen wird, ist das natürlich eine Form der Erleichterung. Aber der Akt der Entschuldigung selbst ist eine spannungsgeladene Angelegenheit. Eine Entschuldigung kann genausoviel »Hitze« haben wie Ärger.

Lassen Sie mich das wieder durch einen meiner Lieblingsfilme illustrieren. Der Film *Rickshaw Man* handelt von Matsu, einem japanischen Rikschafahrer um die Jahrhundertwende. In der Anfangsszene möchte Matsu in seinem Ort eine Theatervorstellung besuchen. Für Rikschafahrer waren Theaterbesuche traditionellerweise frei. Als Matsu aber am Kartenschalter vorbeigehen will und erwartet, hereingewunken zu werden, verweigert ihm der Theaterdirektor den Einlaß. Matsu kommt wütend mit einer Karte zurück, betritt den Zuschauerraum und fängt zu randalieren an. Er zündelt, wirft mit Nahrungsmitteln herum, verwickelt sich in eine Schlägerei, so daß die Vorstellung schließlich abgebrochen werden muß.

Der Theaterdirektor wendet sich in seiner Verzweiflung an den Eigentümer, einen angesehenen Bürger am Ort. Der Eigentümer nimmt würdevoll auf einer Strohmatte Platz und hört sich geduldig beide Seiten der Geschichte an: sowohl Matsus leidenschaftliche und wütende Verteidigung der traditionellen Rechte eines Rikschafahrers als auch die Beschreibung des Theaterdirektors von Matsus schlechtem

Benehmen. Schließlich erklärt er Matsu in aller Ruhe, sein Ärger sei zwar durchaus berechtigt, aber mit seinem Verhalten habe er seinerseits für sehr viel Ärger gesorgt. Dann wendet er sich an den Theaterdirektor und rügt ihn für seine Mißachtung der Tradition.

Matsu, ein einfacher, ehrlicher Mensch, empfindet bei den Worten des Eigentümers Reue, und erkennt, was er angerichtet hat. Er dreht sich zum Theaterdirektor, verbeugt sich tief und ruft mit heiserer Stimme aus: »Es tut mir leid!«

Der Direktor antwortet erleichtert: »Ich verzeihe dir.«

Der Eigentümer ist von Matsus Verhalten tief beeindruckt. »Du bist der direkteste Mensch, der mir je begegnet ist«, ruft er aus, »deine Entschuldigung hat dir vieles erspart.«

Diese Geschichte demonstriert wunderbar, wie der negative Erregungszustand der Wut in den positiven Erregungszustand der Reue übergeht, der Matsu in einer tiefen Verbeugung »Es tut mir leid!« ausrufen läßt.

Können Sie sich etwas Vergleichbares an Ihrem Arbeitsplatz vorstellen? Sind Sie der Rikschafahrer Matsu oder der Theaterdirektor? Oder vielleicht sind Sie ja der Eigentümer! Ich kannte einmal einen Lagerarbeiter, der von einer offensichtlich rassistischen Bemerkung seines Chefs sehr verletzt worden war. Er verstreute gerade wütend einen Sack Styroporflocken über den Boden, als ihm der Chef entgegentrat, der von einem anderen Arbeiter über den Grund dieser Aufregung aufgeklärt worden war.

»Es tut mir leid! Ich habe es wirklich nicht so gemeint.«

Der Arbeiter sah ihn kurz an und erkannte, daß die Entschuldigung ernst gemeint war. »In Ordnung«, sagte er. Die beiden sammelten schließlich das Styropor gemeinsam auf.

Was wäre wohl gewesen, wenn der Chef sich nicht entschuldigt hätte und sich die beiden unter dieser Spannung Tag für Tag am Arbeitsplatz begegnet wären? Es ist etwas anderes, ob man einen groben Autofahrer verdammt, der einem die Vorfahrt genommen hat, oder einen Arbeitskollegen. Ersteren sieht man nicht mehr, mit zweiterem verbringt man sogar noch mehr Zeit als mit der Familie. Ungelöste Konflikte am Arbeitsplatz sind ein enormer Zündstoff. Sie schaden allen und können manchmal so weit eskalieren, daß sie explodieren.

»Entschuldigung« sagen üben

Eine aufrichtige Entschuldigung kann enorme Kraft haben. Es ist erst wenige Jahre her, daß der Präsident der Vereinigten Staaten sich bei allen Japanamerikanern wegen ihrer Internierung im Zweiten Weltkrieg entschuldigt hat. Jeder von ihnen erhielt auch eine Abfindungssumme in Höhe von rund zwanzigtausend Dollar, aber als einige der betagten ehemaligen Internierten interviewt wurden, sagten sie, daß ihnen die Entschuldigung des Präsidenten mehr bedeutet hat als das Geld.

Fallen Ihnen Arbeitsplatzsituationen ein, die sich durch eine Entschuldigung entspannen ließen? Es ist menschlich, daß man zuerst an eine mögliche Linderung seiner eigenen Verletzungen denkt statt an die Wunden der anderen. Außerdem gilt allgemein die Auffassung, daß eine Entschuldigung ein Zeichen der Schwäche ist und man sich dadurch erniedrigt. »Ich mich bei ihm entschuldigen? Nie! Er ist derjenige, der sich bei mir entschuldigen muß.«

Tatsächlich bedeutet eine Entschuldigung ein Akt der Stärke. Die Entschuldigung bedeutet, daß man stark genug ist, etwas aufzugeben und einem anderen positive Energie zukommen zu lassen. Denken Sie, wie der Eigentümer reagierte, als er Zeuge von Matsus Entschuldigung wurde: »Du bist der direkteste Mensch, der mir je begegnet ist.« Matsu wich nicht aus – »ich werde mich erst entschuldigen, wenn er sich entschuldigt hat« oder »Ja, ich hatte Unrecht, aber zur Hälfte war er schuld.« Er nahm alles auf sich, statt es ewig abzuwiegen.

Es ist sehr leicht, sich mit Vorbehalten oder aus taktischen Gründen zu entschuldigen. Es ist ungleich schwerer, sich aus der Situation selbst heraus zu entschuldigen, einfach um ihre Energie zu verwandeln. Diese Art der Entschuldigung ist mehr als bloße Etikette: Sie ist echte spirituelle Praxis. Kürzlich las ich, daß Joe Montana, der jahrelang Quarterback bei dem Footballteam San Francisco 49 war, oft für die Fehler anderer einstand. Wenn der Mittelspieler den Wurf vermasselte, sagte Joe zum Trainer: »Das war meine Schuld.« Er war nicht zuletzt deshalb ein so angesehener Mannschaftsführer.

Überlegen Sie sich eine berufliche Situation, in der Sie einmal diese Art der Entschuldigung üben können. Ein Fall genügt. Man braucht nicht erst lange Listen zu erstellen. Ist Ihnen das unangenehm, haben Sie das Gefühl, die Entschuldigung fiele schwer oder wäre gar nicht nötig? Gut! Genau nach einer solchen Situation haben wir gesucht.

Nun tun Sie es einfach einmal versuchsweise. Eine kleine Entschuldigung wird Ihrer Wichtigkeit keinen Abbruch tun. Im Gegenteil, wenn Sie bereits als jemand bekannt sind, mit dem man rechnen muß, kann Ihre Entschuldigung ziemlich viel bewirken. Sie könnten sich sogar bei jemandem entschuldigen, der sich eigentlich bei Ihnen entschuldigen müßte. Denken Sie an Joe Montana: »Es war meine Schuld.« Sicher wußte jeder in der Mannschaft, der Trainer eingeschlossen, was Sache war. Der Mittelspieler dürfte dadurch stark motiviert gewesen sein, keinen Wurf mehr zu verpatzen.

Vergebung üben

Im Buddhismus ist wie in den meisten Religionen Vergebung etwas sehr Wichtiges, und so gibt es zu ihrer Entwicklung entsprechend viele Übungen. Der Grundgedanke ist dabei, daß man einem anderen erst dann wirklich verzeihen kann, wenn man gelernt hat, sich selbst zu vergeben. Das ist ziemlich praktisch gedacht, denn sich selbst kann man leichter ändern als jemand anderen. Wie sollte man den Schwächen anderer gegenüber nachsichtig sein können, solange man sich keine eigene Schwäche verzeiht?

Vergeben kann man erst, wenn man die Schwächen der anderen als eigene zu sehen vermag, indem man sich in ihre Lage versetzt und ihre Empfindungen und Sichtweise teilt. Als der Theaterdirektor in *Rickshaw Man* durch den Eigentümer dazu gebracht wurde, sein Verhalten mit Matsus Augen zu sehen, konnte er einlenken. Er war für einen Augenblick Matsu geworden.

Wenn jemand eine bissige Bemerkung macht, der Chef die sorgfältig vorbereitete Präsentation mit einer Handbewegung abtut, der beste Freund einen vor dem Vorgesetzten anschwärzt und die Karriere aufs Spiel setzt, wie soll man da nicht nachtragend sein? Wirkliche Nachsicht läßt sich hier nur üben, wenn wir uns klarmachen, daß wir selbst nicht über diesen Dingen stehen, daß wir vielleicht auch einmal etwas Ähnliches getan haben, daß jeder seine Fehler und nicht nur seine Schokoladenseite hat. Nur dann können wir wirklich verzeihen.

Deshalb heißt es im Buddhismus: Fang bei dir selbst an. Sei dir selbst gegenüber ehrlich, bevor du sagst: »Also gut, ich kann mir selbst verzeihen und nehme mich so an, wie ich bin.«

Vergebung ist nicht nur etwas Verstandesmäßiges. Sie ist etwas, das von Herzen kommt. Es gibt viele Redewendungen, die auf das Herz Bezug nehmen: man spricht von einem »gebrochenen Herzen«, »nimmt sich ein Herz«, läßt das »Herz in die Hosentasche« fallen, ist »großherzig«. Es sind keine bloßen Worte. Sie beschreiben ein tatsächliches Empfinden. Auch Vergebung ist eine Empfindung. Wenn sie echt ist, löst sie eine Flut körperlicher Empfindungen aus, einen Energiefluß in uns selbst und zwischen uns und dem Gegner. Diese Empfindungen sind ein wichtiger Teil der geübten Vergebung.

Die Herzensfreundmeditation, die im folgenden beschrieben wird, ist ein Weg, Vergeben spürbar zu machen, Frieden nicht nur im Kopf anzusiedeln, sondern auch im Körper, im Herzen. Wenn man um Entschuldigung gebeten wird, genügt es nicht, nur die richtigen Worte zu finden. Man muß sein ganzes Empfinden, seine Gefühle mit beteiligen. Man muß zu seiner eigenen Wahrheit finden und sie so ausdrücken, daß der Gegner sie spüren und annehmen kann.

Profisänger lernen, ihre Stimme an verschiedenen Stellen im Körper vibrieren zu lassen. Hohe Noten vibrieren im Kopf. Mittlere Noten in der Brust. Und tiefe Noten erzeugt man im Bauch oder sogar in den Hüften. Am Singen sind nicht nur die Stimmbänder, sondern der ganze Körper beteiligt. Kinder wissen beides recht gut zu unterscheiden. Werden sie von den Eltern ausgeschimpft und zu einer Entschuldigung gezwungen, ist ihrem »'tschuldigung!« anzuhören, daß sie nicht dahinterstehen. Wir Erwachsene verstehen uns ebenso auf diesen Trick, doch sind wir subtiler.

Herzensfreundmeditation

Setzen Sie sich zu dieser Übung bequem hin, entweder im Schneidersitz auf ein Kissen oder auf einen Stuhl. Fassen Sie sich nun ans Ende des Brustbeinfortsatzes. Nehmen Sie eine leichte Wärme wahr? Was Sie hier spüren, ist nicht Ihr physisches Herz, sondern Ihr Seelen- oder Weisheitsherz.

Geben Sie nun diesem Bereich unter Ihrem Brustbein einen Namen: *Freund*. Wiederholen Sie ihn beim Einatmen still, aber vom Brustbereich aus, als hätte dort eine Stimme geflüstert. Schließen Sie den Namen in Ihr Herz. Stellen Sie sich vor, wie er in Ihrer Brust schwingt. Hören Sie beim Einatmen das leise Flüstern in Ihrer Brust.

Lassen Sie die Stimme jetzt mehr sagen: »Bester Freund.«

Bester Freund. Was bewirken jene Worte in Ihnen? Denken Sie an Ihren besten Freund. An Ihr Gefühl, wenn Sie mit ihm zusammen sind. Stellen Sie sich vor, was Sie für diesen Menschen alles tun würden, welche Hilfe und Fürsorge er von Ihnen erwarten kann. Vielleicht sind Sie mit Ihrem besten Freund ja verheiratet oder leben mit ihm zusammen. Man hegt tiefe Zuneigung zu seinen besten Freunden. Man bewundert ihre Stärken und übersieht ihre Schwächen, steht »ganz auf ihrer Seite«, wie Harry Roberts immer sagte.

Können Sie sich diese ganzen positiven Gefühle einmal selbst entgegenbringen?

Was empfinden Sie dabei?

Vielleicht kommt Ihnen das ein wenig komisch vor. Eine solche Übung kann zunächst seltsam anmuten. Aber dieses Gefühl der Seltsamkeit ist ein Zeichen dafür, daß die Übung wirkt. Der Teil von Ihnen, der »komisch« sagt, ist zurückhaltend, skeptisch und möchte ungern den Status quo aufgeben. Er ist jedoch nicht ansprechbar.

Wiederholen Sie die Herzensfreundmeditation im Lauf des Tages drei- oder viermal. Lehnen Sie sich in Ihrem Stuhl zurück, atmen Sie tief durch und lassen Sie jenes Gefühl aufleben, während die Herzensstimme in Ihrer Brust flüstert:

»Freund.«

»Bester Freund.«

Dies ist besonders hilfreich, wenn an Ihrer Kette wieder einmal ein rotes Popcorn auftaucht, wenn etwas schiefläuft, Sie einen Fehler gemacht haben oder kritisiert wurden. Was würde Ihre beste Freundin tun, wenn Sie plötzlich vor Ihnen stände? Sie würde Sie trösten, Ihnen gut zusprechen, Nachsicht üben.

Können Sie das für sich selbst tun?

Mit sich selbst Nachsicht haben

Nun, da Sie auf dem besten Weg sind, Ihr eigener bester Freund zu werden, suchen Sie einmal etwas, das Sie an sich nicht leiden können. Vielleicht haben Sie bei der Arbeit jemanden schlecht behandelt. Vielleicht haben Sie versucht, eine schlechte Angewohnheit aufzugeben und sind rückfällig geworden. Oder was am häufigsten vorkommt, vielleicht vernachlässigen Sie sich selbst, bewegen sich wenig, essen ungesund, lassen Ihr Berufsleben gegenüber Ihrem Familienleben und Ihren Privatinteressen überhandnehmen.

Versuchen Sie Ihr störendes Gefühl einmal so zu betrachten, als wäre es ein unter Glas gefangenes Insekt. Sprechen Sie nun das schwirrende Tier mit Ihrer Herzensstimme an:

Sagen Sie: »Freund.«

Es genügt nicht, sich nur das Wort zuzuflüstern. Man muß es auch tatsächlich als Schwingung im Herzen spüren, wie man ein laut gesprochenes Wort im Hals spürt. Das Herz ist spirituell gesehen ein Sprechorgan. Es hat seine eigene Stimme und sein eigenes Leben.

Sagen Sie: »Verzeihung.«

»Gut. Ich verzeihe mir.«

»Ich verzeihe mir, daß ich meinen Kollegen grob angefahren habe. Jeder macht einmal einen Fehler. Ich versuche mich zu bessern.«

Können Sie es in Ihrer Brust spüren? Fühlen Sie, daß Ihnen ein Stein vom Herzen fällt und sich die Erleichterung im ganzen Körper ausbreitet?

Es gibt Gruppentherapiesitzungen, in denen sich die ganze Gruppe auf eine Person konzentriert, während ihr jeder einzelne mitteilt: »Es ist gut. Wir vergeben dir.« Ich habe das selbst erlebt, als zehn oder zwölf Personen nacheinander die Worte zu mir gesagt haben. Es ist eine eigenartige Erfahrung. Die ersten vier- oder fünfmal bleiben die Worte noch abstrakt. Sie erreichen zwar die Ohren und das Gehirn, aber sie berühren nicht weiter. Doch nach dem siebten oder achten Mal ändert sich das. Jetzt erreicht die Botschaft nicht mehr nur den Kopf, sondern auch das Herz. Sie wird tatsächlich spürbar.

Erst dann findet echtes Verzeihen statt.

Anderen gegenüber Nachsicht üben

Ist Ihnen das Nachsichtüben mit sich selbst gelungen, versuchen Sie nun, jemand anderem genauso aufrichtig zu vergeben.

Beispielsweise einem Gegner. Setzen Sie sich ruhig hin, schließen Sie die Augen und stellen Sie sich vor, daß Ihnen Ihr Gegner gegenübersitzt. Versuchen Sie den Ärger oder die Wut bezüglich dieser Person in Ihrem Inneren wachzurufen.

Lassen Sie nun, immer noch mit geschlossenen Augen, Ihr Herz sprechen: »Vergeben.«

Ändert sich Ihr Gefühl Ihrem Gegner gegenüber?

Meldet sich in Ihnen ein Widerstand? Kommt die Botschaft mehr vom Kopf oder von Herzen? Geht es Ihnen so wie mir, als ich im Kreis saß und von jedem nacheinander hörte: »Du bist in Ordnung«, es aber nicht recht glauben konnte?

Sagen Sie es wieder und wieder: »Vergeben.«

Beobachten Sie, wie lange es dauert, bis sich etwas in Ihrem Herzen tut, wie viele Wiederholungen nötig sind, bis die Worte lebendig zu werden beginnen.

Wenn das nicht funktioniert, egal wie oft Sie das Wort wiederholen, versuchen Sie es anders. Stellen Sie sich vor, der Gegner wäre plötzlich verschwunden und Sie säßen an seiner Stelle auf dem Stuhl! Jetzt sind Sie Ihr eigener Gegner.

Seien Sie ehrlich zu sich. Haben Sie sich nicht auch schon einmal so verhalten wie Ihr Gegner? Können Sie sich vorstellen, jemand anderem das anzutun, was Ihnen Ihr Gegner angetan hat?

Wer ehrlich ist, wird wahrscheinlich feststellen, daß man dem Gegner vor allem das ankreidet, was man selbst gerne tut. In der Tat hat man es hier mit einer interessanten psychologischen und spirituellen Gesetzmäßigkeit zu tun – was einem am andern ärgert, spiegelt oft genau das wider, was man an sich selbst nicht ausstehen kann. Ich kann es zum Beispiel nicht leiden, unterbrochen zu werden. Doch falle ich durch mein spontanes impulsives Wesen anderen allzu gerne ins Wort! Fällt mir also jemand ins Wort, hält er mir damit sozusagen den Spiegel vor. Wer erkennt, wie sehr der eigene Schatten den Ärger über die anderen mitbestimmt, begreift noch mehr, wie wichtig es ist, nicht nur den anderen, sondern auch sich selbst vergeben zu lernen.

Wiederholen Sie jetzt noch einmal die Worte: »Ich vergebe.« Dieses Mal vergeben Sie keinem anderen, der Sie verletzt hat, sondern sich selbst. Sie selbst sind Ihr bester Freund.

Gelingt Ihnen das?

Nachsicht am Arbeitsplatz

Hier ein Beispiel, wie sich eine solche Übung am Arbeitsplatz umsetzen läßt. Randy arbeitete in einer großen Gesundheitspflegeorganisation. Er hielt sich selbst für einen ehrlichen harten Arbeiter, und es ärgerte ihn, daß viele seiner

Mitarbeiter in seinen Worten »Nichtstuer« waren, die die Zeit mehr oder weniger totschlugen. So wie es ihm ein Kollege eines Tages bei einer Tasse Kaffee gestand: »Dieser Job ist schrecklich, nicht wahr? Ich mache ihn nur wegen der vielen Vorteile.«

Die Vorteile waren in der Tat groß, großzügige Pensionen eingeschlossen, doch konnte Randy seinen Ärger nicht loswerden, der sich mit der Zeit zu einer echten Wut über seine zynischen Kollegen auswuchs. Da war vor allem Carl, ein schweigsamer Aufsichtsbeamter mittleren Alters. Es war in der Abteilung bekannt, daß er nur noch auf seine Pensionierung in zwei Jahren wartete. Randy begegnete Carl oft im Fahrstuhl, wenn er morgens zur Arbeit kam und grüßte ihn stets mit einem freundlichen: »Guten Morgen! Wie geht's?« Doch Carl brummte immer nur irgend etwas und sah weg.

Randy ärgerte sich maßlos über diese Reaktion. Als er die Situation in einem meiner Workshops schilderte, schlugen ihm einige Teilnehmer vor, Carl doch einfach in Ruhe zu lassen. »Vielleicht spricht der Arme einfach nicht gern«, vermutete einer.

»Was möchtest du damit erreichen?« fragte ich Randy.

»Er soll antworten!« antwortete Randy hitzig. »Er ist wie ein Zombie. Das sind doch alles Zombies!«

Etwas später in dieser Sitzung übten wir die Herzensfreundmeditation wie oben beschrieben. Danach meldete sich Randy zu Wort: »Was ist, wenn man sich selbst nicht besonders leiden kann?«

»Dazu ist die Übung da«, antwortete ich, »sie soll dieses Gefühl bewußtmachen. Wenn man sich selbst nicht leiden kann, kann man auch schwer zu anderen freundlich sein.«

Eine Woche später berichtete Randy, daß er die vergange-

nen Tage im Aufzug die Herzensfreundmeditation geübt
hätte, statt von Carl eine Antwort zu erwarten.

»Was geschah?« fragte ich.

»Nun, Carl änderte sein Verhalten nicht, wenn Sie das
meinen«, sagte Randy, »derselbe Zombie wie immer.« Und
nach einer kurzen Pause: »Aber er nervte mich nicht mehr
so.«

Ich sagte es zwar nicht, doch glaube ich, daß da etwas an
Carls Art war, das Randy an sich selbst nicht leiden konnte.
Um seine Beziehung zu Carl zu klären, mußte Randy erst mit
sich selbst ins reine kommen!

Jetzt wird manch einer einwenden: »Ach, man soll wohl
an schlechten Arbeitsverhältnissen wieder einmal nur selbst
schuld sein?«

Nein, das sage ich nicht. Man sollte in beiden Richtungen
arbeiten. Arbeitnehmer müssen weiter mit Arbeitgebern ver-
handeln und wenn nötig in den Streik gehen. Geschädigte
müssen ihr Recht nötigenfalls vor Gericht einfordern. Aber
außer diesen praktischen Maßnahmen, die dauern und deren Ausgang unklar ist, bleibt einem jederzeit die Möglichkeit, sich weiterhin um seine innere Entwicklung zu kümmern. Randy sehnte sich meines Erachtens beispielsweise
danach, auch einmal ein bißchen nachlässig zu sein. Seine
Kollegen kamen schließlich auch damit durch! Aber er er-
laubte es sich nicht. Er konnte dieses Bedürfnis bei sich nicht
akzeptieren. Er wollte sich nichts nachsagen lassen und stets
der Fleißige, wenn nicht gar der Fleißigste von allen sein.

Wir Menschen sind gar nicht so verschieden. Wir haben
alle schlechte Angewohnheiten und negative Tendenzen.
Deshalb können wir aber auch einander besonders gut verzeihen, und darum macht das Vergeben so großen Sinn.

Übungen zum Thema Vergebung

- Setzen Sie sich ruhig hin und nennen Sie Ihr Herz »Freund«. Was empfinden Sie dabei?
- Stellen Sie sich vor, Ihr Gegner säße Ihnen gegenüber. Sagen Sie innerlich die Worte: »Ich vergebe.«
- Machen Sie einmal das Experiment und entschuldigen Sie sich bei einem Arbeitskollegen für etwas. Was passiert?

Erinnern wir uns zum Schluß noch einmal an die »Worte, die die Welt verändern könnten« – oder wenn nicht die Welt, so dann zumindest uns selbst.

»Es tut mir leid. Ich habe einen Fehler gemacht. Ich bitte um Verzeihung.«

Wenige Worte, die so viel bedeuten.

14

Kündigen

In meinen Workshops kommt es nicht selten vor, daß sich jemand bei der Vorstellung folgendermaßen präsentiert: »Ich war zweiter Vorstandsvorsitzender der Firma X, aber mir gingen die Firmenpolitik und das ewige Mobbing so auf die Nerven, daß ich mich selbständig gemacht habe, und jetzt betreibe ich in meiner Wohnung ein Beratungsbüro.«

Es ist ein wesentliches Anliegen dieses Buches, Ihnen zu zeigen, wie sich das Beste aus Ihrer beruflichen Situation machen läßt, indem Sie mehr für Ihr Innenleben tun. Aber wenn das nicht genügt? Vielleicht möchten Sie ja nicht nur der Chef Ihres Innenlebens, sondern auch Ihres äußeren Lebens sein, oder sich

Bei einer Kündigung aus persönlichen Gründen muß man einen »Blick über den eigenen Tellerrand« wagen, will man Erfolg haben.

zumindest beruflich verändern beziehungsweise verbessern.

Doch überlegen Sie es sich gut, bevor Sie Ihrem Chef zum Abschied so richtig Ihre Meinung sagen! Lesen Sie besser noch einmal das Kapitel über die Ambition durch und auch das Kapitel über die Sorge. Und vergessen Sie das Kapitel über den Mißerfolg nicht! Sie können nicht davon ausgehen, daß sich alles zum Besseren wenden wird. Zum Beispiel könnte die Arbeit, die Ihnen mehr liegt, schlechter bezahlt werden als ihre gegenwärtige Tätigkeit. Besonders wer sich selbständig machen will, muß bereit sein, Risiken einzugehen. Nicht jeder verträgt den Alleingang. Aber wie das folgende Beispiel zeigt, können die größere Befriedigung, Selbstachtung und Autonomie Sie für ein geringeres Einkommen entschädigen, sollte die Selbständigkeit wirklich der richtige Weg für Sie sein.

Sich aus dem Rennen verabschieden

Janice gehörte zu jenen, die sich meldeten, als ich fragte: »Wer hat schon einmal aus persönlichen Gründen gekündigt?« Sie war Buchhalterin und leitende Angestellte einer Anwaltssozietät, in der ein lauter und aggressiver Stil herrschte. Partner, die wenig Klienten brachten, wurden schnell wieder verabschiedet. Den Hauptstreß dieses Arbeitsstils bekam Janice zu spüren, die neben ihren offiziellen Pflichten bei Streitigkeiten zwischen den Partnern vermitteln mußte. Und es waren nicht selten Wogen des Zorns zu glätten und Brände zu löschen.

Janice wurde diese Überbeanspruchung ihrer Zeit und Kraft immer lästiger, besonders seit sie abends auch einen Yogakurs besuchte. Zunächst half sie sich durch gutes Zureden, indem sie sich immer wieder im stillen sagte: »Nur die Ruhe bewahren, nur die Ruhe bewahren.« Sie wollte sich damit eigentlich nur selbst beruhigen und niemand maßregeln, doch schien es auf andere abzufärben. Einmal unterbrach ihr Chef sogar seine Schimpfkanonade und fragte sie:

»Was machen Sie mit mir?« Sie kündigte schließlich trotzdem, um Yogalehrerin zu werden.

Janice hatte zu einer eigenen spirituellen Praxis gefunden, ein Mantra entwickelt, das sich nicht nur auf ihre eigene Verfassung positiv auswirkte, sondern sogar ihre Umgebung beeinflußte. Aber das reichte nicht. Die Übung gab ihr schließlich genügend Kraft und Selbstvertrauen, um zu kündigen. Sie nahm große finanzielle Nachteile in Kauf und mußte nebenher noch freiberuflich als Buchhalterin tätig sein, um zu überleben. Ihr Yogaunterricht brachte bei weitem nicht so viel Geld ein wie die Arbeit in der Kanzlei, war jedoch für sie persönlich befriedigender.

Im richtigen Moment kündigen

Woher weiß man, wann – spirituell, emotional und finanziell gesehen – der richtige Zeitpunkt für die Kündigung gekommen ist und wann sie übereilt wäre? Man möchte es ja nicht wie Jason in Kapitel 11 machen, der sich mit seiner Kündigung in den persönlichen und finanziellen Ruin trieb. Andererseits hat auch nicht jeder so großes Glück wie Janice, die auf eine andere Fähigkeit zurückgreifen konnte und sich in ihrem neuen Beruf wesentlich wohler fühlte.

Zu wissen, ob man besser in seinem Beruf bleibt oder nicht, gehört wie die Auswahl eines Studiums, eine Heirat oder das Kinderkriegen zu jenen wichtigen Lebensentscheidungen, die sich nicht nach irgendwelchen Patentrezepten fällen lassen. Wir haben jedoch bereits einige Praktiken kennengelernt, die als Entscheidungshilfe dienen können.

Die Praktik des ehrlichen Empfindens, die in Kapitel 11 erklärt wurde, ist oft ein erster Schritt. Wenn auf die Frage: »Wie finde ich momentan meine Arbeit?« immer die Antwort kommt: »Nicht besonders«, sollte das zu denken geben. Der Kündigungsgedanke ist selten eine plötzliche Idee, sondern bahnt sich meistens durch ein Unbehagen an, das man zunächst vielleicht gar nicht ernst nimmt und verdrängt. Beginnt man schließlich doch ernsthaft darüber nachzudenken, hat einen das Thema unterschwellig schon eine ganze Weile beschäftigt.

Die Praktik, selbst sein bester Freund zu sein, die im vorigen Kapitel besprochen wurde, ist hier sehr wichtig. Der Grund einer solchen Entscheidung ist ja, sich mehr um sich selbst zu kümmern, seine eigenen Ideale und Werte über Reichtum, Ambition, Status, Ruhm und die Meinung der anderen zu stellen. Bei einer Kündigung können auch Verluste zu verschmerzen sein.

Diese Verluste sind real. Als Janice ihre Kündigung mitteilte, war man in der Kanzlei enttäuscht. Ihr Chef bat sie in einem persönlichen Gespräch, doch zu bleiben, und bot ihr sogar ein sehr viel höheres Gehalt. Einige Kollegen gestanden ihr privat, daß sie nicht wüßten, ob sie als Teilhaber bleiben könnten, wenn sie ginge. Das Gefühl, ihre Kollegen im Stich zu lassen, war für Janice am schwersten zu verkraften. Sie überlegte es sich mehrmals anders, entschloß sich aber schließlich, ihre eigenen Bedürfnisse an die erste Stelle zu setzen.

Der innere und der äußere Unternehmer

Ob man nun plant, selbständig zu werden, oder nur einen anderen Job finden will – ein Arbeitsplatzwechsel ist immer ein Unternehmen. Selbst wenn man nur zur Berufsberatung geht, seinen Lebenslauf aktualisiert oder die Anzeigen in der Zeitung durchgeht, hat man begonnen, in eigener Sache aktiv zu sein.

Ich war bereits sechsundvierzig Jahre alt, als ich meine jetzige Firma gründete. Und meinen ersten Job auf dem freien Markt hatte ich erst mit fünfunddreißig. Als ich mich selbständig machte, entdeckte ich zwei Dinge. Erstens war ich gern mein eigener Chef. Es gefiel mir besser, als mich an jemandes Anweisungen zu halten. Und zweitens habe ich offensichtlich unternehmerisches Talent. Ich weiß nicht, woher. Es heißt, als Unternehmer werde man geboren. In der Schule habe ich es sicher nicht gelernt (meine Hauptfächer waren Musik und Philosophie!). Kürzlich wurde mir klar, daß ich einige dieser Fähigkeiten in meiner Zeit als Mönch erworben haben mußte, als ich täglich Stunden damit verbrachte, auf einem Kissen sitzend die Wand anzusehen. So seltsam es klingen mag, die Meditation hat etwas Unternehmerisches an sich!

Zu Beginn seiner spirituellen Ausbildung erwartet man Anweisungen, so wie in einem normalen Beruf. Man erhält Unterweisungen und versucht sie umzusetzen. Eine typische Anfängerfrage ist: »Mache ich es richtig?«, denn alles scheint nach strengen Regeln abzulaufen. Es stimmt, daß es im buddhistischen Ordiniertenleben für alles eine Vorschrift gibt: wie man den Meditationssaal betreten soll, sich verbeugen, baden, essen und kochen soll. Natürlich sind das keine willkürlichen Vorschriften. Sie helfen einem, sich zu sammeln, Respekt zu üben und wach und aufmerksam zu bleiben. Vorschriften gibt es nicht nur im Buddhismus. Auch die Bibel ist voller Vorschriften. Der Talmud und der Koran enthalten ebenfalls Regeln und Bräuche, deren Einhaltung von den Gläubigen erwartet wird.

Doch wird einem ab einem bestimmten Punkt klar, daß die Vorschriften nur die Selbsterkenntnis fördern sollen. Dann beginnt man sie nicht mehr nur rein äußerlich zu befolgen, sondern aus sich heraus zu erfüllen, im Gehen des eigenen Weges. Um die spirituelle Tradition wirklich zu leben, muß man ein Unternehmer im Geiste werden.

Es gehört zu den typischen Merkmalen jedes Unternehmers, daß er bereit ist, »über den Tellerrand zu sehen«, etwas anzuvisieren, das noch nicht da ist. Ein amerikanischer buddhistischer Lehrer sagte einmal zu mir: »Ich erkenne potentielle Lehrer daran, daß sie als Schüler etwas rebellisch sind, sich nicht blind an die Tradition beziehungsweise an das halten, was ich sage. Aber natürlich müssen sie deswegen noch keine Lehrer werden. Das entscheidet jeder selbst.«

Genau um diesen »Blick über den eigenen Tellerrand« geht es bei einer Kündigung aus persönlichen Gründen. Man darf nicht nur von seinen alten Gleisen ausgehen, sondern muß auch seine Entwicklungsmöglichkeiten mit ins Auge fassen. Man sollte angesichts seiner Fähigkeiten und Talente also überlegen, auf welche Weise man seinen Lebensunterhalt noch verdienen könnte. Die Frage ist, wie sich das, worin wir gut sind, zu einer Tätigkeit ausbauen läßt, die uns erfüllt.

Bin ich bereit?

Wenn man bereits eine gute Arbeit hat, eine, durch die sich die Rechnungen und ein Dach über dem Kopf bezahlen lassen, sollte man sich wirklich Zeit nehmen! Übereilen Sie nichts. Handeln Sie nicht nur aus dem Bauch heraus, wie Jason in Kapitel 1, aber auch nicht nur aus Überdruß. Wenn Sie Ihre Arbeit seit Monaten oder Jahren frustriert hat, kommt es auf ein paar Monate mehr auch nicht an. Nehmen Sie sich genügend Zeit, um sich ein vollständiges Bild von dem Vorgang zu machen. Und vor allem, stellen Sie sich die Frage: Bin ich bereit?

Nehmen Sie sich diese Frage oder eine ähnliche zu Herzen und kommen Sie jeden Tag darauf zurück. Atmen, gehen, essen und schlafen Sie mit ihr. Seien Sie auf jede Antwort gefaßt. Nein! Ich bin nicht bereit. Dazu werde ich nie bereit sein (die Stimme der Angst). Ja! Ich werde es tun (die Stimme der Zuversicht). Ich weiß überhaupt nicht, was ich will (die Stimme der Verwirrung). Diese Stimmen gehören alle zu Ihnen. Bevorzugen Sie keine. Respektieren Sie alle. Lassen Sie sie zu Wort kommen, bis mit der Zeit eine überwiegt. Erinnern Sie sich an die Stimme der Wahrheit, die in Kapitel 6 besprochen wurde? Wenn Sie sich nicht sicher sind, welche der vielen Stimmen die richtige ist, bleiben Sie einfach weiter achtsam. Überwiegt keine der Stimmen, sind Sie wahrscheinlich nicht bereit. Bleiben Sie bei Ihrer Arbeit, und hören Sie weiter in sich hinein.

Wie soll man wissen, ob die Stimme echt ist? Wenn ich an meine eigene Geschäftsgründung zurückdenke, war es nicht so, daß ich eines Morgens aus dem Bett sprang und dachte:

»Ja! Das ist es!« Die Entscheidung fiel anders. Daß ich mich selbständig machen wollte, erkannte ich erst, nachdem ich in langer Nachtarbeit mein eigenes Produkt entwickelt und auf diese Weise gemerkt hatte, wie gerne ich allein arbeite.

Machen Sie sich einen Plan

Selbstverständlich sollte man sich einen Plan machen. Zu berücksichtigen sind die Finanzen, weiterführende Schritte (Kontakte, Networking, ein Unternehmensplan, wenn man seine eigene Firma gründen will) und natürlich Freunde, Familie und Lebensgefährten. Es gibt viele Ratgeberbücher, die bei Geschäftsgründungen detaillierte Hilfestellungen geben. Aber genauso wichtig ist die seelische Vorbereitung. Versuchen Sie sich die Gefühle zu vergegenwärtigen, die Sie bei Ihrem Unternehmen haben könnten. Malen Sie sich die Begeisterung, die Angst, die Sorge, den nagenden Zweifel und sämtliche anderen Loopings und Kurven dieser Berg-und-Tal-Fahrt aus. Gehen Sie Ihre Reaktionen im Geiste durch.

In der ersten Zeit nach meiner Firmengründung kam ich aus den Sorgen nicht mehr heraus. Wie ich bereits sagte, empfand ich das als hilfreich. Es half mir, planvoll vorzugehen. Sie erhoben sich immer, wenn ich unvorsichtig zu werden begann und verwiesen mich auf die Dinge, die notwendig waren. Als ich mich an die Tatsache gewöhnt hatte, daß stets irgendwelche Sorgen auftauchten, ob ich das wollte oder nicht, wurden sie mein Magnetstein, der die Richtung vorgab, in die ich gehen mußte.

Einmal, die Firma bestand noch nicht lange, war ich fi-

nanziell ziemlich am Ende. Es standen zwar zwei Vertrags-
abschlüsse in Aussicht, aber nicht in den nächsten paar
Wochen. Hypothek und Kreditkarten gaben kaum mehr
etwas her. Ich »pfiff auf dem letzten Loch«, wie es so schön
heißt. Ich legte mich mit diesem Problem schlafen und stand
morgens in Gedanken daran auf. Es gab kein Entkommen.
Zwei Wochen später wachte ich mitten in der Nacht auf und
dachte: »Ich habe bereits einen Großkunden, der mit meinem
Produkt sehr zufrieden ist. Ich könnte ihn um einen Vorschuß
der nächstjährigen Servicegebühren bitten.« Waren sie einverstanden? Tatsächlich, als ich sie bat, taten sie das sogar
gern. Dieser Vorschuß brachte mich durch. Wenn ich jetzt die
Geschichte erzähle, scheint die Lösung selbstverständlich zu
sein, aber damals war für mich die Erkenntnis neu, daß ich
aufgrund meiner Glaubwürdigkeit meine bestehende Kund-
schaft um Hilfe bitten konnte, die ich schließlich auch erhielt.

Das ist ein Beispiel für ein geglücktes Vorhaben. Ich geriet
auch häufig in eine Sackgasse, verfolgte scheinbar gute Pläne,
die nirgendwohin führten. Ich jonglierte mit mehreren Plänen
– überlegte, was zu tun war, wenn die nächste Steuerzahlung
nicht gedeckt war, oder was wäre, wenn ein dicker Scheck einging. Beim Planen geht es chaotischer zu, als man glaubt. Die
Wirklichkeit ist eben nicht nur zweidimensional.

Rat suchen

Meine Frau und ich heirateten jung. Sie war zweiundzwan-
zig, und ich hatte noch einen Monat zu meinem zwanzigsten
Geburtstag. Da wir beide an der Sonntagsschule der unita-

rischen Ortskirche unterrichteten, holten wir uns bei einem unitarischen Geistlichen Rat. Der Geistliche war wohlwollend und hilfsbereit. Er verstand unsere Liebe und ging auch davon aus, daß wir zueinander paßten, aber dennoch fand er, daß wir zu jung wären und warten sollten.

Wir sprachen mit meinen Eltern. Sie sagten, wir seien zu jung und sollten warten.

Wir sprachen mit den Eltern meiner Frau. Ihre Antwort dürfte man erraten.

Schließlich heirateten wir trotz allem Wenn und Aber doch. Ich freue mich, mitteilen zu können, daß wir kürzlich unseren einunddreißigsten Hochzeitstag gefeiert haben. Der unitarische Geistliche, mit dem wir gesprochen hatten, ließ sich leider ein Jahr später scheiden. Einige Jahre darauf ließen sich meine Eltern scheiden. Ich wünschte, ich könnte ehrlich sagen, daß wir niemals triumphiert hätten.

Soweit zu diesem Fall. Hier noch eine andere Geschichte über das Ratholen. Als meine Softwarefirma noch sehr jung war, ließ ich mich von einem Wirtschaftsexperten über Marktpreise beraten. »Sie haben es meistens mit kleinen Firmen zu tun«, sagte er, »Sie sollten die Preise niedrig halten. Vergrößern Sie Ihre Firma.« Eine Zeitlang hielt ich mich an seinen Rat, aber wie sich herausstellte, waren unsere ersten Kunden große Firmen, die eher in ein neues Produkt investieren konnten. Ihre Zufriedenheit und Produkttreue halfen den Marktpreis festzulegen, der laufend stieg. Und nachdem sich das Produkt bei den großen Firmen bewährt hatte, waren die kleineren Firmen auch bereit, mehr zu zahlen.

Man sollte sich alle Ratschläge anhören, aber bedenken, daß man nicht die anderen ist. Das Nachdenken über eine Kündigung geschieht in einem Dialog, dessen eine Stimme nur Sie hören können. Lassen Sie sich von anderen nicht einschüchtern oder von übermäßiger Begeisterung anstecken. Gehen Sie in sich und fragen Sie sich weiter: »Bin ich bereit?«

Und wenn man scheitert?

Es heißt oft, für einen Unternehmer sei es typisch, daß er nicht so schnell aufgibt. Thomas Edison experimentierte mit abertausend Materialien, bis er die Glühbirne erfunden hatte. Wie die meisten Unternehmer empfand er Fehlschläge nicht als Versagen, sondern als Wegweiser zum Erfolg.

Ob Ihr neues Unterfangen nun ein neuer Job oder eine Geschäftsgründung ist, es kann scheitern oder eine Phase durchlaufen, in der es zu scheitern droht. Diese Möglichkeit sollte bei der Vorausplanung mitbedacht werden. Ich kenne einige Unternehmer, die sich für unverwundbar halten und jeden Gedanken an ein mögliches Scheitern weit von sich weisen. Sie werden diejenigen sein, die auf die Palme gehen, wenn einmal etwas schiefgeht. Ihr angebliches Selbstvertrauen wird dann zusammenstürzen wie ein Kartenhaus.

Meiden Sie diesen Weg. Ein altes Gaunersprichwort heißt: »Wenn du das nicht absitzen kannst, laß die Finger davon.« Wer nicht auch zum Scheitern bereit ist, sollte besser nicht ins Unbekannte aufbrechen. Der beste Weg, nicht zu scheitern, ist, sich die Möglichkeit des Scheiterns bewußtzumachen und auf Warnzeichen zu achten. Das ist die positive Seite der Sorge, wie wir in Kapitel 5 kennengelernt haben. Sich sorgen heißt, auf gegenwärtige Gefahren zu achten.

Die Augen offenhalten

Als ich und einige andere Mitglieder unseres buddhistischen Zentrums einmal mit Harry Roberts spazierengingen, gebot er uns plötzlich mit erhobener Hand stehenzubleiben. »Schaut!« sagte er und deutete auf den Boden. »Das ist Yerba Buena, ein Heilkraut. Zertretet es nicht. Wir sollten es mitnehmen und trocknen.« Wir achteten gar nicht auf die Pflanzen zu unseren Füßen, aber Harry tat es. Er nahm seine Umgebung wahr.

Achten Sie bei einem Neuanfang stets auf alles. Man weiß nie, was sich einmal als wichtig herausstellen könnte. Glück spielt bei allen Unterfangen eine Rolle, aber es besteht zumindest zur Hälfte aus Achtsamkeit gegenüber unserer Umgebung. Ich las einmal, daß der Erfinder des Klettverschlusses auf seine Idee kam, als er nach einem Waldspaziergang die Kletten von seiner Kleidung zupfte. Dabei sah er sich die Kletten genauer an und entdeckte die feinen Häkchen, durch die sie am Stoff hängen blieben. Wie viele Millionen Menschen haben schon Kletten von ihrer Kleidung gezupft? Bestimmt nicht wenige! Und wie viele haben den Klettverschluß erfunden?

Geduld und nochmals Geduld

Ein Fehler, den ich bei der Gründung meiner Firma machte, war, daß ich vorschnelle Erwartungen hatte. Zwar trat das, was ich am Ende des ersten Jahres erreicht haben wollte, schließlich ein, doch erst am Ende des zweiten Jahres. Und ich hatte mit zwei Jahren härtester Knochenarbeit gerechnet, es wurden aber drei. Manches braucht länger, als man glaubt.

Geduld ist eine wichtige Tugend. In der Tat ist sie im Buddhismus der Meditation und Weisheit gleichgestellt. Doch klingt das Wort *Geduld* vielleicht etwas zu passiv für das, was im Buddhismus damit gemeint ist. Wenn man eine wichtige Entscheidung durchsetzt, sind Glauben und Offenheit nötig und die Bereitschaft, bei Verwirrung und Unsicherheit nicht gleich aufzugeben. Geduld erschöpft sich nicht im Warten, sondern heißt auch Arbeit!

Es gibt eine gute Möglichkeit zur Prüfung Ihres Geduldsvermögens. Wenn Sie sich zu einer Änderung bereit fühlen, wenn Sie völlig startklar sind, alle Zeichen auf »grün« stehen, dann – Halt! Legen Sie alles beiseite, und warten Sie ab, wie Sie nach einer Woche oder einem Monat dazu stehen.

Und wenn das Gegenteil der Fall ist, wenn keine Klarheit besteht, tun Sie dasselbe – abwarten! Welches kosmische Gesetz schreibt vor, daß der Entscheidungsprozeß nur so und so lange dauern darf? Wer sagte Edison, er fände die richtige Kombination aus Glühfaden und Glühdraht schon nach tausend Versuchen statt nach zweitausend? (Ich glaube, er probierte sogar über fünftausend Kombinationen aus!) Wenn Sie noch nicht wissen, wie Sie sich entscheiden sollen, dann treibt Sie etwas in der Sache weiter. Achten Sie diese Energie. Es ist Ihr erwachendes Leben, das sich aus der Tiefe seinen Weg zum Sonnenlicht bahnt.

Sich Zeit lassen

Und wenn Sie schließlich finden, daß die Zeit noch nicht reif ist und besser alles wie gehabt weitergehen soll, ist das auch gut! Die Mühe war nicht umsonst. Wer weiß, was nächstes Jahr oder in zwei Jahren sein wird? Die Umstände können sich ändern, und dann stellt sich die Frage vielleicht wieder neu.

Janice, die Yogalehrerin und ehemalige Kanzleiangestellte, stand mehrfach kurz davor zu kündigen. Einmal hatte sie sogar schon ihr Kündigungsschreiben in ihren PC getippt. Sie arbeitete wochenlang daran. Aber es verging noch ein Jahr, bis sie das Schreiben schließlich ausdruckte und abschickte. Dieser Brief in ihrem PC half ihr, den richtigen Zeitpunkt abzuwarten.

Bescheidenheit

Wer aus persönlichen Gründen kündigt, nützt seine Entscheidungsfreiheit, und diese Freiheit können sich wirtschaftlich Bessergestellte eher nehmen als Mindestlohnverdiener, die für jede Arbeit dankbar sein müssen. So sollte dankbar sein, wem diese freie Entscheidung möglich ist. Es gibt viele Menschen auf der Welt, die dieses Privileg nicht haben. Wir sollten also bescheiden und verantwortungsvoll damit umgehen.

Wenn der große Moment endlich da ist und Sie Ihre Abschiedsrede halten, sollten Sie darum Nachsicht üben. Blei-

Übungen zum Thema Kündigung

- Fragen Sie sich täglich immer wieder: »Wie finde ich momentan meine Arbeit?«
- Fragen Sie sich über längere Zeit: »Bin ich bereit?« und lassen Sie alle Antworten zu. Bleiben Sie offen.
- Wissen Sie bereits, was Sie nach einer Kündigung tun würden? Wenn nein, machen Sie sich einen Plan. Wie wär's mit mehreren?
- Wie kann man auf Ratschläge anderer hören, ohne diesen blind zu folgen oder alles gleich abzulehnen?
- Stellen Sie sich vor, Sie hätten gekündigt und Ihre Pläne würden scheitern. Was würden Sie dann tun? Wie würden Sie sich fühlen?
- Wann haben Sie das letzte Mal »Glück« gehabt? Was hatten Sie dazu beigetragen? Wie können Sie Ihrem Glück nachhelfen?

ben Sie zurückhaltend. Sie sind jetzt der Starke, der willensstark und konsequent genug war, sein Schicksal selbst in die Hand zu nehmen. Ihr Chef, der Ihnen den Arbeitsalltag so schwermachte, dürfte seine eigenen Ambitionen haben. Vielleicht hat er Sie ja die ganze Zeit über beneidet. Wir sollten für unser gütiges Schicksal dankbar sein. Wer weiß, wie sich diese Nachricht einmal bezahlt macht.

Viel Glück!

TEIL V

Erfüllung

Echter Erfolg ist keine Sache des Siegens,
Besitzens und An-der-Spitze-Stehens,
sondern des Teilens, Gebens und Einbeziehens.

Im Berufsleben dreht sich normalerweise alles um den Erfolg – um geglückte Projekte, beruflichen Aufstieg, große Gewinnspannen, Profitmaximierungen. Man geht davon aus, daß Erfolg allein glücklich und zufrieden macht. Natürlich wollen Erfolge gefeiert werden und führen oft zu einer Erleichterung und Zufriedenheit, die für diesen Sektor des Energierads typisch ist: positive Ruhe. Aber im Berufsleben gibt es ebensowenig wie im Privaten eine Erfolgsgarantie. Auf diesjährige Gewinne folgen nächstes Jahr vielleicht Verluste. Die Beförderung bringt möglicherweise eine Unmenge neuer Probleme mit sich. Oder der vielversprechende neue Kunde überlegt es sich schließlich doch anders.

Im spirituellen Bereich gibt es eine andere Art von Erfolg, einen, der nicht mit den Launen des Marktes wechselt, sondern beständig ist, weil er im Innern gründet. Gemeint ist das innere Glück der Erfüllung.

Dieser Glückszustand ist geistig, charakterlich und sogar physiologisch verankert. Wissenschaftliche Untersuchungen haben ergeben, daß Serotonin, eine im Gehirn vorkommende Substanz, in doppelter Hinsicht erfolgsbezogen ist: Erfolgreiche Menschen haben einen höheren Serotoninspiegel, und ein höherer Serotoninspiegel fördert den Erfolg.

Selbst bei Schimpansen ist dieser chemische Zusammenhang nachweisbar; die Gehirne der Alphatiere sind reich an Serotonin. Offensichtlich gibt es unbewußte Prozesse in unserem Körper, die den Glückszustand der Erfüllung sowohl fördern als auch reflektieren.

Als die Menschen noch in Stammesverbänden und Sippen lebten, war Erfolg eine einfache und klare Sache. Kam ein Jäger mit einem erlegten Bären zurück, feierte ihn das ganze Dorf. Es wurde gesungen und getanzt, und für den Rest seines Lebens war er der Bärentöter. Einen Bären zu erlegen ist schwierig und gefährlich. Es erfordert Kraft, Geschick und Glück. So etwas gelingt nur wenigen. Wem es gelingt, der hat nicht nur ein Tier erlegt, sondern auch seine Angst und Selbstzweifel überwunden. Er ist danach ein anderer, dessen innere Stärke nun ihm und seiner Sippe zugute kommt. Wir werden im letzten Kapitel dieses Teils noch genauer auf die innere Stärke eingehen.

Der heutzutage so begehrte äußere Erfolg ist spirituell gesehen oftmals etwas ziemlich Oberflächliches. Unsere Gesellschaft beklatscht Reichtum und Ruhm, aber wie jeder aus den Boulevardblättern weiß, sind sie noch keine Garantie für dauerhaftes Glück. Was an den persönlichen Krisen der Stars so interessiert, ist, daß es diesen Glückspilzen offensichtlich nicht anders zu gehen scheint als uns, die weniger im Rampenlicht stehen. Wir trösten uns damit, daß auch sie das Glück nicht gepachtet haben.

Echter Erfolg, echtes Glück ist keine Sache des Siegens, Besitzens und An-der-Spitze-Stehens, sondern des Teilens, Gebens und Einbeziehens. Ist das beruflich überhaupt umsetzbar? Tatsächlich kann der Erfolgsdruck dem Glück im Wege stehen. Die Konkurrenz schläft nicht. Sie sorgt für Sieger und Verlierer und erzwingt oft Verhaltensweisen, die echte Erfüllung verzögern oder sogar verhindern. Die Minderung der Produktqualität zugunsten eines größeren Profits und die Beförderung eines Managers, nicht weil er für ein gutes Betriebsklima sorgt, sondern weil er die Kosten senkt, sind zwei bekannte Beispiele dafür. Kostenminimierung und Profit stehen für Erfolg. Die Qualität eines Produkts und eine gute Personalführung haben mit Erfüllung zu tun. Doch selbst wenn sie vorhanden ist, bringt sie oftmals beruflich keinerlei Anerkennung mit sich. Die Standardmaßstäbe beruflichen Erfolgs sind Einkommenssteigerung, Profit, Marktanteil, Bekanntheitsgrad des Markennamens – schwerer meßbare Werte wie die Zufriedenheit der Mitarbeiter, die Einbeziehung der Region, Umweltverträglichkeit und Ehrlichkeit fallen unter den Tisch.

Nach einem Vortrag über dieses Thema kam einmal eine Frau zu mir, die den Tränen nahe war. Sie war zehn Jahre lang in einem Armenviertel Grundschullehrerin gewesen und hatte gute Arbeit geleistet, was ihre Empfehlungsschreiben bewiesen. Doch wäre ihr in all den Jahren kein einziges Mal bestätigt worden, daß sie seelisch schwere Arbeit leistete. Für eine solche Anerkennung hätte sie gerne auf alle äußeren Auszeichnungen verzichtet. Nach zehn Jahren gab sie das Lehramt auf. Jetzt drückte sie wieder die Schulbank, um sich umschulen zu lassen. Sie wußte, daß ihre innere Leistung echt war. Es war an den Augen ihrer Schüler abzulesen. Aber da das Schulsystem keine Anerkennung solcher seelischen Leistungen vorsah, hatte sie schließlich keine Kraft mehr weiterzumachen.

Dieser Abschnitt behandelt zum einen die Möglichkeiten innerer Erfüllung und beleuchtet zum anderen, wie man mit dem Auf und Ab konventionellen Erfolgs umgeht. Es wäre doch wunderbar, könnten wir uns wie Götter des Olymps ewig auf unseren Lorbeeren ausruhen! Ewiges unverrückbares Glück – dieser größte Wunsch des Menschen hat zwei Haken: Erstens ist ein solcher Zustand unerreichbar, und zweitens wäre er unerfreulicher, als man denkt! Die griechischen Götter waren gar nicht so glücklich. Tatsächlich zeugt ihr Verhalten von einem gewissen Überdruß, der Langeweile heutiger Jetsetter vergleichbar. Und der Buddha, der als Prinz im Luxus aufwuchs, dann aber auf Macht und Reichtum verzichtete, um ein Wanderasket zu werden, gründete seine ganze geistige Lehre auf die Erkenntnis, daß ihm selbst als Prinz und König kein dauerhaftes Glück beschert war.

Wenn man mit seinem Erfolg gut umzugehen versteht – mit Würde, Bescheidenheit, Humor und Großmut –, zeugt das von Weisheit. Äußerer Erfolg – ein toller Beruf, ein dickes Gehalt – mag zwar vergänglich und flüchtig sein, innerer Erfolg ist es nicht. Innere Zufriedenheit gehört zu den wenigen Dingen im Leben, die Bestand haben, selbst über den Tod hinaus. Unsere inneren Leistungen erlauben uns, in unseren alten Tagen zurückzuschauen und zu sagen: »Ich bin froh, daß ich das getan habe. Es war gut so. Es hat etwas bewirkt.«

Herb war über 80 Jahre alt und früher Manager in einer Versicherungsgesellschaft gewesen. Er erfreute sich bester Gesundheit, und seine Pension war ein Beweis seines beruflichen Erfolgs. Trotzdem kam in ihm, wenn er an seine Laufbahn zurückdachte, eher Bedauern als Zufriedenheit auf. Das Versicherungsgeschäft hatte ihn innerlich nie sonderlich erfüllt.

Eines Tages erhielt er einen Brief von Arnold, der vor

Jahrzehnten einmal sein Mitarbeiter gewesen war. Arnold war homosexuell, und damals waren die Vorurteile gegenüber Homosexuellen groß. Obwohl sich Arnold niemandem am Arbeitsplatz offenbarte – hätte er dies getan, wäre er gefeuert worden –, ahnten viele seiner Vorgesetzten die Wahrheit. Als er bei Beförderungen immer wieder übergangen wurde, verstand Arnold schließlich, daß Vorurteile am Werke waren. Herb jedoch machte da nicht mit, er nahm Arnold unter seine Fittiche und förderte ihn entsprechend seinen Fähigkeiten. Herb war immer der Meinung gewesen, daß Menschen – unabhängig von ihrem Glauben und ihren Privatangelegenheiten – fair behandelt werden sollten. So war für ihn das, was er für Arnold getan hatte, nichts Besonderes gewesen.

Als Herb Arnolds Brief öffnete, las er, daß dieser ihn mit für den wichtigsten Menschen in seinem Leben hielt, das sonst anders verlaufen wäre. Arnold dankte Herb von Herzen. Herb war von dem Brief tief gerührt. »Dieser Brief handelte von der größten Leistung in meinem ganzen Berufsleben«, erklärte er mir, »und ohne ihn wäre sie mir nicht einmal bewußt gewesen.« Der Brief bedeutete Herb mehr als sämtliche Gratifikationen, Auszeichnungen und Aktienoptionen, die er im Laufe seines Berufslebens erhalten hatte, denn er verkörperte nicht nur äußeren Erfolg, sondern echte Erfüllung.

Es sind derartige Rückblicke, die uns gestatten zu sagen, daß sich unser Leben gelohnt hat. Sie sind es letzten Endes, die uns in Würde altern und sterben lassen.

In diesem Teil werden Bereiche untersucht, in denen die positive Energie der Erfüllung zum Ausdruck kommt. Das Kapitel über die Kontrolle wird paradoxerweise vom Aufgeben der Kontrolle handeln, davon, die Situation selbst zu Wort kommen zu lassen. Großzügigkeit ist der klassische Ausdruck des fähigen Geistes, der sich in aller Offenheit frei mit anderen austauschen kann. Aus dem Empfinden innerer Erfüllung erwächst Dankbarkeit, dafür, daß man da ist, als ein Lebewesen unter vielen. Und schließlich liegt das Glück der Erfüllung nicht in äußerer Machtausübung, sondern in der inneren Ruhe eines reifen Charakters.

15

»Kontrolle«

Am Anfang dieses Buches habe ich darauf hingewiesen, daß
die Arbeit einen Teil unseres Lebens darstellt, den wir nicht
vollkommen in der Hand haben. In anderen Lebensberei-
chen sind wir vergleichsweise unabhängig. Im allgemeinen
können wir die Wohnung, die uns gefällt, mieten oder er-
werben, dürfen denken oder sagen, was uns gefällt, können
den politischen Kurs und das Kommunalleben mitbestim-
men, frei umherreisen, über unseren Glauben entscheiden
und die Früchte des modernen
Lebens genießen. Am Arbeitsplatz andererseits herrschen viel-
fältige Zwänge, da gibt es direkte
Vorgesetzte, Firmenvorschriften,
staatliche Regelungen, Bundes-
gesetze, die Launen des Marktes.

*Der Wind bewegt den
Drachen, doch du
hältst die Schnur in
der Hand. Du, der
Wind und der Drache
sind eins.*

Das ist mit ein Grund, weshalb so viele Menschen auf ein si-
cheres, regelmäßiges Einkommen zugunsten der Selbständigkeit verzichten. Das Gefühl der Unabhängigkeit und Ei-
genverantwortung ist eine Menge wert. Zumindest finde ich
das.

Spirituell gesehen ist jedoch jede Form der Machtausübung und Kontrolle eine Illusion. Man hat nichts völlig

unter seiner Kontrolle – weder seine Gesundheit, seinen Besitz, seinen Ehepartner, seine Kinder, seinen Beruf noch sein Land oder die Nation. (Die einzige Ausnahme ist, wie schon so oft in diesem Buch erwähnt, unser Innenleben.) Die technischen Errungenschaften täuschen nur über die Unbeständigkeit und Unberechenbarkeit des menschlichen Lebens hinweg. Zu den ersten Dingen, die der Buddhismus vermittelt, gehört das Gesetz der Vergänglichkeit: Nichts hat Bestand, auf nichts ist Verlaß, alles wandelt sich. Das heißt in anderen Worten, man kann nichts vollständig in seine Gewalt bringen, zumindest nicht dauerhaft. Alles entgleitet ständig unseren Händen.

Wenn man alles im Griff zu haben meint – weil die Dinge wie gewünscht laufen –, fühlt man sich wohl. Man ist locker und entspannt. In der Terminologie des Energierads ausgedrückt: man befindet sich in einem positiven Ruhezustand. Aber hinter dieser Ruhe nagt die Angst. Angenommen, die Dinge laufen plötzlich nicht mehr so gut – weil der Chef seine Meinung ändert, der Großkunde von der Konkurrenz abgeworben wird, die Lagerhalle vom Hochwasser überschwemmt wird oder irgend etwas anderes Unvorhergesehenes passiert. Da man sich seines Glücks niemals sicher sein kann, hält man so an seinem Erfolg fest. Man möchte vermeiden, daß er einem entwischt.

Manager haben vor allem die Aufgabe, im Grunde unberechenbare Umstände unter Kontrolle zu bringen, mittels Besprechungen, Memos, Anweisungen und Teambildungen. Teamwork – heute ein Schlagwort in aller Munde – ist schwieriger, als man annimmt. Ein paar Leute in einem Raum sind noch kein Team. Einer Gruppe ein gemeinsames Ziel, gegenseitiges Vertrauen und die Bereitschaft zur Zusammenarbeit zu vermitteln ist alles andere als eine leichte Angelegenheit. Aus der Saturnabteilung von General Motors, die lange als das Vorzeigemodell für Selbstverwaltung galt, hörte man kürzlich neue Töne. Viele der Mitarbeiter sind mittlerweile gegen die Selbstverwaltung und für eine Rückkehr zu normalen Vertragsverhältnissen, obwohl der Arbeitsvertrag bei United Auto Workers 600 Seiten stark ist. Ein solcher Vertrag ist eben handfester als die schwierige Aufgabe, sich ständig absprechen zu müssen.

Patentlösungen gibt es weder im Berufs- noch im Privatleben. Ich sage oft in meinen Gesprächen, daß jeder ein guter Geschäftsmann wäre, wenn alles im voraus feststünde. Es ist die Fähigkeit, mit Ungewißheiten zurechtzukommen, die den erfolgreichen Geschäftsmann auszeichnet. Und diese Fähigkeit ist in der Welt des Geistes nicht weniger wichtig als in der Geschäftswelt. Es ist noch einmal etwas anderes, ob man sich auf einem Retreat, wo alles in geordneten Bahnen verläuft, in der Meditation mit seinen Unsicherheiten auseinandersetzt, oder ob man inmitten der Hektik des Alltags damit zurechtkommen muß, wo viel auf dem Spiel steht.

Es ist Ihnen wahrscheinlich aufgefallen, daß ich die Überschrift dieses Kapitels in Anführungszeichen gesetzt habe – »Kontrolle«. In diesem Kapitel werden wir eine andere Form der »Kontrolle« kennenlernen, die Kontrolle durch Aufmerksamkeit beziehungsweise Achtsamkeit.

Auf den ersten Blick scheinen sich diese Begriffe zu widersprechen. Wie kann man durch bloße Aufmerksamkeit etwas kontrollieren? Ist die Achtsamkeit im Vergleich zur Kontrolle nicht etwas Passives? Wie soll das genügen? Durch Aufmerksamkeit die Kontrolle auszuüben hat in der Tat etwas Paradoxes an sich. Es bedeutet ja, die Kontrolle aufzugeben, den Dingen ihren Lauf zu lassen und darauf zu achten, wie sich die Situation entwickelt. Andererseits nimmt man dabei nicht die Position des unbeteiligten Zuschauers ein, sondern hat bewußt an der Situation teil.

Das versteht man normalerweise nicht unter »Kontrolle«, aber es verdient noch immer so genannt zu werden, im weiteren Sinn des Beherrschens, des inneren Vertrauens darauf, daß sich die Situation positiv entwickeln wird. Es ist wie beim Drachen steigen lassen. Der Wind bewegt den Drachen, doch man selbst behält die Schnur in der Hand. Man läßt den Drachen nicht los, hält ihn aber auch nicht mit beiden Händen fest. Man läßt ihn fliegen. Allein könnte der Drache nicht steigen. Aber man schreibt ihm keinen Weg vor. Man selbst, der Wind und der Drache sind eins. Kontrolle durch Aufmerksamkeit bedeutet, daß man sich vollständig in die Situation einbringt und sich und den anderen so weit vertraut, daß der Wind die meiste Arbeit erledigen kann. Wer beim Kontrollieren nicht auch locker lassen kann, dem wird es so wie vielen Managern und Vorgesetzten ergehen, die sich nur noch unter Berufung auf ihre Stellung durchsetzen.

Penelope war leitende Angestellte in einer großen Elektronikfirma und hatte einen Vorgesetzten, der bei Besprechungen leicht in Rage geriet und mit dem Herunterputzen von anderen schnell bei der Hand war. Penelope fügte gleich hinzu, daß sie – abgesehen von dieser Schwäche, die die meisten seiner Untergebenen als unvermeidlich hinnahmen – einen fähigen Chef hatte, der allgemeinen Respekt genoß. Einmal nach einer besonders unschönen Besprechung hatte Penelope es endgültig satt. Sie ging zu ihrem Chef ins Büro, setzte sich hin und sagte: »Ralph, Ihr Verhalten bei der Besprechung war unmöglich. Sie wissen, daß keiner von uns etwas dafür konnte, daß der Termin geplatzt ist. Ihr Auftreten war einfach lächerlich. Warum taten Sie das?«

Ralph sah weg und sagte lange Zeit nichts. Dann blickte er Penelope an und antwortete: »Sie haben recht. Es tut mir leid. Ich werde mich morgen bei allen entschuldigen.«

Nach diesem Vorfall konnte Penelope eine Veränderung an Ralph feststellen. Er gab sein launisches Verhalten nicht völlig auf, aber sie merkte, daß er um Mäßigung bemüht war. Er war kein schlechter Mensch und auch kein schlechter Vorgesetzter. Er war nur seiner Aura der Macht erlegen und dadurch von den Gefühlen anderer abgeschnitten.

Ralphs Verhalten stellt bei weitem keine Ausnahme dar. Wer selbst eine leitende Stellung inne hat, dem ist es sicherlich schon hin und wieder ein wenig wie Ralph ergangen. Und auch Penelopes Situation dürfte vielen nicht unbekannt sein. Menschen wie Ralph wollen mit ihrem Verhalten niemanden verletzen. Es ist nur ihre Antwort auf die unangenehme Tatsache, daß sie selbst auch nicht alles unter Kontrolle haben. Es ist ihre Art der Streßbewältigung.

Wenn Sie beruflich viel Aufsicht führen, wenn Sie Vorgesetzter oder Eigentümer sind oder wie Ralph zur Vorstandsetage gehören, kann Ihnen dieses Kapitel helfen, eine Durchsetzungsmethode zu finden, die die Realitäten des Wandels, der Ungewißheiten und Unsicherheiten einschließt. Doch kann die Methode der Kontrolle durch Achtsamkeit auch für diejenigen nützlich sein, die keine so hohe Position einnehmen. Wer war im Fall von Ralph und Penelope der eigentliche »Boß«? Wer beherrschte die Lage? Es war Penelope, die die Sache beim Namen nannte, ohne auf Titel und Stellung zu achten.

Interdependenz und Simultanität

Die Methode der Kontrolle durch Achtsamkeit basiert auf zwei spirituellen Gesetzen: der Interdependenz und der Simultanität.

Interdependenz heißt, daß wir trotz unserer äußerlichen Getrenntheit und Unterschiedlichkeit tief im Innern alle miteinander verbunden sind. Unsere Grundbedürfnisse und Instinkte, unser Wunsch zu lieben und geliebt zu werden, kurzum unser Menschsein verbindet uns alle. Die Interdependenz wird in Kapitel 17, wo es um Dankbarkeit geht, noch genauer behandelt werden.

Es gibt viele buddhistische Legenden, die diese Grundwahrheit erläutern: Einmal kam eine Frau mit ihrem kürzlich verstorbenen Kind in den Armen zum Buddha und bat ihn um eine Medizin, die ihren Sohn wieder zum Leben erwecken würde. »Ich brauche dazu eine Handvoll Senfsamen«, antwortete der Buddha, »aus einer Familie, in der noch keiner krank war oder gestorben ist.« Also machte sich die Frau auf und ging von Tür zu Tür, um eine solche Familie zu finden. »Nein«, antwortete man ihr ein ums andere Mal, »erst kürzlich starb hier jemand. Auch wir haben unser Kind verloren.«

Während die Frau so von Dorf zu Dorf zog, erkannte sie, daß ihr persönliches Leid etwas vollkommen Menschliches war und niemand davon verschont blieb. »Wie selbstsüchtig war ich in meinem Kummer!« sagte sie sich, als sie am Straßenrand rastete und über ihre Lage nachdachte. »Niemand entgeht dem Schicksal des Todes!« Es war etwas, das die Menschen miteinander verband. Auf diese Weise hatte ihr der Buddha geholfen.

Das Gesetz der Simultanität beruht auf dieser Verbundenheit: Egal, was man denkt oder fühlt, irgendwo denkt oder fühlt ein anderer zur gleichen Zeit etwas Ähnliches. Das war es, was die Frau mit dem toten Kind in der Geschichte erkannte.

In der chinesisch-buddhistischen Tradition gibt es ein Sprichwort, das dies auf den Punkt bringt: »Wenn Joe Whisky trinkt, wird Pete davon betrunken.« Die Menschen haben weitaus mehr gemeinsam, als man meint. Man braucht nur daran zu denken, daß wir, evolutionär gesehen, Gemeinschaftswesen sind, die nur durch gemeinsame Kraftanstrengen, durch dauernde Interaktion und Zusammenarbeit, überlebt haben. Unsere Gedanken und Gefühle, Einsichten und Ideen sind nichts, das wir ausschließlich besäßen, sie sind etwas ganz und gar Zwischenmenschliches. Wenn ich eine gute Idee habe, denkt sicherlich irgendwo irgendwer gerade etwas Ähnliches. Meine Heiterkeit überträgt sich auf meinen Nachbarn, mein Kummer auf meinen Arbeitskollegen. Am Arbeitsplatz kommt dieser natürliche Übertragungsmechanismus häufig eher indirekt zum Ausdruck. Er wird durch Konkurrenzsituationen oder andere Sachzwänge organisatorischer und hierarchischer Art überlagert. Trotzdem läßt sich die Simultanität positiv nützen, wie wir gleich sehen werden.

Was ist Achtsamkeit?

Achtsamkeit gehört zu den Grundlagen spirituellen Lebens. Achtsam sein bedeutet, die Dinge wahrheitsgemäß zu sehen, statt so, wie man sie sich vorstellt. Wenn man zum Beispiel während der Meditation auf seine Atmung achtet, setzt man sich mit einer Wirklichkeit auseinander, die elementarer ist als die Monologe und Dialoge, die das Wachbewußtsein normalerweise beschäftigen. Der Suchscheinwerfer unserer Aufmerksamkeit läßt sich auf alles richten, aber wie oft wird er gezielt eingesetzt? Darin unterscheidet sich das spirituelle vom normalen Leben.

Eine meiner Lieblingsgeschichten handelt von Ikkyu, einem buddhistischen Meister aus Japan, der im 16. Jahrhundert der Abt eines berühmten Klosters gewesen ist. Eines Tages kam ein reicher Förderer mit der Bitte zu Ikkyu, er möge ihm eine Kalligraphie anfertigen. Ikkyu griff daraufhin zu seinem Pinsel und brachte in einem Schwung das chinesische Schriftzeichen für Aufmerksamkeit zu Papier.

Der Mäzen hatte sich mehr erwartet: »Meister, es darf ruhig ein längerer Spruch sein«, bat er höflich.

Ohne ein Wort zu sagen griff Ikkyu nochmals zum Pinsel und schrieb wieder nur das eine Schriftzeichen: »Aufmerksamkeit!«

Der Patron wurde ärgerlich. Er wollte einen Sinnspruch, den er zu Hause an die Wand hängen konnte, um seine Gäste zu beeindrucken. »Sicher hat der Meister seinen Spruch noch nicht beendet.«

Nun ebenfalls ärgerlich, nahm Ikkyu den Pinsel und schrieb dreimal rasch hintereinander »Aufmerksamkeit! Aufmerksamkeit! Aufmerksamkeit!«

Spirituelle Aufmerksamkeit ist mehr als ein normales Beobachten und Zuhören, sie unterscheidet sich von der Konzentration, die man beim Kreuzworträtsel lösen oder beim Einfädeln eines Fadens braucht. Zu ihr gehört, daß man auch auf das achtet, was sich nicht beziehungsweise noch nicht direkt wahrnehmen läßt, daß man offen ist für Neues. Das funktioniert am besten, wenn man seine Aufmerksamkeit nicht völlig scharf stellt, so daß die Dinge wie im Zwielicht erscheinen. In der Dämmerung verschwimmen die Umrisse der Dinge, doch werden sie dadurch auch vieldeutiger. Das ist das Magische und Poetische an der Dämmerung, daß die Grenzen der Innen- und Außenwelt verschwimmen und man sich seines Deutungsanteils bewußter wird. Woher kommt das Rascheln im Busch? Ist es eine Wachtel oder ein Bär? Es ist nicht zu sehen, also hält man beides möglich.

Deshalb wird in den Kampfkünsten auch der »offene Blick« geübt, was bedeutet, daß man nicht direkt auf den Gegner, sondern um ihn herum schaut. Auch wenn es einem zunächst komisch vorkommt, es ist tatsächlich die einzige Möglichkeit, den Gegner voll im Blick zu haben. Diese Art von Aufmerksamkeit hat nichts mit Passivität oder Teilnahmslosigkeit zu tun. Im Gegenteil, sie ist sehr energiegeladen und konzentriert.

Angenommen, Sie haben sich mit Ihrem Ehe- oder Lebenspartner beim Haupteingang eines Hotels verabredet, aber vergessen, den Treffpunkt genauer festzulegen. Sie können ihn nicht mehr erreichen, so daß Sie wohl oder übel vor dem Hotel Ausschau nach ihm halten müssen. Natürlich suchen Sie sich eine Stelle aus, von der aus Sie den gesamten Eingangsbereich mit sämtlichen Drehtüren überblicken.

Vielleicht ist es ein besonderer Anlaß, ein Geburtstagsessen oder ähnliches, weshalb Sie sich auf keinen Fall verpassen dürfen. Sie wissen genau, wen Sie treffen wollen, aber gerade deshalb wäre es das Verkehrteste, nur auf eine Tür zu schauen. Um den geliebten Menschen nicht zu übersehen, halten Sie sich viele Möglichkeiten offen.

Weniger Vorschriften machen

Wie läßt sich das auf das Berufsleben übertragen?

William war zweiter Geschäftsführer einer Boutiquekette für Damenbekleidung. Er war für landesweit vierzig Filialen zuständig. Da die Firma rasch expandierte, waren er und sein Team ständig im Streß. Es verging kein Tag, an dem nicht irgendwelche kleineren Katastrophen gemeldet wurden – eine Lieferverzögerung, ein Wasserrohrbruch, die plötzliche Kündigung eines Filialleiters oder ein Einbruch ins Intranet durch eine Citygang.

William war in diese Position aufgestiegen, weil er Probleme lösen konnte und wußte, wie etwas anzupacken war. Den wichtigsten Teil seines Arbeitstags stellte die allmorgendliche Mitarbeiterversammlung dar, in der die Prioritäten für den Tag gesetzt wurden. Diese Besprechungen waren wegen ihrer Hektik und ihres beinahe militärischen Tons bekannt. Der Ablauf war fast immer der gleiche. Die Probleme wurden von seiten der Mitarbeiter geschildert und jeweils andiskutiert, bis William entweder abrupt einen Vorschlag aus dem Team aufgriff oder völlig andere Anweisungen gab.

In den Jahresabschlußbesprechungen dieser Firma durften auch die Untergebenen Kritik nach oben äußern. William hatte gerade eine solche Beurteilung hinter sich, als ich ihn kennenlernte. Obwohl ihm insgesamt Kompetenz bestätigt wurde, kritisierten seine Untergebenen seinen Führungsstil mit Worten wie »hört nicht zu«, »befehlshaberisch«, »herablassend«, »ungeduldig gegenüber Vorschlägen«.

Ich hatte einige Jahre eine ähnliche Position innegehabt wie William und hatte zum Teil dieselbe Kritik zu hören bekommen. Mein Temperament ist aufbrausend, ich neige zur Ungeduld und führe gerne das Wort. Ich bin es gewöhnt, mich durchzusetzen, was die Teamarbeit natürlich nicht gerade fördert. Da ich um eine alltägliche Umsetzung meiner buddhistischen Schulung bemüht bin, fand ich mit der Zeit zu folgenden Gegenmaßnahmen:

1. Wenn mir in einer Besprechung oder einem persönlichen Gespräch eine gute Idee oder Lösung kommt, stelle ich sie mir zunächst als eine »Rauchschwade« im Zimmer vor und lasse sie sich eine Weile ausbreiten, bevor ich das Wort ergreife oder handele. Dasselbe tue ich, wenn andere eine Idee äußern.
2. Immer wenn ich das Gefühl habe, daß das Gespräch auszuufern beginnt oder unproduktiv zu werden scheint, lasse ich das zu, statt sofort zum Thema zurückzurufen. Ich finde es manchmal hilfreich, diese Absicht im stillen zu verbalisieren: »Laß es zu, laß es zu.« Andere Male helfe ich mir mit einem eigenen Mantra: »Warten, warten, warten...«
3. Wenn ich mich nicht mehr zurückhalten kann, versuche ich mich möglichst kurz und sachlich zu fassen. (Was mir sehr schwer fällt!)
4. Ich beobachte die Situation so aufmerksam wie möglich.

Hilfreich empfinde ich auch, wenn ich meine Ungeduld irgendwo im Raum »verstaue«, in einer Blumenvase oder einer Schublade. Es funktioniert besser, als wenn ich mir auf die Zunge beiße. Die Ungeduld hat so ihren Platz und ich kann mich ungestört anderen Dingen zuwenden.

Oft ist es so, daß sich das Gespräch auch ohne mein Eingreifen in die gewünschte Richtung entwickelt, da die Lösung bereits in der Luft liegt. Und dadurch, daß ich nicht mehr ständig als Befehlshaber auftrete, kommt auch ein Gefühl echter Zusammenarbeit auf. Die Entscheidungen werden nun von der Gruppe und nicht mehr nur von mir allein gefällt.

Natürlich fielen mir diese Übungen anfangs genauso schwer wie William, der sich entschlossen hatte, sie auszuprobieren. Für ungeduldige Menschen wie William und mich bedarf es großer Selbstüberwindung, eine Situation sich entwickeln zu lassen. Jeder Fortschritt in dieser Richtung war für mich ein großes Erfolgserlebnis. Mein Team wurde selbständiger und wuchs mit der Zeit stärker zusammen.

William hatte anfangs weniger positive Erfahrungen gemacht, als das bei mir der Fall gewesen war. Er stellte vor allem fest, daß das Anleiten durch Aufmerksamkeit zeitaufwendiger war. Oft mußte er am Ende der Mitarbeiterbesprechung doch noch Anweisungen geben, da die von ihm bevorzugte Lösung noch nicht gefunden war.

»Wie waren die Lösungsvorschläge?«

»Nicht schlecht«, gab William zu, »meistens hatte ich jedoch noch eine bessere Lösung. Den Leuten fehlt es einfach an Erfahrung.«

»Gab es auch einmal bessere Vorschläge als ihre?«

»Manchmal«, räumte William ein.

Ich fragte William, ob er seine Lösung schon einmal in einem Einrichtungsgegenstand »verstaut« hätte. Er gab zu, dies bislang noch nicht ausprobiert zu haben, da er den Vorschlag seltsam fand.

»Gut, dann versuchen Sie doch einmal folgendes«, sagte ich, »sagen Sie das, was Sie zu sagen haben, einfach im stillen und beobachten Sie, ob die anderen es hören können.«

William fand diesen Vorschlag fast genauso komisch wie das »Verstauen« seiner Gedanken in einer Vase, aber er wollte ihn ausprobieren.

In der darauffolgenden Woche klang sein Bericht schon viel positiver. Komischerweise schien sich die Diskussion in die von ihm gewünschte Richtung zu bewegen, wenn er der Gruppe seine Lösung im stillen »zurief«.

Bei der Methode des aufmerksamen Anleitens muß man nicht nur genau wissen, was man will, sondern auch dem Leistungsvermögen anderer vertrauen. Sie beruht letzten Endes nicht auf Befehlsgewalt, sondern auf Rücksichtnahme. William war schon der Chef. Für seine Mitarbeiter war er der Entscheidungsträger. Mit anderen Worten, sie respektierten ihn bereits! Er mußte ihnen lediglich noch mehr Aufmerksamkeit widmen.

Ein ähnliches Thema behandelt auch Deborah Tannen in ihrem Bestseller *Du kannst mich einfach nicht verstehen.* Sie beschreibt dort zwei unterschiedliche Kommunikationsstile. Kommunikation kann als Wettkampf oder als Zusammenarbeit aufgefaßt werden. Für den »wettbewerbsorientierten Gesprächsstil« ist charakteristisch, daß die Person jede Pause im Redefluß des anderen ausnutzt, um etwas dazwischenzuwerfen oder um das Wort an sich zu reißen. Eine Person, die mehr den »kooperativen Gesprächsstil« pflegt, ist stärker am Zuhören interessiert und versucht daher, den anderen möglichst viel zu Wort kommen zu lassen.

In beiden Fällen ist Konzentration notwendig. Der wettbewerbsorientierte Sprecher paßt Lücken ab, während sich der kooperative Gesprächspartner auf die Worte des anderen konzentriert. Williams Gesprächsstil war eher wettbewerbsorientiert, und deshalb schlug ich ihm eine Zuhörübung vor. Wer umgekehrt eher Schwierigkeiten hat, ein Wort unterzubringen, weil er lieber zuhört, sollte freilich das Wortergreifen üben. Ein fruchtbares Gespräch hängt davon ab, ob beide Gesprächspartner abwechselnd beides können. Das Anleiten durch Aufmerksamkeit übt mehr das Zuhören, während das leise »Zurufen« eine wettbewerbsorientierte Technik ist. Entscheidend ist jedoch jeweils die Aufmerksamkeit. Sie wirkt, ganz gleich ob sie einem als etwas Privates und Unsichtbares vorkommt und andere sich ihrer Wirkung bewußt sind oder nicht.

Den richtigen Moment abwarten

Das aufmerksame Anleiten ist nicht nur eine Gesprächstechnik. Es beruht auf einer Haltung der Großzügigkeit und Geduld und läßt sich als Unterrichts-, Beratungs- und Feedbackmethode einsetzen.

Das Zurechtweisen Untergebener gehört mit zu den schwierigsten Aufgaben eines Managers. Manchmal mag man sich noch so sehr anstrengen, und die Kritik wird trotzdem falsch aufgefaßt. Niemand läßt sich gerne tadeln. So ist immer mit Groll von seiten des Kritisierten zu rechnen. Viele Manager geben nach einer Weile das Zurechtweisen überhaupt auf, obwohl das auch keine gute Lösung ist.

Zwischen Kritikverzicht und Zurechtweisung gibt es noch einen Mittelweg, nämlich das wortlose, aufmerksame Verfolgen einer Situation, bis der richtige Moment gekommen ist. Es ist ein himmelweiter Unterschied, ob man einen problematischen Mitarbeiter eine Zeitlang genau beobachtet oder ihn einfach gewähren läßt. Allein schon diese Achtsamkeit kann eine Änderung bewirken oder den richtigen Moment zum Eingreifen zeigen.

Ich begriff dies zum ersten Mal anhand von Suzuki Roshis Lehrmethode. Er hielt sich mit direkten Belehrungen sehr zurück und kritisierte selten. Statt dessen beobachtete er einen wortlos, bis sich eine günstige Gelegenheit ergab. Das konnte Wochen dauern. Dann sagte er das, was er zu sagen hatte. Da es im richtigen Moment geschah, gingen einem seine Worte sehr zu Herzen.

Während eines Sommers im Kloster hatte ich seine Zelle zu putzen. Obwohl normale Mops vorhanden waren, wollte ich auf traditionelle Art putzen und wischte seinen Holzboden auf den Knien aus. Er hielt sich gewöhnlich in meiner Nähe auf, wenn ich das tat. Entweder erledigte er in der Zelle irgend etwas oder draußen im Garten. Ich gab mir große Mühe beim Wischen, und über zwei Wochen sagte er kein Wort.

Eines Morgens kam er zu mir, nahm wortlos das Putztuch, faltete es zu einem langen Rechteck, kniete sich hin und wischte in systematischen Auf- und Abbewegungen den Boden. Es war eine viel effizientere Art des Putzens. Er hätte sie mir schon am ersten Tag zeigen können, aber er hatte mir offensichtlich nicht vorgreifen wollen. Ich hatte seine tagelange Beobachtung nicht bemerkt. Das machte sein Eingreifen um so wirkungsvoller. Denn jetzt begriff ich die Fürsorge, die hinter seiner Belehrung stand. Er zeigte mir mehr als nur richtiges Putzen.

Ähnliches illustriert eine Geschichte vom Dichtermönch Ryokan, der im Japan des 18. Jahrhunderts lebte. In Ryokans Dorf war der Sohn eines angesehenen Kaufmanns auf die schiefe Bahn geraten und so zum Schandfleck der Familie geworden. Als er sich gar nicht mehr zu helfen wußte, bat der Kaufmann Ryokan, einige Wochen sein Gast zu sein, damit er den jungen Mann zur Vernunft bringen möge.

Die Tage vergingen und Ryokan schien sehr zum Leidwesen des Kaufmanns überhaupt nichts zu unternehmen. Ja, er sprach nicht einmal mit dem Jungen. Mehrmals nahm der Kaufmann Ryokan beiseite und flehte ihn an, doch mit dem Jungen zu sprechen. Ryokan lächelte und nickte, aber die Zeit verstrich, ohne daß etwas geschah. Schließlich, am Tag von Ryokans Abreise, als er im Vorraum seine Reisekleidung anlegte, kam der Sohn herbei und bückte sich, um dem verehrten Gast entsprechend der Sitte die Strohsandalen zuzubinden.

Plötzlich, ohne zu wissen, warum, blickte der junge Mann zu Ryokan auf und sah eine einzige Träne über dessen Wange rollen. Der Sohn erkannte, daß diese Träne ihm galt. Das, so geht die Geschichte weiter, brachte den Umschwung. Der Blick in Ryokans Gesicht hatte den jungen Mann zur Vernunft gebracht. Der Kaufmann war überglücklich und schickte Ryokan ein teures Geschenk mit einem Dankesbrief. »Ich weiß nicht, wie Ihnen das gelang«, schrieb der Kaufmann, »aber mein Sohn ist ein anderer Mensch.«

Ryokan schickte das Geschenk mit einer kurzen Notiz zurück: »Danke für Ihr Geschenk, das ich nicht annehmen kann. Ich habe Ihren Sohn nicht geändert. Sollte er vernünftig geworden sein, dann aus eigenen Stücken.«

Ryokan war nicht bescheiden, sondern einfach ehrlich. Man kann sich vorstellen, wie sich der Sohn während des zweiwöchigen Besuchs gefühlt haben muß. Er war kein Narr. Er wußte, daß es sich um einen weiteren Versuch seines Vaters handelte, ihn zurechtzuweisen. Jeden Tag erwartete er von dem Geistlichen eine Standpauke nach Art seines Vaters. Aber Ryokan sagte nichts. Er beobachtete den Jun-

Übungen zum Thema »Kontrolle«

- Wenn Sie in einer Besprechung oder in einem Gespräch etwas Dringendes zu sagen haben, warten Sie ab. Hören Sie zu und beobachten Sie, was geschieht.
- Bevor Sie jemanden zurechtweisen, beobachten Sie ihn zunächst noch eine Weile. Warten Sie eine passende Gelegenheit ab.
- Welche Beispiele der Simultanität und Interdependenz kennen Sie beruflich? Fanden Sie schon einmal Ihre eigenen Ideen und Gedanken in den Beiträgen anderer vorweggenommen? Können Sie in solchen Fällen eher die Zusammenarbeit fördern als die Konkurrenz?
- Können Sie, sofern Sie Manager sind, ohne Ihre Position auszuspielen, mit Hilfe dieser Prinzipien die Richtung weisen und Anleitungen geben?

gen nur genau, ohne ihn zu belehren oder zu tadeln. Er vertraute darauf, daß der Junge zur Einsicht käme und schließlich erwachsen würde.

Ryokan wußte, daß genügend Aufmerksamkeit und Vertrauen Wunder wirken konnten. Gäbe es doch auch im modernen Berufsleben genügend Achtsamkeit und Geduld, daß man auf solche Weise reifen könnte! Es gibt jedoch Ausnahmen, einige Manager halten sich in ihrem alltäglichen Umgang mit anderen instinktiv an diese Prinzipien.

Die meisten Menschen wollen etwas leisten und ihr Bestes geben. Was geschähe wohl, wenn man sie wie Drachen steigen ließe, statt sie zu bevormunden?

16

Großmut

Wie fühlt man sich, wenn man großzügig ist? Zufrieden, entspannt, offen und leicht – genauso, wie der positive Ruhesektor des Energierads beschrieben wurde. Großmut ist der greifbare Ausdruck der Offenheit, unserer Bereitschaft, uns in das Leid und Glück anderer Lebewesen einzufühlen.

Dazusein ist die grundlegendste Form der Großzügigkeit. Wenn uns eine Situation hoffnungslos erscheint und wir mit unserer Weisheit am Ende sind, können wir immer noch eines tun: präsent sein.

Großmut bewahrt im spirituellen Leben vor zu großer Innerlichkeit, also davor, daß man zu sehr mit sich selbst beschäftigt ist. Durch Großzügigkeit erfahren wir unsere Verbundenheit mit anderen. Oft wird Buddhismus mit Meditation gleichgesetzt, aber in der klassischen Reihe der sechs buddhistischen Tugenden steht Meditation an fünfter Stelle. Großmut ist die erste Tugend.

Großmut ist kein spiritueller Schnickschnack, sondern fundamental. Deshalb gibt es so viele Bereiche in unserem Leben – Familie, Kirche, Öffentlichkeit und Philanthropie –, wo man sich einbringt, ohne eine Rechnung dafür zu stellen. Wir verlangen von unseren Kindern keine Bezahlung dafür, daß wir sie aufgezogen haben. Wir schikken unserem Bekannten, dem wir beim Umzug geholfen haben, keine Rechnung. Wir verlangen kein Geld für die Zeit, die wir im Krankenhaus volontiert haben. Die Menschen praktizierten Großzügigkeit, als es noch keine Beschäftigungen und Berufe, kein Geld, ja sogar noch keine Dörfer und Städte gab. Es ist etwas, das wir alle instinktiv können.

Natürlich legen Menschen ihre Großzügigkeit am Arbeitsplatz nicht völlig ab. Aber dort herrscht eine andere Atmosphäre als in der Kirche oder der Familie: Man wird für seine Tätigkeit bezahlt – das macht die Arbeit gerade zur Arbeit. Und selbstverständlich möchte man soviel Geld wie möglich verdienen. Wann kam es schon vor, daß jemand seinen Chef um eine Gehalts*verringerung* bat? Gewerkschaftsmitglieder nehmen vielleicht eine Gehaltsreduzierung in Kauf, um überhaupt ihren Job zu behalten, aber in der Regel hat auf dem Arbeitsmarkt jedes Können seinen Preis.

Auf dem Arbeitsmarkt konkurriert man um Entgelte, man versucht möglichst gute Geschäfte zu machen und bemißt seinen Wert mit Hilfe jenes universellen Maßstabs, der nirgends in der Wirtschaft fehlt – Geld. Wenn es um Großzügigkeit geht, haben solche Überlegungen keinen Platz. Dort braucht der Wert unseres Tuns nicht mehr berechnet zu werden. Er ist bereits vorhanden. Wir benötigen keinen Lohn. Großzügigkeit ist an sich etwas Unbezahlbares.

Jeder von uns wechselt zwischen diesen beiden Welten hin und her. Man lädt eine gute Freundin an einem Werktag zum Mittagessen ein, um sie wegen ihrer kürzlichen Scheidung zu trösten. Oder das Telefon klingelt, während man seinem Kind gerade bei den Hausaufgaben hilft, und es ist der Chef mit einer dringenden Bitte. Das Umschalten zwischen beiden Bereichen ist nicht schwer, aber ihre Verbindung sehr wohl.

In dem buddhistischen Zentrum, in dem ich viele Jahre als Lehrer tätig war, betrieben wir ein Restaurant, eine Bäckerei, einen Buchladen und eine Boutique, um uns finanziell zu tragen. Wir sahen darin keinen Nebenerwerb, sondern einen Teil unseres spirituellen Lebens. Es waren »Gelegenheiten zur Praxis«. Denn die spirituelle Praxis ließ sich beim Kellnern, Backen und Nähen in Gemeinschaft mit Gleichgesinnten vertiefen. Um das Zentrum zu unterstützen, erhielten alle Mitarbeiter nur die Hälfte des jeweils marktüblichen Gehalts.

Nach außen hin schienen sich Handel und Spiritualität wunderbar verbinden zu lassen, aber intern gab es Spannungen. Einmal schlug ich allen Führungskräften des Zentrums in einem Memo vor, daß man normale Gehälter zahlen und jedem einzelnen freistellen sollte, ob er dem Zentrum etwas (steuerlich absetzbar) spendet. Die Beiträge der Mitarbeiter an das Zentrum sollten nicht mehr automatisch zurückbehalten werden.

Dieser Vorschlag wurde angenommen. Man war der Auffassung, Geld sei unwichtig und die Unterscheidung zwischen Arbeit und Spaß würde mehr für Verwirrung als für Klarheit sorgen.

Aber mit der Zeit fühlten sich die Leute ausgenützt, so daß man doch langsam zu einer konventionellen Geschäftsführung überging.

Großzügigkeit bei der Arbeit

Obige Geschichte zeigt, daß sich selbst bei besten Absichten Geschäftliches und Spirituelles nicht leicht unter einen Hut bringen lassen. Ich glaube, der Fehler lag darin, daß wir vorzuschreiben versuchten, wie großzügig der einzelne zu sein hätte. Das funktionierte nicht. Echte Großzügigkeit ist immer eine freiwillige Angelegenheit – sie kommt von Herzen und nicht nach Vorschrift.

Nach meiner Beobachtung versuchen die Menschen bei der Arbeit im allgemeinen ihren Kollegen gegenüber möglichst großzügig zu sein. Wie schon gesagt, ist Großmut ein menschlicher Wesenszug. Aber da die Arbeitswelt nach eigenen Gesetzmäßigkeiten funktioniert, kommt dort Großzügigkeit nicht immer so zum Zuge wie in unserem Privatleben. Manchmal wird sie mißverstanden oder ausgenützt. Andere Male, wie in der folgenden Geschichte, wirkt sie, ohne daß sich die Empfänger dessen bewußt wären.

Freundlich sein

Ein bekannter Filmschauspieler, nennen wir ihn Curtis, erzählte diese Geschichte über Großmut am Arbeitsplatz. In einem Filmteam erklärte er, geht es wie bei Hofe zu. Der Regisseur ist der König. Die Schauspieler, besonders die Stars, sind die Höflinge und Adeligen; sie können es oftmals an Macht mit dem König aufnehmen. Sämtliche Techniker und sonstige Mitarbeiter stellen die Dienerschaft dar, der man zwar geschäftliche Anweisungen gibt, die man ansonsten aber nicht weiter beachtet.

Curtis, ein praktizierender Buddhist, fand, er müsse alle im Team genauso freundlich und respektvoll behandeln, ohne Rücksicht auf deren Status innerhalb der Filmwelt. Er wollte damit weder Aufsehen erregen noch irgendwen kritisieren noch für seine Religion werben. Er fühlte sich so einfach wohler.

Die Reaktion seiner Mitwelt verblüffte ihn. Er wurde oft verwundert gefragt: »Was machst du da, Curtis? Steckt da etwas Spirituelles dahinter? Warum bist du zu den Leuten so freundlich?«

»Es ist ein hartes Geschäft«, erklärte mir Curtis, »selbst die Schauspieler werden nicht sonderlich respektiert. Der Regisseur kommt zu dir, klopft dir auf die Schulter und sagt: ›Du mußt mehr trainieren, Curtis. Schau dir diese Falten am Hals an. Kann man da nicht einen Schal auftreiben?‹« Curtis gab die perfekte Vorstellung eines knallharten Hollywoodregisseurs. »Man ist schon radikal, wenn man einfach zu allen Menschen gleich freundlich ist. Es bringt das ganze System durcheinander.«

Ich wollte wissen, ob Curtis wegen dieses Verhaltens Nachteile in Kauf nehmen mußte. Doch als ich ihn das fragte, lachte er nur. »Das ist eben Hollywood«, sagte er und zuckte mit den Achseln. »Ich bin Schauspieler. Und Schauspieler sind nun einmal verrückt. Man hielt es für so eine Grille von mir.«

»Und blieben Sie dabei?« fragte ich.

»Ja«, sagte Curtis, »und es begann sich herumzusprechen. Ich glaube, es half mir bei der Karriere. Es ist ein hartes Geschäft, und da kann es in Zweifelsfällen ausschlaggebend sein, wenn man als jemand bekannt ist, mit dem es sich gut zusammenarbeiten läßt.«

An Curtis' Arbeitsplatz wurde mitmenschliche Freundlichkeit als seltsam empfunden, was kein Einzelfall sein dürfte. Eine ernüchternde Feststellung. Man fragt sich, in was für einer Arbeitswelt wir leben.

In meinen Workshops diskutieren wir oft, wie man am Arbeitsplatz Großzügigkeit üben könnte. Hier sind einige Vorschläge.

Vollkommene Rede

In den meisten Berufen ist die Sprache ein wesentlicher Bestandteil. Manche Berufe – die meisten Managementpositionen zum Beispiel – bestehen hauptsächlich aus Schreiben und Sprechen. Man kann sich leicht ein »effizientes« Sprechen angewöhnen und ohne große Höflichkeiten auskommen. Schließlich arbeitet man ja und ist auf keiner Party, wie ein rigoroser Geschäftsmann sagen könnte. Andererseits stellt die Rede, in gesprochener wie geschriebener Form, eine der besten Gelegenheiten dar, Großzügigkeit zu üben. Effizienz und Großmut brauchen sich nicht auszuschließen.

Im Buddhismus gibt es eine Lehre, die vollkommene Rede heißt. Traditionell zeichnen die vollkommene Rede Freundlichkeit, Gutartigkeit, Aufrichtigkeit und Respekt aus. Am Arbeitsplatz ist es aufgrund des Zeitdrucks oft schwierig, die vollkommene Rede mit der Gründlichkeit eines buddhistischen Mönchs zu üben, aber man kann sich zumindest in dieser Richtung bemühen. Im weitesten Sinn ist die vollkommene Rede *bewußtes* Sprechen: Man achtet darauf, was und wie man etwas sagt. Doch ist Großzügigkeit in der Rede nicht reine Formulierungssache, sondern ebenso eine Sache des Tons, der Redegeschwindigkeit, des Gesichtsausdrucks und der Körpersprache.

Selbst eine Kritik kann so ausgesprochen werden, daß sie Großmut beweist. Man vergleiche zum Beispiel die beiden folgenden Herangehensweisen:

»Sie sind wirklich kein Leistungsas, Jeffrey. Legen Sie gefälligst zu. Und ein bißchen plötzlich.«

»Leider sehe ich, daß Sie nicht das leisten, was ich mir erwartete, Jeffrey. Ich weiß, daß Sie sich anstrengen, und ich möchte gerne mit Ihnen besprechen, wie sich die Situation ändern ließe.«

Beide Aussagen enthalten die Kritik. Aber im zweiten Fall kommen auch Anerkennung, Teilnahme und Respekt zum Ausdruck. So ist es selbst bei mangelhafter Leistung anerkennenswert, daß sich jemand anstrengt. Gute Manager wissen oft instinktiv, wie sie etwas sagen müssen, damit sich der andere als Person geschätzt weiß. Einer der besten Manager, die ich je kannte, brachte das sogar fertig, ohne überhaupt etwas zu sagen. Schon die Art, wie er zuhörte, vermittelte einem das Gefühl, angenommen zu sein, was so weit ging, daß ihn selbst Mitarbeiter außerhalb seiner Abteilung bei Schwierigkeiten inoffiziell um Rat fragten. Nicht selten sah ich beim Nachhausegehen Leute vor seinem Büro warten, die kurz mit ihm sprechen wollten, obwohl sie nicht direkt für ihn arbeiteten.

»Mit Ernie spreche ich immer gerne«, erklärte mir das jemand einmal. »Ich mag sein Wohlwollen.«

Die vollkommene Rede muß nicht immer sanft und

freundlich sein. Stimmt die Gesinnung, kann auch ein Ausdruck der Frustration, des Ärgers oder sogar des Zorns der vollkommenen Rede entsprechen. Letztlich hängt alles von der Absicht hinter den Worten ab und dem Bewußtsein, in dem man sie ausspricht.

Freundlich die Wahrheit sagen

Aufrichtigkeit ist ein weiterer Aspekt der vollkommenen Rede. Die Wahrheit kann ein Geschenk sein, wenn sie gütig mitgeteilt wird. Denn mit der Wahrheit kann man auch verletzen. Man wendet sich nicht an einen Kollegen und platzt heraus: »Also Sie haben einen derartigen Mundgeruch, daß es niemand neben Ihnen aushalten kann.« Außerdem müssen wir sorgfältig unterscheiden zwischen *unserer* Wahrheit, bei der es sich um eine bloße Meinung handeln kann, und *der* Wahrheit, die jedermann einsichtig ist.

Die Geschichte aus dem vorigen Kapitel von Penelope, die Ralph auf seine Mißstimmung bei Besprechungen aufmerksam machte, ist so ein Beispiel des freundlichen Wahrheitsagens. Hätte Penelope Ralph verletzen oder es ihm heimzahlen wollen, ließe sich ihre Beanstandung nicht großzügig heißen. Aber Ralphs Reaktion – »Sie haben recht. Es tut mir leid. Ich werde mich morgen bei jedem entschuldigen« – zeigt, daß Penelope nicht nur einfach kritisierte. Weil sie Ralph helfen und nicht verletzen wollte, war die Wahrheit, die sie ihm sagte, nicht nur für ihn ein Geschenk, sondern gleichermaßen für sie selbst und das ganze Team.

Ich erinnere mich an einen Vorfall, den Suzuki Roshi noch

zu seiner Zeit als Priester in Japan erlebte. Als er sich einmal mit einem anderen Priester draußen vor dem Tempel befand, rief ein Arbeiter, der gerade das Dach reparierte, zu ihnen hinunter: »Da sind wieder zwei so faule Priester, die nichts arbeiten. Wozu seid ihr eigentlich gut?« Suzuki sah eine Weile schweigend zum Dachdecker hinauf. Schließlich rief er ihm zu: »Der Nachbartempel hat ein wunderschönes Dach.«

Nun, abgesehen von der Tatsache, daß der Nachbartempel im ganzen Viertel wegen seines schönen Dachs bekannt war, welchen Sinn hatte diese Antwort auf die grobe Bemerkung des Dachdeckers? Keinen, solange man nicht die Wahrheit hinter Suzuki Roshis Worten begreift. Führt man den Gedanken weiter, ließe sich sagen, daß Suzuki Roshi etwas ins Gespräch brachte, worüber er und der Dachdecker einer Meinung waren, egal was letzterer über ihn und Priester im allgemeinen dachte.

Präsenz

Ist Ihnen schon einmal aufgefallen, daß das Wort »präsent« als Adjektiv, Substantiv oder Verb gebraucht werden kann? Präsent sein heißt da sein, anwesend sein. Präsent ist ein Geschenk. Und präsentieren bedeutet etwas darbieten, überreichen.

Dazusein ist die grundlegendste Form der Großzügigkeit. Wenn uns eine Situation hoffnungslos erscheint und wir mit unserer Weisheit am Ende sind, können wir immer noch eines tun: präsent sein. Zum Beispiel wenn jemand leidet, Schmerzen hat oder sehr traurig ist, kann man statt sich hilflos zu fühlen oder sich unnütze Gedanken zu machen, auch einfach nur anwesend sein. Anwesenheit ist auch das Geheimnis hinter dem Thema des vorigen Kapitels, dem aufmerksamen Anleiten. Erinnern Sie sich an die Geschichte von Ryokan und den trotzigen Jungen oder an William und sein Krisenteam? Beide Male trug die Kraft der Anwesenheit entscheidend zum Erfolg bei.

In meinem Büro bin ich sowohl Hauptgeschäftsführer als auch Chefprogrammierer, und eigentlich müßte ich überall gleichzeitig sein. Ständig bittet irgend jemand um einen kleinen Moment. Um noch genügend Zeit zur Erledigung meiner eigenen Aufgaben zu haben, halte ich die Gespräche mit meinen Angestellten, die sich manchmal etwas mehr erwarten, sehr kurz. In meiner früheren Stelle hatte ich einen Kollegen, der, wenn er ungeduldig wurde, einfach sagte: »Ich muß weiter!« Wenn man jedoch in einer Position wie ich ist, ist schon die bloße Anwesenheit hilfreich. Anwesend zu sein ist großzügig, ja auf indirekte Weise sogar produktiv. Ich muß mir das hin und wieder selbst sagen.

Um wirklich anwesend zu sein, genügt es nicht, daß man sich wie ein Sack Kartoffeln in einen Sessel plumpsen läßt. Auf großzügige Weise anwesend zu sein, heißt, ganz dazusein, mit all unserer Kraft, Aufmerksamkeit und Fürsorge. Versuchen Sie es, wenn Sie sich wieder einmal aus dem Zimmer stehlen wollen. Können Sie wirklich keine weiteren zehn bis fünfzehn Sekunden entbehren? Bedenken Sie, welchen Nutzen Sie und Ihre Mitarbeiter davon haben können.

Als ich einmal nach einer Operation im Krankenhaus lag, besuchte mich ein örtlicher Geistlicher. Während wir uns unterhielten, kam die stämmige Frau mittleren Alters, die mein Zimmer jeden Tag putzte, herein, um den Boden zu wischen und die Abfalleimer auszuleeren. Als sie ging, wies der Geistliche zur Tür und sagte: »Sie hat Heilkräfte.«

Ich verstand zunächst nicht, was er meinte. Aber später erkannte ich, daß es mir stets besserging, sobald sie das Zimmer betrat. Ihre ruhige, unaufdringliche Art, in der sie ihre Arbeit verrichtete, hatte tatsächlich etwas Heilendes und Fürsorgliches an sich. In der Hackordnung der Krankenhausangestellten stand sie zweifellos ganz unten, aber ich wette, daß die Menschen ihrer Gemeinde sie bewunderten und respektierten. Schon ihre bloße Anwesenheit verbreitete eine angenehme Atmosphäre im Zimmer. Man lernt das an keiner Universität und keiner Wirtschaftsschule. Diese Fähigkeit hat mit Glauben, Charakter und mit Gott zu tun.

Mit dem Herzen dabeisein

Jemanden ganz wahrzunehmen, heißt nicht nur, ihn anzusehen. Jemandem wirklich zuzuhören, heißt nicht nur, seine Worte zu registrieren. Beim großmütigen Sehen sind nicht nur die Augen beteiligt. Beim großmütigen Hören nicht nur die Ohren. Großmut kommt von Herzen. Mit dem Herzen zu hören und zu sehen bedeutet, daß man sich dem anderen ganz widmet. Es ist kein passives Dasein. Es ist ein bewußtes Tun.

»Von Herzen zuhören« ist nicht nur ein metaphorischer Ausdruck. Man hört tatsächlich mit dem Herzen, der Brust, aus der Körpermitte. Wir haben diese Technik schon in Kapitel 13 angesprochen, in Zusammenhang mit der Herzensfreundmeditation. Es handelt sich einfach um eine Erweiterung dieser Praktik auf andere Menschen.

Angenommen, Cathy, Ihre Untergebene, steckt den Kopf zur Tür herein und sagt: »Ich fühle mich nicht gut. Ich denke, ich werde heute bald heimgehen.« Wenn Sie kurz von Ihrer Arbeit aufschauen und sagen: »In Ordnung, ich hoffe, daß es Ihnen morgen wieder bessergeht«, war das ein Hören mit den Ohren. Haben Sie aber die Nachricht in ihrem ganzen Umfang aufgenommen, also auch Cathys Befindlichkeit mitbekommen und fühlen Sie mit ihr mit, dann sind Sie nicht nur mit den Ohren, sondern auch mit dem Herzen dabei. Ihnen sind vielleicht von Cathy verschiedene Dinge bekannt, zum Beispiel, daß sie an einer chronischen Krankheit leidet und irgendwann eine Operation ansteht, vor der sie jetzt schon Angst hat.

Vielleicht antworten Sie: »Ich würde wirklich gerne mehr für meine Mitarbeiter dasein und tue mein Bestes, doch kann ich nicht am Privatleben jedes einzelnen Anteil nehmen.« Das ist ein vernünftiger Einwand, und ich möchte niemanden zum Büroheiligen machen! Trotzdem könnten Sie als Übung der Großzügigkeit den Unterschied zwischen Zuhören und der Art des Hörens experimentieren, die oben beschrieben ist. Das nächste Mal, wenn sie mit einem guten Freund oder jemandem zusammen sind, zu dem Sie eine herzliche Beziehung haben, versuchen Sie einmal herauszufinden, was beim Zuhören anders ist, wenn man mit dem ganzen Herzen dabei ist. Vielleicht fällt Ihnen dabei auf, daß sich ein Teil von Ihnen, Ihr Herz, in die Befindlichkeit hineinversetzt, aus der heraus die Worte gesprochen werden. In diesem Sinn ist das Herz ein weiteres Sinnesorgan, dessen Aufgabe es ist, mitzufühlen. Und dann achten Sie einmal bei der Arbeit darauf, wenn Sie mechanisch zuhören – zum Beispiel wenn Sie an einer langweiligen Präsentation teilnehmen –, und versuchen Sie herauszufinden, was fehlt. In jener Situation ist das Herz nicht als Gefühlsorgan aktiv. Es schläft.

Es zwingt Sie niemand, diese subtilen Formen des Großmuts zu speziellen Zeiten oder in einer bestimmten Häufigkeit zu üben. Wenn man das Gefühl hat, dies nicht oft tun zu können, ist das kein Grund, sich zu schämen. Aber manchmal, wenn Sie die Möglichkeit dazu sehen, sollten Sie es versuchen. Diese Energieverlagerung von den Augen und Ohren zum Herzen mag als eine unwichtige Privatangelegenheit erscheinen. Aber die andere Person spürt und schätzt es, ob er oder sie sich dessen bewußt ist oder nicht.

Sie brauchen nichts Spezielles oder Ungewöhnliches zu sagen, wenn Sie Ihre Aufmerksamkeit auf Ihr Herz verlagern. In dem obengenannten Beispiel könnte schon eine kleine Pause den Unterschied ausmachen, bevor man zu Cathy sagte: »In Ordnung.« In dieser kurzen Pause kann eine Menge passieren, eine Menge Energie fließen. Wenn Sie hinzufügen: »Es tut mir leid, daß Sie immer noch damit zu kämpfen haben. Ich wünsche Ihnen gute Besserung«, ist das auch gut. Doch wenn Sie Ihrer Besorgnis Ausdruck verleihen, Sie diese aber nicht wirklich spüren, strömt keine Großzügigkeit. Erst wenn Sie aufrichtig mit Cathy mitfühlen, wird sie das auch spüren.

Einem Gegner gegenüber großzügig sein

Am Arbeitsplatz gibt es mitunter auch Menschen, die einen nicht mögen und einem eher Übles wollen. Großzügigkeit einem Gegner gegenüber bleibt dieselbe Großzügigkeit, nur

ist sie schwerer zu verwirklichen. Man ist auf seinen Gegner
böse. Man möchte ihm nicht helfen, sich vor ihm schützen
oder ihm sogar Schaden zufügen. Der Kopf schwirrt einem
vor bissigen Bemerkungen, Beschuldigungen und Fehlerauf-
zählungen.

Anna arbeitete in einer Werbeagentur. Sie war eine der
beiden besten Kundenbetreuerinnen der Firma, die zweite
war Cecile. Es sah so aus, als würde ihr Chef in eine andere
Abteilung überwechseln, so daß für eine von beiden eine
Aufstiegschance bestand. Dabei hing viel von seiner Emp-
fehlung beim Vorstand ab.

Eines Tages hatte Anna eine Frage an Cecile. Als sie Ceciles Büro erreicht hatte, sah sie, daß die Tür einen Spalt offen-
stand. Sie öffnete sie sachte, steckte den Kopf zur Tür herein und sprach Cecile an.

Ceciles beschwerte sich sofort, daß sie nicht angeklopft
hatte. »Wie kommen Sie dazu, hier einfach hereinzuplat-
zen!« schalt sie Anna. »Das sieht Ihnen ähnlich: Sie können
andere einfach nicht respektieren!«

Dieser Gefühlsausbruch brachte Anna aus der Fassung.
Sie entschuldigte sich und ging. Später am Tag hörte sie, daß
Cecile gleich danach zum Chef gegangen war und sich bei
ihm über ihre Ungezogenheit beschwert hatte. Einige
Wochen später wurde die Beförderung verkündet. Cecile
hatte den Job bekommen.

Anna fiel offensichtlich der Intrige einer skrupellosen Kollegin zum Opfer. Haben Sie in Ihrem Beruf schon einmal eine
ähnliche Erfahrung gemacht? Wie soll Anna nach diesem
unangenehmen Vorfall ihrer Gegnerin gegenüber noch
großzügig sein?

Es ist nicht leicht unter solchen Umständen, Großzügigkeit zu üben. Aber was wäre die Alternative? Soll Anna, solange sie in der Firma arbeitet, auf Cecile böse sein? (Bedenken Sie, daß Cecile nun Annas Chefin ist!) Soll sie frustriert kündigen? (Tatsächlich tat das Anna!) Oder gäbe es noch einen anderen Weg, wie Anna mit dieser Ungerechtigkeit fertig werden könnte, nämlich daß sie Cecile mit der Fairneß und dem Respekt behandelt, den diese ihr verweigert hat?

Jeder muß selbst entscheiden, was in einer solchen Situation das Beste für ihn ist. Sollten Sie bereit sein, ihrem Gegner gegenüber Großzügigkeit zu üben, hier ein paar nützliche Anregungen.

Erstens könnten Sie Ihrem Gegner (und sich selbst) den Versuch schenken, die Sache möglichst nicht noch schlimmer zu machen, als sie ist. Im Fall von Anna bedeutet das, daß sie ihren Ärger für sich behält und Cecile gegenüber ein professionelles Verhalten an den Tag legt. Das heißt nicht, daß sie Cecile gegenüber unterwürfig sein muß. Es heißt nur, daß sie Selbstachtung bewahrt. Und insofern dieses Verhalten Cecile abhält, Anna weiterhin zu schaden, ist das Ergebnis tatsächlich beiden nützlich.

Dann gibt es noch die Möglichkeit, sich aus dem Weg zu gehen beziehungsweise »dünn zu machen«. Als man sich noch mit Pistolen duellierte, stellten sich die Gegner seitwärts, wenn sie die Pistolen aufeinander richteten, um möglichst wenig Angriffsfläche zu bieten. Wenn man es dem Gegner auch noch leicht macht, einen zu verletzen, schadet man sich damit nicht nur selbst, sondern fordert den Gegner geradezu heraus, sich von seiner schlechtesten Seite zu zeigen.

Und schließlich rate ich Ihnen, üben Sie das Sehen und Hören mit dem Herzen, vertrauen Sie Ihrem Großmut, auch wenn Ihre Alarmglocken Sturm läuten, da man Sie respekt los behandelt, angreift oder reizt. Im Normalfall heißt das, daß man im Gespräch eine solche Provokation einfach nicht annimmt, sondern schweigt oder sich nur auf eine ganz knappe Antwort beschränkt. Es ist zu Ihrem Vorteil und zugleich ein Geschenk an Ihren Gegner.

Das ist die Magie des Großmuts. Man nützt sich mit seiner eigenen Freigebigkeit selbst am meisten, wohingegen man sich mit einem engstirnigen und selbstsüchtigen Verhalten, auch wenn es zunächst zum eigenen Vorteil zu sein scheint, langfristig schadet. Großzügigkeit erscheint manchmal unverständlich, spirituell lohnt sie sich immer. Denn dort sind die Menschen miteinander verbunden – über ihr Temperament, ihr Wesen und ihr gemeinsames Schicksal.

Wir erleben diesen Großmut an kleinen Kindern, die diese Freigebigkeit ihres Wesens noch nicht verlernt haben. Deshalb ist es eine solche Freude, sie um sich zu haben. Sie teilen ihr Erleben in einer Unschuld und Begeisterung mit, die uns rührt. Man kann im Beruf nicht unschuldig wie ein Kind sein. Aber man kann sich schützen und zugleich Gelegenheiten zur Freigebigkeit ergreifen.

Geschickt vorgehen

In einem alten indischen Volksmärchen wird ein Dorf von einer Kobra in Angst und Schrecken versetzt, die bereits mehrere Menschen angegriffen und getötet hat. Man versucht die Kobra zu fangen, doch entkommt sie stets, so daß sich die Dorfbewohner in ihrer Verzweiflung an einen heiligen Mann wenden. Er findet die Kobra in einer Höhle und schilt sie: »Du darfst keine Menschen mehr töten. Das ist gegen das Gesetz der Götter.«

Die Kobra ist reuig und verspricht, niemandem mehr etwas anzutun. Als die Dorfbewohner der Kobra wieder begegnen, greifen sie sie mit Steinen und Stöcken an und erschlagen sie fast. Die Kobra kriecht mit letzter Kraft zum heiligen Mann und beschwert sich: »Sieh mich an! Das habe ich nun von deinem Rat. Sie haben mich fast umgebracht. Und das soll das Gesetz der Götter sein?«

»Ich sagte, du sollst keine Menschen mehr beißen«, antwortete der heilige Mann. »Das Zischen habe ich dir nie verboten.«

Großzügigkeit am Arbeitsplatz bedeutet nicht, daß man sämtliche Überlebensstrategien und Selbstschutzmaßnahmen aufgibt. Vielmehr bedeutet es, daß man bei passender Gelegenheit – wenn man sein Herz ohne weiteres öffnen und sich großmütig erweisen kann, statt sich zu verschließen und zu verpanzern – den Herzensweg ergreifen sollte.

Man wird dabei manch freudige Überraschung erleben. Und selbst wenn das Ergebnis weniger erfreulich ist, sollten Sie nicht aufgeben. Man macht sich verdient, wenn man den harten Weg wählt und großzügig ist, auch wenn es töricht erscheint. Und sollte es auch nicht gleich gewürdigt werden, der Verdienst bleibt und richtet einen auf, so daß man es öfter versucht, bis sich die Mühe eines Tages auch äußerlich lohnt und sich Erfreuliches einstellt.

Ich weiß nicht, was passiert wäre, wenn Anna ihre Stelle behalten hätte. Ich weiß nicht, ob Cecile wegen ihrer Machenschaften und Beschwerde den Job bekam. Für Anna mag die Kündigung genau die richtige Entscheidung gewesen sein. Aber ich weiß aus eigener Erfahrung, daß der Ver-

Übungen zum Thema Großmut

- Wenn Sie jemandem zuhören, achten Sie einmal auf den Unterschied zwischen dem Hören mit den Ohren und dem Hören mit dem Herzen. Spüren Sie die Energieverlagerung?
- Denken Sie an das Geschenk der Anwesenheit. Einfach dazusein ist die grundlegendste Form der Großzügigkeit.
- Üben Sie sich in Freundlichkeit, besonders wenn etwas schiefgeht und Sie verärgert sind. Freundlichkeit ist so gut wie nie verkehrt.
- Achten Sie darauf, was und wie Sie etwas sagen. Wollen Sie die vollkommene Rede als bewußtes Sprechen üben? Sogar eine Zurechtweisung kann ein Element der Großzügigkeit enthalten.
- Wie können Sie sich und Ihrem Gegner das Geschenk machen, die Situation nicht noch zu verschlimmern?

such, Gleiches mit Gleichem heimzuzahlen, Anna überhaupt nichts bringen wird, sollte sie nun versuchen, genauso rücksichtslos und berechnend zu werden, wie Cecile es ihrer Ansicht nach ist.

Vertrauen Sie dem Herzen, seien Sie herzlich, aber behalten Sie die Zügel in der Hand. Seien Sie praktisch und klug, schützen Sie sich und zischen Sie nötigenfalls wie die Kobra in dem Märchen, aber bedenken Sie, wer Sie wirklich sind. Der Titel neben Ihrer Bürotür, die Bewertung auf Ihrem

Empfehlungsschreiben, die Antwort, die Sie geben, wenn man Sie nach Ihrem Beruf fragt, sind nicht alles.

Praktizieren wir Großzügigkeit, so oft es geht, denn sie ist unsere Berufung und tiefste Bestimmung auf dieser Welt. Herb, der Versicherungsmanager, dessen Geschichte diesen Teil einleitete, erfuhr erst im Ruhestand, daß am Ende nicht die Millionen Dollar der Versicherungspolicen zählten, die er verkauft hatte. Es war sein freiwilliger Akt der Großmut, der ihn unvergessen machte.

Großmut ist die fundamentalste Tugend überhaupt.

17

Dankbarkeit

Thema dieses Kapitels ist die wechselseitige Abhängigkeit beziehungsweise Interdependenz. Sie lehrt uns, daß wir alle miteinander in Verbindung stehen und sich unser Tun und Lassen in einem Maß auf andere auswirkt, das unser Begriffsvermögen weit übersteigt. Kosho Uchiyama, ein buddhistischer Priester des modernen Japan, der auch Comiczeichner war, stellte die Menschen gerne als lustig blickende Zucchini dar, die alle ein anderes individuelles Gesicht haben, deren lange Ranken jedoch zu einer gemeinsamen Quelle führen.

> Alle Menschen auf dieser Welt sind funkelnde Diamanten.

Diese gemeinsame Quelle ernährt uns alle, und wenn unsere persönliche Zucchinipflanze das Glück hat, groß und kräftig, mächtig und reich zu werden, bezieht sie auch von den anderen Zucchini und der Mutterpflanze ihre Stärke. Wir müssen daran denken, daß die gesamte Pflanze darunter zu leiden hat, wenn unsere individuelle Frucht zu gierig, zu fordernd ist und wir schließlich auch eingehen, wenn wir unsere Mutterpflanze zu sehr schwächen.

Interdependenz ist in gewisser Weise ein Synonym für spirituelles Leben. Soll das Wort *spirituell* überhaupt etwas bedeuten, dann unsere Verbundenheit mit einem größeren

Ganzen – mit unserer Gemeinde, allem Leben, dem Kosmos, Gott. So ließen sich alle buddhistischen Inhalte in einem Wort zusammenfassen: *Interdependenz*. Der Buddha lehrte, daß wir leiden, wenn wir uns als getrennte Wesen sehen. Wer jedoch seine untrennbare Verbundenheit mit allem Leben erkennt, ja sich selbst mit Gräsern, Flüssen und Steinen eins fühlt, der ist befreit und voller Freude.

Diese Verbindung kommt in all unserem Tun zum Ausdruck, besonders bei unserer Arbeit. Die Arbeit ist eine der Hauptäußerungsformen unserer Mitgliedschaft im weiten Netz, das Leben heißt. Wir sind alle keine Einsiedler, die in abgelegenen Höhlen leben und sich von Wurzeln und Beeren ernähren. Wir leben in Gemeinschaften, zu denen jeder von uns seinen Teil beiträgt. Die einen sind Lehrer, andere Banker, wieder andere Apotheker oder Installateure. Wir alle werden gebraucht. Niemand könnte allein überleben. Es gibt keine Zucchinipflanze mit nur einer Frucht. Wenn man mich bäte, in wenigen Worten das Verhältnis zwischen Arbeit und Spiritualität zu erklären, würde ich nur folgendes sagen: Arbeit bedeutet Interdependenz, und Interdependenz gehört zum Wesen des Geistes.

Es mag einem schwerfallen, irgend etwas Spirituelles an der Arbeit zu finden, die man tut. Aber das liegt nicht am mangelnden Geist, sondern an seiner Verborgenheit. Wenn man durch seine spirituelle Praxis in seinem Beruf immer größere Interdependenz erkennt – und das ist das Ziel dieses Kapitels –, fügt man nichts Neues hinzu, sondern wirft nur Licht auf etwas, das bereits da ist.

Danke sagen

Was ist Dankbarkeit? Warum sagen wir »danke«, wenn uns jemand hilft?

Meistens denkt man nicht weiter darüber nach. Es ist einfach etwas, daß jeder mehrmals täglich tut. Man sagt beim Betreten eines Hotels dem Türsteher danke dafür, daß er einem die Tür aufgehalten hat. Man bedankt sich beim Angestellten der Postabteilung, wenn er einem das Paket ins Büro bringt. Man dankt dem Arzt, der einem eine Arznei verschrieben hat. Wie oft sagt man dieses magische Wort *danke* am Tag, ohne sich zu fragen: »Warum tue ich das? Was drücke ich damit wirklich aus?«

Das Dankesagen hat mit Interdependenz und Einsamkeit zu tun. Wenn wir allein leben müßten, wenn es niemand gäbe, der uns hilft, uns anlächelt, uns seine Hand reicht, uns liebt, wäre die Welt ein unerträglicher, grausamer Ort. Wer wollte in solch einer Welt leben? Wenn wir unsere Dankbarkeit zum Ausdruck bringen, erkennen wir damit immer wieder von neuem an, daß sich die Welt glücklicherweise um uns kümmert. Sie lädt uns zur Teilnahme an einem größeren Ganzen, ja dem Ganzen überhaupt ein.

Wenn man danke sagt, dankt man der Welt für die Liebe, die es trotz allem noch in ihr gibt. Man ist erfreut darüber, und das Lächeln in unserem Gesicht und die Kraft in unserer Stimme bestätigen das.

Dankbarkeit verbreiten

Wie läßt sich dieses Gefühl am Arbeitsplatz hervorbringen? Eine Möglichkeit ist, Dankbarkeit in Wort und Tat auszudrücken.

Da unsere Firma Software an große Unternehmen verkauft, besteht ein Großteil unseres Marketings darin, mit vielbeschäftigten Managern zu telefonieren, Vororttermine zur Präsentation unseres Produkts zu vereinbaren etc. Es ist nichts Ungewöhnliches, daß wir von einem interessierten Kunden einen Anruf erhalten und wir schließlich mehrere tausend Dollars ausgeben, um quer durchs Land zu einer Präsentation zu reisen.

Ist das einmal passiert, sind wir stark an einem Geschäftsabschluß interessiert. Manchmal übernimmt der Kunde die Initiative und ruft von selbst zurück. Andere Male hören wir trotz mehrfacher Anrufe und Benachrichtigungen auf den Anrufbeantworter nichts. Man möchte meinen, daß es eine Sache der Höflichkeit ist, daß sich der Kunde zumindest noch einmal meldet, um definitiv Bescheid zu geben, nachdem wir beträchtliche Mühen und Kosten auf uns genommen haben, seiner Einladung Folge zu leisten.

Aber das ist nicht geschäftsüblich. Für die typische Firma sind wir einfach ein Verkäufer, und die allgemein akzeptierte Etikette läuft nach folgender Logik ab: Du bist Verkäufer. Wir schulden dir nichts. Du hast ein Produkt zu verkaufen, das uns möglicherweise interessiert. Zeig es uns. Wenn wir es haben möchten, rufen wir zurück. Ansonsten hörst du nichts mehr von uns.

Das gilt nicht als Unhöflichkeit. So werden einfach in unserer gegenwärtigen Welt Geschäfte gemacht. Sie kennen das vielleicht aus eigener Erfahrung. Ich bin daran gewöhnt. Aber der Buddhist in mir findet diese Denkart nicht ganz in Ordnung. Sie ist ein wenig zu linear, zu logisch, zu kalt. Es zählen nur Zeit und Geld. Der vielbeschäftigte Manager denkt, ich werde dafür bezahlt, um für Effektivität zu sorgen. Es ist nicht effektiv, ja pure Zeitverschwendung, einen Verkäufer zurückzurufen, um ihm mitzuteilen, daß ich sein Produkt nicht kaufe.

An dieser Denkart ist nichts verkehrt, solange man davon ausgeht, daß Manager und Verkäufer getrennt und unabhängig voneinander existieren. Aber dem ist nicht so. Der Verkäufer und der Manager arbeiten in derselben Industrie. Sie kennen dieselben Menschen. Heute befindet sich der Manager in einer guten Stellung, aber vielleicht sieht morgen die Situation ganz anders aus. Morgen sucht er vielleicht einen Job, und der Verkäufer, den zurückzurufen er als überflüssig ansah, könnte ihm durch seine Verbindungen behilflich sein. Außerdem kann es dem Manager passieren, daß etwas mit dem unter Vertrag stehenden Verkäufer schiefgeht und er den übergangenen Verkäufer doch noch braucht, so daß er sich jetzt wieder mit ihm gut stellen muß.

Dies sind jedoch alles nur sekundäre Erklärungen und Rationalisierungen, weshalb man den Verkäufer doch zurückrufen sollte, selbst wenn man nichts weiter zu sagen hat als »danke für Ihre Bemühungen«. Der beste Grund für einen Rückruf ist, daß wir damit die in der Welt existierende Interdependenz anerkennen und würdigen. Es ist so, als werfe man eine Flaschenpost in den Ozean. Vielleicht kommt die Flasche nie mehr zum Vorschein. Doch ist das Meer trotz seiner Größe nicht unendlich. Jemand wird die Flasche finden. Außerdem, wenn genügend Menschen anfangen, Flaschenpost ins Meer zu werfen, wird sich ein Netzwerk entfalten. Es wird eine Art Wellengemeinde von Nachrichtensendern entstehen.

Das hat nichts mit mystischem Hokuspokus zu tun, sondern ist einfach ein guter Umgangs- und Geschäftston. Mit der »Was-springt-für-mich-heraus«-Gesinnung am Arbeitsplatz werden nur Unhöflichkeit und selbstsüchtiges Verhalten wegerklärt. Diese Denkart mag zwar kurzfristigen Nutzen bringen, langfristiger beruflicher Erfolg ist jedoch eine Sache des Rufes, und der läßt sich nicht kaufen oder erhandeln. Er ist das, was wir sind, und steht für die Gesamtheit unseres Tuns. Wenn wir auf unser innerstes Gewissen hören und aus dem Herzen handeln, bewirken wir damit eine tiefere Effektivität.

Jerry, ein Börsenmakler, erzählte mir eine Geschichte, die er ziemlich zu Beginn seiner Karriere erlebte, als ein reicher Kunde von ihm ein paar Industrieanleihen hatte. Da der Kunde die Anleihen unbedingt persönlich aufbewahren wollte, konnte er ihm nicht rechtzeitig Bescheid geben, als die Anleihen von der betreffenden Firma »aufgerufen worden waren«. Das bedeutete, daß die Anleihen nur noch ihren Nennwert wert waren statt des viel höheren Werts, wenn der Kunde von dem Aufruf gewußt hätte. Der Kunde verlor also eine Menge Geld.

Obwohl Jerrys Firma für den Vorfall rechtlich gesehen nicht verantwortlich war – der Kunde hatte trotz deren Einwände auf der persönlichen Aufbewahrung der Anleihen bestanden –, fühlte sich Jerry bezüglich des Stands der Dinge nicht wohl. Er war praktisch aus dem Schneider, aber innerlich fühlte er sich verantwortlich. Er beschloß, den Verlust aus eigener Tasche zu begleichen. Der Kunde, der sich zunächst sehr geärgert hatte, war durch diese großzügige Tat zufriedengestellt – doch ist die Geschichte hier noch nicht zu Ende. Denn was wird der Kunde wohl in den darauffolgenden Wochen jedem erzählt haben, den er im Countryclub, beim Golf spielen oder bei Abendgesellschaften traf? Natürlich die Geschichte von seinem verrückten Börsenmakler und den verfallenen Anleihen! In den nächsten Monaten gewann Jerry viele neue Kunden durch diese freiwillige Mundpropaganda.

Solche Geschichten inspirieren uns, da sie Reaktionen und Handlungen beschreiben, die außerhalb dessen zu liegen scheinen, was am Arbeitsplatz normal ist. Sicher entschädigt nicht jeder Börsenmakler exzentrische Kunden aus eigener Tasche. Und selten schreibt oder ruft ein Interessent zurück, der sich gegen einen Kauf entschließt. (Das kann ich bestätigen!) Doch selbst wenn es unter hundert oder auch tausend Fällen nur einmal vorkommt, ist das ein Grund zur Hoffnung. Meinungsforscher nennen Dinge, die wenig öffentliche Unterstützung finden, »breiter als hoch«. Manchmal glaube ich, daß es sich bei der oberflächlichen Herzlosigkeit des modernen Geschäftslebens genau um ein solches Phänomen handelt. Unter dieser Schicht des Zynismus wartet eine andere Seite darauf, endlich zum Zuge zu kommen zu dürfen – Dankbarkeit.

Amerikanische Leser, die den großen Stromausfall an der Ostküste miterlebt haben, werden sich daran erinnern, wie Studenten und Hausfrauen mit Taschenlampen auf die Straße kamen, um den Verkehr zu regeln, wie man von Tür zu Tür ging, um nach seinen Nachbarn zu schauen, wie in den großen Städten – von Boston über New York bis Washington, D. C. – Fremde plötzlich zu Freunden wurden. Der Vorfall wurde Gegenstand jahrelanger soziologischer Untersuchungen. Woher kam dieser mitmenschliche Zusammen-

halt? Mehr noch, wie ließe sich auch ohne Stromausfall ein
solcher Wandel herbeiführen? Und wie ließe er sich aufrechterhalten?

Keiner hat darauf die Antwort. Ein Buddhist würde
sagen, wir sind alle Buddhas im Werden.

Dankbar sein für den Erfolg

Beruflich erfolgreiche Menschen, die an der Spitze ihrer
Branche stehen, die über Macht, Reichtum und Einfluß verfügen, sollten sich besonders in Dankbarkeit üben. Denn die
große Versuchung des Erfolgs ist, daß man in den Spiegel
schaut und sagt: »Seht her! Ich habe es geschafft! Bin ich
nicht großartig?« Vor dem Aufkommen unserer Medienkul-
tur mit ihrem Staraufgebot gehörten Zurückhaltung und Bescheidenheit, zumindest in der Öffentlichkeit, zum guten
Ton. Sich darüber hinwegzusetzen galt als unkultiviertes,
flegelhaftes Verhalten und war das Kennzeichen von »Neu-
reichen«. Heutzutage wird kaum irgendein Verhalten mehr
als geschmacklos angesehen, wenn die Person nur reich,
mächtig oder berühmt ist. Verwüstet ein Rockstar sein Ho-
telzimmer, trägt das zu seinem Ansehen bei und fördert den
Titelabsatz. Bringt sich ein Spitzenmanager in den Ruf, Untergebene herunterzuputzen und kleinzuhalten, hält man ihn
für entschlossen und tatkräftig. Sein Gehalt steigt.

Doch ist niemand für seinen Erfolg ganz allein verantwortlich. Eltern, Lehrer, Freunde, Familie, Kollegen, Angestellte, Kunden, ja selbst die Konkurrenz haben ihren Teil
dazu beigetragen. Die Liste ließe sich fortsetzen. Letzten En-

des umfaßt sie die ganze Welt. Das ist der Standpunkt der Buddhisten.

Interdependenz bedenken

In meinem buddhistischen Kloster rezitierten wir vor jeder Mahlzeit einen Sprechgesang, der mit den Worten begann: »Zweiundsiebzig Arbeiten waren für dieses Essen nötig. Gedenken wir ihrer.« Dieser Gesang handelt von den guten Auswirkungen der menschlichen Arbeit. Die Zweiundsiebzig Arbeiten repräsentieren die vielen Anstrengungen und Einflüsse, die bei der Erzeugung unserer Nahrungsmittel eine Rolle spielen, angefangen von den Regenwürmern, die den Boden lockern, über die Ameisen und Schnecken, die ihn durchsetzen, die Vögel und Insekten, die ihn befruchten, bis hin zu den Landwirten, die das Feld bestellen, die Lasttiere (oder Maschinen), die die Ernte einbringen helfen und die Händler, die die landwirtschaftlichen Produkte transportieren und verkaufen.

In vorindustrieller Zeit waren dem Durchschnittsmenschen all diese Arbeiten bewußt. Ja, ich las kürzlich, daß bis zum Zweiten Weltkrieg über dreiviertel der Nahrungsmittel, die die Amerikaner aßen, aus der Region kamen, also von Bekannten und Nachbarn angebaut wurden. Heutzutage ist das Geflecht der gegenseitigen Abhängigkeiten so dicht, daß es sich kaum mehr in allen Einzelheiten bewußt halten läßt. Die Erfindung des Fließbands markiert den Beginn des modernen Berufslebens. Durch die Aufteilung einer komplexen Arbeit in Arbeitsschritte, für die je ein Arbeiter zuständig war, konnte die Arbeit effektiver erledigt werden. Aller Wahrscheinlichkeit nach ist Ihre Arbeit auch eine Art von Fließbandarbeit. Sie tragen einen kleinen Teil zu einem größeren Ganzen bei.

Die Vorteile einer solchen Produktivität sind offensichtlich. Man braucht nur in einen Supermarkt zu gehen. Dort grenzt das Angebot an Früchten, Gemüse, Tiefkühlkost, Eiscremes, Weinen und Bieren genaugenommen an ein Wunder. Und alles läuft nur wie am Schnürchen, weil jeder einzelne innerhalb der riesigen Lebensmittelbranche täglich pünktlich seine Arbeit verrichtet.

Wir alle profitieren von diesen komplizierten Strukturen, die sich in den letzten zehn oder fünfzehn Jahren über die ganze Welt ausgebreitet haben. Die heutige Weltwirtschaft ist die logische Folge eines seit mehreren Jahrhunderten stattfindenden Prozesses wachsender wirtschaftlicher Komplexität. Doch hat diese Spezialisierung spirituell gesehen auch ihre Nachteile. Denn mit der Zersplitterung der Arbeit in immer kleinere Teilgebiete geht der Sinn für das Ganze mehr und mehr verloren.

Die Fähigkeit, Zusammenhänge wahrzunehmen, ist den Menschen angeboren. Sie hat unsere Entwicklung überhaupt erst ermöglicht. Jeder ist in dieser Hinsicht ein Naturtalent. Unsere Vorfahren in der Savanne erlebten sich in Gemeinschaft mit einer Vielfalt an Pflanzen und Tieren, und sie verstanden es, innerhalb dieses Zusammenhangs zu überleben. Sie wußten, was sie brauchten. Heute ist dieser Sinn für das Ganze weitgehend der Aufteilung der Welt in viele effiziente Bestandteile zum Opfer gefallen, und ich glaube, uns wird erst jetzt langsam klar, welchen Verlust das für den einzelnen, über die Familie bis hin zur Gesellschaft bedeutet.

Denn diese Ganzheit heißt nicht nur, daß alles miteinander verbunden ist, sondern noch fundamentaler, daß in jeder Einzelheit, jedem einzelnen, in allem, das uns begegnet, das Ganze mit zum Ausdruck kommt und mit enthalten ist. Das bedeutet Interdependenz im eigentlichen Sinn, und das ist ihr tieferer Zusammenhang mit der Dankbarkeit und unserer eigenen spirituellen Praxis.

Indras Juwelennetz

Es gibt im Buddhismus ein wunderbares Bild für diese Allverbundenheit: Indras Juwelennetz.

Stell dir, so heißt es in den Schriften, ein riesiges Netz vor, ähnlich einem Fischernetz, bei dem jeder Knoten ein Diamant ist. Stell dir das Firmament mit seinen funkelnden Sternen als dieses Netz vor. Und jetzt stelle dir vor, daß es direkt vor dir liegt und du dir einen Diamanten genau ansiehst. Was siehst du? In diesem einen Diamanten spiegelt sich das ganze Netz. Es spiegelt sich auch im nächsten Diamanten und im nächsten und so fort – so daß das ganze Netz in jedem einzelnen Juwel enthalten ist und von ihm reflektiert wird.

Jetzt stell dir vor, daß du dir das Netz nicht mehr als Außenstehender ansiehst, sondern als ein Teil von ihm. Stell dir vor, du wärst einer der Diamanten dieses Netzes, und alle anderen Menschen auf dieser Welt wären so wie du jeweils ein funkelnder Diamant. Siehst du in die Augen deiner Gefährtin, spiegeln sich du und alle anderen darin. Sieht sie dir in die Augen, widerfährt ihr das gleiche.

Zu dieser großartigen Ansicht vom Aufbau der Welt kamen

vor über zweitausend Jahren unbekannte Mönche, die ihr ganzes Leben mit Bewußtseinsstudien verbrachten. Sie wurde vor der modernen Physik mitgeteilt, vor der Relativitätstheorie, vor der Ökobewegung, vor der Evolutionstheorie. Und doch stimmt das Bild vom Juwelennetz Indras mit all diesen wissenschaftlichen Entdeckungen in erstaunlicher Weise überein. Es ist keine rein buddhistische Weltanschauung, sondern eine, zu der wir heute allgemein finden. Mittlerweile sind die Physiker sogar dabei, mathematisch zu beschreiben, wie sich die Atomteilchen des gesamten Universums untereinander beeinflussen, sogar über Lichtjahre hinweg.

Das Juwel auf der Stirn sehen

Wie ließe sich das inspirierende Bild vom Juwelennetz auch im Alltag nützen? Welche praktische Konsequenz läßt sich aus der Erkenntnis ziehen, daß man im Diamanten, den der andere verkörpert, zugleich sich selbst und alle anderen sieht?

Es kann daraus zum Beispiel die Empfindung erwachsen, daß man den Kollegen, über den normalen Kontakt hinaus, im tieferen Sinn seinen Erfolg mit verdankt, was natürlich auch umgekehrt gilt. Das ist keine oberflächliche, gewöhnliche Dankbarkeit. Es ist nicht das Dankeschön, das man sagt, wenn einem ein Kollege das Büro mit umzuräumen hilft. Die Dankbarkeit, die durch das Bild des Juwelennetzes aufkommt, ist bedingungsloser als das. Man hat das Gefühl, die Kollegen seien da, weil man selbst da ist, und umgekehrt sei man selbst nur da, weil die Kollegen da sind. Und wir spüren, daß uns trotz aller oberflächlichen Unterschiede unser Menschsein verbindet.

Eine spirituelle Übung, die das zu Bewußtsein bringt, ist die Praktik des Juwelensehens. Daß jeder von uns ein Juwel in einem riesigen Netz aus Juwelen ist, ist eine inspirierende Vorstellung, die sich auch im Alltag anwenden läßt. Versuchen Sie einmal, die Menschen, denen Sie im Laufe des Werktags begegnen, mit einem Juwel auf der Stirn zu sehen. Gehen Sie dabei mit Zartgefühl vor. Starren Sie nicht auf die Stirn Ihres Gesprächspartners, und kneifen Sie nicht die Augen zusammen, um das Jewel »besser sehen« zu können. Es handelt sich um eine Visualisationsübung. Sie haben das Juwel geistig vor sich. Sie stellen es sich vor, weil es Ihnen Freude bereitet, das Juwel zu sehen.

Wem diese Visualisationsübung nicht liegt, der kann versuchen, seine Mitmenschen als Buddha, als ein geistig erwachtes Wesen zu sehen. Und wem diese Vorstellung zu sehr gegen die eigenen religiösen Vorstellungen geht, der sollte versuchen, in seinen Mitmenschen einen Heiligen oder eine rechtschaffene Person zu sehen, ob sie das nun sind oder nicht. (Insbesondere wenn sie es nicht sind!) Versuchen Sie, sich ihr inneres Wesen, ihre Seele, wenn man so will, als lichterfüllt und juwelengleich vorzustellen, unendlich wertvoll und heilig, dem Empfinden entsprechend, das man beim Anblick eines Neugeborenen hat. Es ist ein Wunder an Unschuld und Frische. Wir verlieren diese wunderbare Qualität im Prozeß des Älterwerdens nicht wirklich – sie wird nur von anderen Schichten überlagert: der Persönlichkeit, dem Werdegang und den Emotionen. Unterhalb dieser Schichten sind wir alle noch Neugeborene. Warum fällt es uns so schwer, einander entsprechend zu behandeln?

Diese Visualisation braucht sich nicht nur auf Menschen zu beschränken. Versuchen Sie das Juwel im Boden zu sehen, auf dem Parkplatz, inmitten von Glassplittern, die auf dem Gehsteig verstreut liegen. Oder wenn Sie das nächste Mal fotokopieren, im Auflageglas des Fotokopiergeräts.

Büroräume haben nicht den Charme einer Landschaft. Aber wenn Sie glauben, die großartigen Panoramen des Yellowstone Parks hätten überhaupt nichts mit Ihrer neobeleuchteten, plastikverschalten Bürokabine zu tun, dann haben Sie die Botschaft des Juwelennetzes vergessen. Sie brauchen den *Half Dome* in Yosemite nur genau genug ansehen, um in den Felsklüften Ihre Kabine wiederzufinden. Und Sie brauchen Ihre Kabine nur in Ihre Vision einzubeziehen, um darin Wolkenschleier eines Gebirgshimmels zu sehen. Die Visualisationspraktik kann aus Ihrem Arbeitsplatz eine geistige Entdeckungsstätte machen.

Das Juwelennetz ist überall.

Auf das Wort »Danke« achten

Man kann sich die Interdependenz auch dadurch bewußter machen, daß man einmal darauf achtet, wie oft am Arbeitsplatz das Wort »Danke« fällt.

Dieses Wort kommt einem so leicht und mechanisch über die Lippen, daß seine Bewußtmachung einiger Anstrengung bedarf. Man wird überrascht sein, wie oft es während eines Gesprächs geäußert und wie wenig Notiz davon genommen wird. Man braucht nur einige Tage lang wirklich darauf zu achten. Günstig ist es, sich eine kleine Erinnerungshilfe vorzunehmen, etwa daß man bei jedem »danke« »aha« denkt oder im stillen nickt. Da ist er wieder, dieser Wegweiser zu einer umfassenderen Realität, sagt man sich dann, sobald es in der Alltagsroutine als gewöhnliche Höflichkeit auftaucht.

Und versuchen Sie beim Dankesagen einmal mehr Gewicht auf dieses Wort zu legen, statt es nur gewöhnlich auszusprechen. Ja, ich sage automatisch danke zu dir, wenn du mir bei der Arbeit den Telefonhörer weiterreichst. Aber ich kann gleichzeitig auch dankbar für deine Anwesenheit sein, für die Kollegen hier, für diesen Beruf, für die Freiheiten, die ich habe, für meine Gesundheit, für die Welt, für alles. In Japan gibt es eine religiöse Bewegung zum Teil buddhistischer Herkunft, deren Mitglieder sich hauptsächlich im aufrichtigen Danksagen üben. »Danke!« hat dort die Funktion eines Gebets.

Versuchen Sie diese beiden einfachen spirituellen Techniken – das »Danke« und die Vorstellung des funkelnden Diamanten – in Ihrem Alltag unterzubringen und ihn damit erfreulicher zu gestalten. Die ganze alltägliche Hektik ist nur ein Teil der Wirklichkeit, die sich ganz im Juwelennetz spiegelt. Oder, wie mein Lehrer zu sagen pflegte: »Das sind der Dinge Lage«, und dabei bewußt den grammatischen Fehler in Kauf nahm, weil es den geistigen Inhalt genauer zum Ausdruck brachte.

Es gibt viele Dinge auf der Welt, gute, schlechte, aufbauende und zerstörerische. Aber es gibt nur ein Juwelennetz, das bereits alles enthält.

»Das sind der Dinge Lage« ist nur eine andere Form des Dankesagens.

Egal, was Sie von Ihrer Arbeit, Ihrem Chef, Ihrer Firma und Ihren Kollegen halten, Ihre Arbeit läßt Sie überleben und gibt Ihnen die Möglichkeit, sich weiterzuentwickeln und neue Chancen zu ergreifen.

Sich in Dankbarkeit üben

Wir haben schon mehrmals von Gegenmitteln gesprochen – vom sanften Lächeln als Mittel gegen den Zorn, von der Freundlichkeit gegenüber Gegnern und von Aufmerksamkeit und Geduld als Mittel gegen den Kontrollzwang. Dankbarkeit hilft auch als Gegenmittel, nämlich gegen schlechte Laune. Dazu eine einfache Übung. Denken Sie an etwas, wofür Sie dankbar sind, sobald Sie wieder einmal ins Jammern kommen. Vielleicht fällt Ihnen ja sogar eine ganze Reihe von Dingen ein, sagen wir *zehn*. Das braucht Zeit. Zählen Sie sie in aller Ruhe auf:

Für meine Familie.
Für meine Gesundheit.
Für meine Freunde.
Für mein regelmäßiges Gehalt.
Für die Luft zum Atmen.

Und so weiter. Gut möglich, daß Sie darüber Ihren Groll völlig vergessen!

Das Gute an dieser Übung ist, daß sie überhaupt nicht schwer ist. Sicher fielen Ihnen sofort zwei oder drei Dinge ein, für die Sie dankbar sind, würden Sie danach gefragt. Die Realität der Dankbarkeit ist in unserem Leben derart präsent, daß die Besinnung darauf eine der verläßlichsten Methoden ist, sich positiv zu stimmen. Macht man die Übung täglich, wird einem auffallen, daß sich die Liste ändert, ja daß man oft erfreuliche Kleinigkeiten hinzufügt, die man gerade erlebt hat.

Und wenn man beruflich sehr erfolgreich ist, wenn alles bestens läuft, dann sollte man diese Tatsache auf jeden Fall hoch ansetzen. Viele Menschen wären gerne an Ihrer Stelle und hätten gerne, was Sie haben. Sie haben zweifellos viel erreicht, aber nicht nur aus eigener Kraft. Daran haben viele Umstände mitgewirkt. Also gibt es nichts Besseres, als dankbar zu sein.

Eine sehr weitverbreitete spirituelle Praxis ist das Danksagen bei Tisch – auf sie legen Buddhisten sowie Juden und Christen großen Wert. Im weiteren Sinn ernährt uns jedoch jeder Augenblick, ist jedes Ereignis ein Mahl. Wir zehren nicht nur von einem Fest, sondern auch von der Arbeit, mit der wir unseren Lebensunterhalt verdienen. So könnten wir zu Beginn eines jeden Arbeitstags für den Erfolg und die Befriedigung danken, die die Arbeit uns bringt. Am Ende dieses Buches beschreibe ich die dazu passende Visualisationsübung.

Interdependenz und rechter Lebenserwerb

Schließen wir die Betrachtungen über berufliche Interdependenz mit der Frage nach dem rechten Lebenserwerb ab. Diese besteht nach buddhistischer Lehre in einer Tätigkeit, die anderen Wesen, ob Mensch, Pflanze oder Tier, möglichst wenig Schaden zufügt. Aus traditioneller buddhistischer Sicht sollte man daher von Beruf weder Metzger, Gerber noch Soldat sein, da zu diesen Tätigkeiten das Töten anderer Wesen gehört. Buddhistischen Mönchen war sogar der Ackerbau verboten, da man bei der Bestellung des Bodens Geschöpfen wie Insekten oder Würmern schadet.

Diese Lehre mag in alten Zeiten sinnvoll gewesen sein, als es eine klare Rollenaufteilung für weltliche und spirituelle

Belange gab. Die Laien arbeiteten hart, um sich und ihre Familie zu ernähren, und die Mönche trugen ihren Teil bei, indem sie harte »spirituelle Arbeit« leisteten. Auch heute noch hat die Lehre vom rechten Lebenserwerb ihre Bedeutung. Ist es zum Beispiel in Ordnung, Waldgebiete abzuholzen, in denen bedrohte Arten leben? Oder Regenwälder zu roden, um Weideland zu gwinnen? Oder Pestizide herzustellen, die Bäche und Flüsse vergiften? Diese sind drängende politische, ethische und spirituelle Fragen, die immer wieder unsere Schlagzeilen bestimmen. Man könte sagen, daß die praktischen Folgen einer umweltschädigenden Lebensweise, auf die der Buddha vor über zweitausend Jahren hingewiesen hat, nun global spürbar geworden sind.

Sicher hat ein Schlachthausarbeiter mit dem Töten unmittelbarer zu tun als ein Schullehrer. Der Vorsitzende eines Erdölkonzerns ist für die Einführung schädlicher Substanzen unmittelbarer verantwortlich als ein Violinenbauer. Aber in Wirklichkeit tragen wir alle mehr oder weniger zur Schädigung der Umwelt bei. Wenn wir eine Zeitung lesen, fördern wir damit die Abholzung der Wälder. Wenn wir Putzmittel verwenden, trägt das zur Vergiftung eines Flusses bei, nur weil wir es sauber haben wollen. Diese Verflechtung kann niemand entkommen.

Einige meiner buddhistischen Freunde versuchen dieser Mitschuld soweit wie möglich zu entgehen. Sie arbeiten nicht für Firmen, die die Umwelt verschmutzen oder schädigen, investieren nicht in solche Firmen und kaufen deren Produkte nicht. Sie tragen kein Leder, essen kein Fleisch. Sie ziehen Papier Plastik vor (obwohl Papierfabriken ebenfalls die Umwelt verschmutzen). Sie recyceln ihre Flaschen und Dosen. Das sind erfreuliche Ansätze. Wenn wir alle diesem

Beispiel folgten, würde das die Konsumgesellschaft um-
orientieren und viele Fabrikanten zur Änderung ihrer
Geschäftspraktiken zwingen. Das Wachstum der Naturkostindustrie ist ein gutes Beispiel dafür, daß bewußtes Kon-
sumverhalten neue Märkte erschließen und für ein gesünde-
res Leben sorgen kann. Zugleich sollte man aber bedenken,
daß für viele Menschen Naturkost einen kaum erschwingli-
chen Luxus darstellt, da sie zu wenig verdienen.

Deshalb schrecke ich vor einer leichtfertigen Einteilung in
»gute« und »schlechte« Berufe zurück: Wie Naturkost ist
die freie Berufswahl ein Luxus, den sich viele Menschen
nicht leisten könnten. Sie ist meist nur Menschen mit guter
Schulbildung vorbehalten, die über entsprechende soziale
Fähigkeiten und marktwirtschaftlich relevante Fachkennt-
nisse verfügen. Viele Menschen sind schon glücklich, wenn
sie überhaupt Arbeit haben. Daß mit der Arbeitslosigkeit
auch großes Leid verbunden ist, nicht nur für die Arbeitslosen selbst, sondern auch für ihre Familie, Kinder und
Freunde, darf man nicht vergessen.

Es führt kein Weg daran vorbei. Wir alle haben die Welt,
in der wir leben, mit zu verantworten.

Wenn wir uns eine Welt wünschen, in der es humaner zugeht, in der die Natur in ihren vielfältigen Formen geachtet
wird, müssen wir bei uns selbst anfangen. Je mehr Menschen
mit einer Änderung ihres Lebens beginnen und spirituelle
Werte an die erste Stelle setzen, desto wahrscheinlicher lassen sich die allgemeinen Lebensumstände verbessern.

Daher ist mein Ansatz der rechten Lebensführung der,
unter Betonung einer bewußten Lebensführung die rich-
tig/falsch Einteilung vorerst auszuklammern. Statt anderer
Leute Arbeit unter dem Gesichtspunkt spiritueller Akzeptanz

zu beurteilen, ermutige ich die Menschen lieber dazu, sich ihre Arbeit bewußter zu machen. Das kann natürlich zur Folge haben, daß man seine bisherige Tätigkeit schließlich aufgibt und etwas anderes tut. Wer für eine Zigarettenfirma arbeitet und sich der Folgen bewußt wird, die deren Produkte gesellschaftlich haben, der entschließt sich möglicherweise für eine Kündigung. Andererseits haben wir es hauptsächlich mutigen Angestellten aus der Tabakindustrie zu verdanken, daß sie jetzt für den von ihr angerichteten Schaden verantwortlich gemacht wird, da diese die notwendigen Beweise und Dokumente beibrachten. Hätten jene Aktivisten alle gekündigt, wäre die Allgemeinheit nie aufgeklärt worden. Hier wird wieder der Unterschied zwischen Erfolg und Erfüllung deutlich, der zu Beginn dieses Teils getroffen wurde. Viele von denen, die auspackten, verzichteten ihren Grundsätzen zuliebe auf beruflichen Erfolg. Ja, einige von ihnen wurden sogar gefeuert! Aber wer unter den Zehntausenden Tabakindustriearbeitern wird wohl in dem Bewußtsein alt werden, im richtigen Moment das Richtige getan zu haben?

Als ich noch als buddhistischer Geistlicher tätig war, kam einmal nach der Belehrung, die ich wöchentlich gab, zögernd ein Mann auf mich zu, der mir gestand, er sei Polizist. Auch er war Buddhist, mußte das vor seinen Kollegen jedoch geheimhalten. Er wollte von mir wissen, ob ein Buddhist Polizist sein darf. Ich dachte eine Weile nach und antwortete: »Nun, ich persönlich möchte nicht so gerne eine Pistole bei mir haben und sie eventuell einsetzen müssen.«

Als ich den Mann näher kennenlernte, wurde mir bewußt, wie schwierig sein Job war und wie froh ich sein konnte, daß er zu einer solchen Arbeit bereit war. Was war wohl besser, daß jemand eine Pistole hatte, der noch wenig über Scha-

densverhütung und tiefere Gründe des Verbrechens und der
Sünde nachgedacht hat, oder jemand wie dieser Mann, der
sich intensiv mit solchen Fragen auseinandersetzte?

Der Mann gestand mir viel später, unser Gespräch hätte
den Ausschlag dafür gegeben, daß er in seinem Beruf geblieben ist. Er war mir dankbar für meine Bedenken, die den
seinen entsprachen. Daß ich in aller Offenheit meine Zweifel äußerte und nicht gleich dogmatisch ein Urteil fällte,
machte ihm Mut.

Für mich liegt die Betonung bei dem Begriff *rechte Lebensführung* nicht auf »recht«, sondern auf Lebensführung.
Es ist entwicklungsgeschichtlich noch gar nicht so lange her,
da war Arbeit ein unbekannter Begriff, man wußte nur, was
Jagen, Sammeln, Ackerbau und die Herstellung einfacher
Werkzeuge bedeutete. Je spezialisierter die Arbeit wurde und
je mehr sie sich von ihrem ursprünglichen Zweck entfernte,
desto schwieriger ist es für uns geworden, in ihr einen Sinn
und spirituellen Nutzen zu sehen. Noch vor nicht allzulanger
Zeit konnte ein Schuster die Dorfstraße entlanggehen und
das Ergebnis seiner Arbeit an jedem Vorübergehenden bewundern. Sein Stolz auf sein handwerkliches Können hatte
einen konkreten Grund. Er wuchs ihm aus seinem Alltag, aus
seinen persönlichen Beziehungen zu, bestätigte ihm seinen
Platz in der Gesellschaft und letzten Endes seine Berufung.

Wenn man in der Kreditabteilung eines multinationalen
Finanzkonzerns arbeitet, wo bleibt da die persönliche Bestätigung? Die Erfüllung? Wo ist da individuelles Feedback,
auf das man stolz sein könnte? Es ergibt sich nicht mehr automatisch aus dem Beruf. Man hat sich selbst darum zu
kümmern, muß aus eigenen Anstrengungen ein Gefühl der
Selbstachtung entwickeln.

Übungen zum Thema Dankbarkeit

- Versuchen Sie jeden bei der Arbeit als Diamanten eines riesigen Juwelennetzes zu sehen. Stellen Sie sich auf der Stirn Ihrer Kollegen einen Diamanten vor.
- Achten Sie auf die vielen »Danke«, die Sie im Lauf eines Arbeitstags sagen und hören. Sehen Sie darin spirituelle Wegweiser.
- Sobald Sie einmal wieder schlechter Laune sind, denken Sie an ein, zwei, drei oder sogar zehn Dinge, für die Sie dankbar sind. Zum Beispiel:
  Atmung.
  Gesundheit.
  Essen.
  Einen Freund.

Dieses Buch fordert zu keiner Revolution auf. Es enthält keine Tips, wie sich Arbeitsplätze verbessern ließen, kritisiert weder die Industrie noch den Handel und auch nicht die Gesellschaft. Es wendet sich an den einzelnen, möchte ihn ermutigen, sich selbst zu informieren.

Und sollten aufgrund der Veränderung einzelner Menschen sich die Arbeitsverhältnisse, die Wirtschaft und die Gesellschaft ändern, ist das gut. Tun Sie den ersten Schritt. Wer beginnt, seinem Beruf bewußter nachzugehen, seine Kollegen menschlicher zu behandeln und beruflichen Streß als Gelegenheit zu innerem Wachstum wahrzunehmen, der hat sich auf den Weg der rechten Lebensführung begeben.

18

Macht

Können Sie mit Macht umgehen?

Wenn ja, ist das ein seltener Fall. Die meisten Menschen tun sich mit Macht schwer. Sie ist eine große Verführerin und Korrumpiererin. Lord Actons Ausspruch – »Macht verdirbt einen, und absolute Macht verdirbt einen absolut« – wird so häufig zitiert, daß er zum Klischee geworden ist. Als jene Worte geschrieben wurden, hatten Könige und Kaiser noch absolute Macht. Das ist heute anders, aber noch immer korrumpiert Macht und ist wie Geld ein Dauerthema im Beruf. Sehr wenige Arbeitsplätze sind demokratisch verwaltet. Selbst dort, wo dies angeblich der Fall sein soll, geht es weniger demo-

Die Macht der Integrität beruht auf einer unbestechlichen inneren Haltung, die dafür sorgt, daß man sich nicht unterkriegen läßt, egal was man tut oder wo man ist.

kratisch zu als behauptet. Ich habe sowohl für gemeinnützige Organisationen als auch für gewinnorientierte Unternehmen gearbeitet, und anders war bei letzteren nur, daß dort die Machtstrukturen offener zutage traten.

Auf den ersten Blick scheint Macht mit spannungsgeladenen Zuständen verbunden zu sein. Der Abteilungsleiter, der sich mit lauter Stimme durchsetzt und mit der Faust auf den Tisch schlägt, hat offenbar Macht. Macht übt auch der Polizist aus, der mit schrillem Pfeifen den Verkehr regelt. Jedoch strahlt jemand, der wirkliche Macht hat, normalerweise eine Energie aus, die durch Ruhe und Unaufdringlichkeit gekennzeichnet ist. Ich gab einmal in einer zwei Milliarden schweren Firma eine Präsentation. Ungefähr zur Halbzeit kam der Vorstandsvorsitzende herein und setzte sich hinten hin. Er sagte nichts, aber die Stimmung im Raum änderte sich merklich. Es war die Anwesenheit von Macht spürbar. Der lautstarke Abteilungsleiter hat keine Macht, er läßt seine diesbezüglichen Frustrationen ab. Wirkliche Macht drückt sich in Ruhe aus. Und innere Stärke, das Thema dieses Kapitels, ist besonders unauffällig. Sie ist nahezu unsichtbar, kann jedoch Berge versetzen.

Es gibt eine buddhistische Legende, in der ein böser Mönch einige Male versuchte, den Buddha zu töten. Einmal machte er einen Elefanten betrunken und ließ ihn auf den Buddha los. Doch als der Elefant dem Buddha nahe kam, der keine Anstalten machte, aus dem Weg zu gehen, wurde er zahm und kniete sich nieder, so daß ihn der Buddha streicheln konnte.

Sogar Tiere, will diese Geschichte uns sagen, reagieren auf innere Stärke.

Machtformen

Es gibt viele Formen der Macht, viele Arten, Gehorsam durchzusetzen. Die schlimmste Form der Machtausübung ist natürlich das Töten. Obwohl immer noch überall auf der Welt getötet wird, etwa durch repressive Regierungen oder sich bekriegende Staaten, halten unsere Vorgesetzten glücklicherweise keine Peitschen in der Hand und zielen nicht mit Pistolen auf uns. Sklaventum und Leibeigenschaft sind Relikte einer grausameren Vergangenheit. Die Formen der Macht, denen wir am Arbeitsplatz begegnen, sind subtiler.

In einem kapitalistischen System ist Macht vor allem mit Eigentum verbunden. Eigentümer oder Aktionäre haben hohe Entscheidungsgewalt. Mir wurde zum Beispiel einmal von einem japanischen Konzern gekündigt, dem die Firma gehörte, für die ich arbeitete. Der Vorstand in Japan wußte von der Firma kaum mehr, als daß die Bilanz nicht stimmte, und mich kannte man natürlich auch nicht. Trotzdem hatten sie die Macht, mich über den Ozean hinweg zu feuern.

In den meisten Unternehmen, egal welcher Größe, kommt als nächste Machtform die leitende Stellung. Dem Vorstandsvorsitzenden, Hauptgeschäftsführer oder Chef wird beträchtliche Macht über andere verliehen – er kann anstellen oder feuern, befördern oder zurückstufen, eine Leistungszulage oder Gehaltserhöhung bewilligen oder nicht. Wenn Sie Chef oder Spitzenmanager sind, haben Sie diese Macht. Sie mögen die netteste Person auf der Welt und bei Ihren Untergebenen noch so beliebt sein, irgendwo werden Sie auch gefürchtet. Sie haben Macht.

Da gibt es noch andere Formen der Macht am Arbeitsplatz. Wissen ist Macht, besonders in unserer High-Tech-Welt. Stürzen die Computer ab, geht nichts mehr, bis der Systemanalytiker, von dessen Spezialkenntnissen jetzt das Wohl der Firma abhängt, das Online-System wieder zum Funktionieren bringt.

Geld ist Macht. Manch einer hält es für das Mächtigste

überhaupt. Ich kannte einmal eine vornehme Dame aus einem europäischen Adelshaus, die in den Sechzigern war. Als wir uns einmal über ihre Erfahrungen aus dem Zweiten Weltkrieg unterhielten, sagte sie: »Ich will Ihnen eines sagen, Kriege drehen sich nur ums Geld!« Ich weiß nicht, ob das stimmt, aber ich habe lange über ihre Bemerkung nachgedacht. Da ist wahrscheinlich mehr daran, als man wahrhaben möchte.

Körperliche Schönheit verleiht Macht. Für einen Filmstar oder ein Fotomodell kann Schönheit Millionen wert sein und eine Karriere in Gang setzen. Oft ist es gerade auch die äußere Erscheinung, von der sich andere beeindrucken lassen. Man hat herausgefunden, daß Vorstandsvorsitzende im Durchschnitt sieben bis zehn Zentimeter größer sind als Männer im allgemeinen. Es handelt sich allerdings um eine ältere Studie. Durch die Bewegung, die in diesen Berufsstand gekommen ist (viele Topmanager sind nun Frauen) hat diese Statistik an Gültigkeit verloren. Die äußere Erscheinung zählt jedoch noch immer mehr, als man normalerweise zugibt.

Information ist ebenfalls ein immer mehr an Bedeutung gewinnendes Machtmittel. Eine Workshopteilnehmerin erzählte mir einmal, sie hätte bei einem Fortune-500-Unternehmen als Spezialistin für Entschädigungszahlungen gearbeitet. Sie konnte sich über jedermanns Gehalt informieren – über Bonusse und Gehaltserhöhungen und Aktienoptionen der Spitzenmanager. Sie schilderte den Workshopteilnehmern, wie sie in einen Raum kam und sich dabei vorstellte, welchen Effekt es wohl haben würde, wenn sie den beiden dort Seite an Seite arbeitenden Kollegen erzählte, daß einer jährlich zwanzigtausend Dollar mehr verdiente als der andere.

»Versuchte man Sie auch zu bestechen, um an Informationen zu kommen?« fragte jemand.

Sie nickte lebhaft. »Es ist unglaublich, was an mich herangetragen wurde.«

Das ist die Macht der Information.

Warum Macht korrumpiert

Warum ruft Macht eher das Schlechte in uns hervor? Warum passiert es so häufig, daß sich jemand über Nacht in einen kleinlichen Tyrannen verwandelt, sobald er zum Teamchef befördert wird, obwohl er vorher in der Gruppe beste Arbeit leistete. Es ist dieselbe Person mit denselben positiven Eigenschaften, die die Beförderung bedingten. Doch macht sich mit der neugewonnenen Macht ein Schatten breit, eine dunklere Wesensseite der menschlichen Natur. Wieso?

Jeder von uns sehnt sich innerlich nach Macht, möchte sich in Sicherheit wissen und frei von Angst und Sorge sein. Dieses Verlangen gehört zu den stärksten Antriebskräften im Leben des Menschen. Zwar weiß man als reifer, verantwortlicher Erwachsener, daß man nicht ewig lebt, nicht alles bekommt, was man will, nicht dauernd glücklich sein kann und Unglück, Leid und Enttäuschung im Lauf des Lebens hingenommen werden müssen, doch das hindert einen nicht daran, es sich anders zu wünschen.

In anderen Worten, das Kind in uns möchte ein Märchenheld sein, dem alles gelingt. Diesen Wunsch zu haben, selbst wenn man intellektuell weiß, daß er sich nie erfüllen lassen wird, ist das, was die Buddhisten Anhaftung oder

Gier nennen. Es gibt keinen Grund, sich dafür zu schämen. Jeder kennt diese Sehnsucht. Sie ist etwas Menschliches.

Daran liegt es, daß uns die Macht verdirbt. Macht nährt die Illusion, man wäre diesem Märchentraum ein wenig näher gekommen und hätte es mehr in der Hand, sich Unannehmlichkeiten aller Art fernzuhalten. Und es ist nicht nur eine Illusion. Wer reich ist, kann sich tatsächlich den Alltag in vieler Hinsicht erleichtern. Man braucht nicht mehr selbst seine Kleidung von der Reinigung abzuholen, sich nicht mehr in Hauptverkehrszeiten durch die Straßen zu quälen, kann sich einen Chauffeur leisten. Und wenn die Autobahnen einmal verstopft sind, mietet man einen Hubschrauber. Oder vielleicht besitzt man ja sogar einen!

Ich bin selbst einigen solchen Versuchungen erlegen. Als ich buddhistischer Mönch war, lebte ich im Winter ohne Heizung. Ich war mehr zu Fuß als im Auto unterwegs. Ich ernährte mich schlicht. Diese Einschränkungen gehörten zu meiner spirituellen Praxis, also störten sie mich nicht. Mittlerweile muß ich feststellen, daß es mich auf Geschäftsreisen stört, wenn ich in einem lauten Hotel übernachten muß, einen mittleren Sitzplatz im Flugzeug habe oder im Restaurant langsam bedient werde. Weil ich in größerem Reichtum lebe und mehr Macht zu haben scheine, bin ich, verglichen mit meinem früheren Mönchdasein, innerlich unbeweglicher und ungenügsamer geworden. Ich versuche mir aufgrund meiner größeren äußeren Macht das Leben angenehmer und leichter zu machen, bewirke jedoch das Gegenteil. Denn meine innere Stärke hat nachgelassen. Ich bin schwächer und verletzlicher geworden.

Macht ist eine Illusion, doch eine sehr überzeugende. Unsere ganze Gesellschaft beruht auf der Voraussetzung, daß Macht etwas Gutes ist, insbesondere die Macht des Geldes. Glaubt man den Bildern, die einem das Fernsehen täglich ins Haus bringt, gibt es im Leben nichts Aufregenderes und Schöneres als Macht und Reichtum.

Gute und schlechte Chefs

Als sich eine Freundin von mir das Manuskript dieses Buchs ansah, meinte sie: »Du scheinst Chefs nicht gerade rosig zu sehen.« Wenn ich genauer darüber nachdenke, hat sie wahrscheinlich recht. Es gibt gute und schlechte Chefs, aber ich glaube, die meisten Menschen haben im Lauf ihres Berufslebens irgendwann einmal Schwierigkeiten mit ihrem Chef. Ein Bekannter von mir, der selbst eine Firma besitzt, hielt in einer Handelsschule hier in der Nähe einen Gastvortrag. »Wer von Ihnen hat schon einmal einen guten Chef gehabt?« fragte er die rund fünfzig Personen starke Klasse. Es gab ein paar Meldungen. »Wer von ihnen hat schon einmal einen Chef gehabt, der die Hölle war?« Über die Hälfte der Klasse meldete sich.

Überhaupt kommt noch hinzu, daß Führungskräfte in den seltensten Fällen über die Gefahren der Macht aufgeklärt werden und mit Macht umzugehen lernen. Ob geschult oder nicht, man steigt irgendwie auf, hat Macht und mißbraucht sie oft. Wenn Führungskräfte ihre Arbeit schlecht machen, dann nicht weil sie schlechte Menschen sind, sondern weil die Unternehmen sie nicht schulen, sachlich mit Macht umzugehen, beziehungsweise entsprechendes Wertesystem zur Verfügung stellen.

Die Macht der Integrität

Die bisher genannten Machtformen haben alle nichts mit Persönlichkeit zu tun. James Hillman untersucht in seinem Buch *Kinds of Power* (Formen der Macht) außer den eben erwähnten Formen noch eine ganz andere Art von Macht, die er Purismus nennt. Er exemplifiziert sie an Führern wie Martin Luther King jr. und Gandhi. Die Macht des Purismus, die ich Macht der Integrität nennen würde, beruht auf keiner äußeren Stellung, weder auf Reichtum, Wissen noch Schönheit, sondern auf der Persönlichkeit, auf einer unbestechlichen inneren Haltung, durch die man sich nicht unterkriegen läßt, egal, was man tut oder wo man ist.

Gandhi ist ein gutes Beispiel. Der Wendepunkt in Indiens Unabhängigkeitskampf kam, als Gandhi allein zu Verhandlungen im Palast des britischen Vizekönigs erschien. In der Kinoversion dieses Augenblicks (mit Ben Kingsley in der Titelrolle) geht Gandhi, nur mit einem Lendenschurz bekleidet, langsam die Treppe hinauf, während der Vizekönig und dessen Berater ängstlich hinter dem Vorhang hervorspähen. »Da kommt er!« murmelt der Vizekönig, dem die Unbestechlichkeit des hageren, barfüßigen alten Mannes unheimlich ist.

Das ist die Macht der Integrität. Nach Hillman ist sie stärker als alle anderen Machtformen, weil sie bedingungslos ist. Deshalb werden große Geister wie Gandhi oft durch Attentate aus dem Weg geräumt. Der Tod ist das einzige, was sie am Weiterwirken hindert.

Äußere Macht und innere Stärke

Alle bisher erwähnten Machtformen, außer der Kraft der Integrität, fallen unter die Kategorie der äußeren Macht. Äußere Macht ist relativ. Damit sie funktionieren kann, muß sie ungleich verteilt sein. Der Vorstandsvorsitzende Ihrer Firma hat mehr Macht als Sie. Sie haben mehr Macht als der Hausmeister, der die Böden kehrt. Der Hausmeister hat mehr Macht als der Obdachlose draußen auf der Straße. Der Obdachlose hat mehr Macht als der streunende Hund.

Die Hierarchie der äußeren Macht ist beweglich. Wer heute gefragt ist, gehört morgen zum alten Eisen. Ein neues Managementteam mit frischen Gesichtern und Superideen wird eingestellt. Ein Jahr später ist der Aktienkurs gefallen und sie werden alle entlassen. In einem Jahr steigt der Wert der Aktienoptionen gigantisch, und man denkt an ein vorzeitiges Ausscheiden aus dem Berufsleben. Im Jahr darauf hängt die Firma in den Seilen, und der Arbeitsplatz steht in Frage.

Die Machtspiele, die am Arbeitsplatz getrieben werden, können einem die Arbeit schwer verleiden. Viele meiner Workshopteilnehmer haben entweder einen großen Konzern verlassen oder denken daran, es zu tun. Wenn ich frage, was das Berufsleben am meisten belastet, lautet die Antwort häufig: »Die Politik.«

Das Machtgerangel und Mobbing innerhalb einer Firma ist sicher kein Beispiel menschlicher Größe, nichtsdestoweniger aber Firmenalltag. Die herkömmliche Überzeugung ist, daß Konkurrenz zu Höchstleistungen anspornt. Interne Konkurrenz mag den Firmen nützen, die zwischenmenschli-

chen Beziehungen leiden jedoch sehr darunter. Deshalb rate
ich stets, nicht nur äußere Macht anzustreben, die zu her-
kömmlichem beruflichem Erfolg führt, sondern auch innere
Stärke, die echte Erfüllung und innere Zufriedenheit bringt.

Früher galt der Grundsatz, daß äußere Macht mit innerer
Stärke zusammenhängt, daß man nur hart arbeiten, der
Firma treu sein, ehrlich und fair zu anderen sein müsse, um
fest angestellt zu bleiben und in den Genuß von Beförderungen und zu Rang und Würden zu kommen. Eine der
großen Veränderungen des letzten Jahrzehnts bestand im
Zusammenbruch dieses Systems. Die Wirtschaft hat globale
Züge angenommen. Selbst Firmenchefs haben ihr Schicksal
nicht mehr in der Hand. Nicht nur Amerika, sondern die
ganze Welt macht diesen schmerzhaften Wandel durch, und
wahrscheinlich sind die Zeiten für immer vorbei, in denen
man sich in einer Anstellung lebenslang in Sicherheit wiegen
konnte. Was kann der einzelne angesichts dieses rapiden
Wandels tun, um ein Mindestmaß an beruflicher Sicherheit
zu behalten? Er muß selbst für seine Zukunft vorsorgen,
statt auf einen Arbeitgeber zu vertrauen. Das heißt, er muß
unabhängiger werden, sich mehr auf die eigenen Füße stellen, sowohl in materieller wie spiritueller Hinsicht.

Innere Stärke entwickeln

Viele der in diesem Buch beschriebenen Techniken und
Übungen sind Wege, innere Stärke zu entwickeln. Auch die
Aussage »Sie sind der Chef Ihres Innenlebens« ist im Grunde
eine Bejahung der inneren Stärke. Mit jeder Bewußtma-

chung der eigenen Verfassung, mit jeder Sekunde voller Achtsamkeit, die man den täglichen Ablenkungen des Berufs abtrotzt, hat man Punkte für die innere Stärke gesammelt.

Um sich dies vor Augen zu führen, könnte man zwei Listen anlegen: In eine schreibt man die Dinge, über die man beruflich verfügt, und in die andere alles, was man nicht bestimmen kann. Sie könnten folgendermaßen aussehen:

Steht in meiner Macht
Ich habe auf meinem Gebiet freie Hand.
Mir unterstehen vierzehn Mitarbeiter in meiner Abteilung.
Mein Jahresbudget beträgt 172 000 Dollar.
Ich kann befördern oder zurückstufen, Leistungszulagen erteilen oder nicht.
Ich habe im Intranet zu Daten Zutritt, die nur Führungskräften offenstehen.

Steht nicht in meiner Macht
Ich lege mein Gehalt nicht selbst fest.
Ich kann nicht bestimmen, wie sich die Firma insgesamt entwickelt.
Ich kann nichts gegen die Mißstimmungen meines Chefs tun.
Ich kann nicht garantieren, daß mein Team soviel leisten wird, wie ich es gerne hätte.
Ich kann niemand in der Firma zwingen, mich zu mögen.

Und dann überlegen Sie, mit welchen Akten der inneren Stärke sich die »Steht nicht in meiner Macht«-Liste ausgleichen ließe. Zum Beispiel könnte man neben »Ich lege mein

Gehalt nicht selbst fest« schreiben: »Aber meine Einstellung gegenüber dem Geld bestimme ich.« Und neben »ich kann niemand in der Firma zwingen, mich zu mögen« kann man schreiben: »Es ist Sache meiner inneren Stärke, meinen Kollegen respektvoll und freundlich zu kommen.«

Ob Sie sich mehr auf die äußere Macht oder auf die innere Stärke verlassen, können Sie aus der Bewußtmachung der Energiequalität erfahren. Wie schon gesagt, ist mit der inneren Stärke eine Ruhe verbunden, die der eines alten Baums gleicht, wohingegen die äußere Macht hitzig und unruhig macht, als laufe ein Rasenmäher oder ein laut gestellter Fernseher. Der negative Spannungszustand des Konflikts – Ärger, Angst, Sorge, Streß – stellt eine seelische Kräftemobilisierung dar, mit der man sich aus einem Zustand der Unsicherheit und Hilflosigkeit zu befreien sucht. Aber wenn man zum Beispiel (entweder im stillen für sich oder hörbar) »Das ärgert mich wirklich« sagt statt »Verdammt!« ist die innere Stärke zum Zuge gekommen und hat sozusagen zur Wut gesagt: »Danke. Damit läßt sich umgehen.«

Diese Umorientierung ist für mich eine wichtige Praktik geworden. Wenn ich überstürzt eine Situation in den Griff bekommen möchte, fällt das zweifellos unter die Energieform äußerer Macht. So bin ich bei schlechten geschäftlichen Neuigkeiten versucht, sofort zum Telefon zu greifen, um etwas dagegen zu tun. Mittlerweile weiß ich jedoch, daß mit einer solchen Reaktion, auch wenn sie zunächst wirksam zu sein scheint, langfristig gesehen nicht soviel zu erreichen ist wie mit Geduld, Überlegung und Achtsamkeit all den Dingen gegenüber, die geschehen, wenn ich nicht sofort eingreife. Manchmal, vielleicht in zehn Prozent der Fälle, ist sofortiges Eingreifen wirklich das Beste, so zum Beispiel wenn das Heizgerät Feuer fängt. Zur Bewältigung solcher Notsituationen sind Gefühlsreaktionen wie Wut und Angst eigentlich da.

Charakter und Schwäche

Charakter ist der Schlüssel zu unserer Transformation. Je mehr man auf seinen Charakter baut und ihn zum Prüfstein in allen Lebenslagen macht, desto weniger ist man äußeren Umständen und Zwängen ausgeliefert. Je stärker das Selbstbewußtsein innerlich begründet ist, statt äußerlich, desto leichter tut man sich beruflich, desto weniger fühlt man sich als Opfer seiner Umwelt.

Innerlich stark zu sein bedeutet, daß man unabhängig vom Chaos wechselnder Umstände einen festen Stand hat. Man weiß, wer man ist. In den letzten Jahren ist persönliche Integrität weitgehend vernachlässigt worden, nicht nur in der Geschäftswelt, sondern überall. Ein hoher Prozentsatz unter den Collegestudenten gibt regelmäßige Betrügereien zu. Arbeitnehmer, die sich vom Arbeitgeber schlecht behandelt fühlen, revanchieren sich durch unsorgfältiges Arbeiten.

Erinnern Sie sich an Matsu, den Helden im Film *Rickshaw Man?* Später im Film kommt eine Szene, in der Matsu einen General ans andere Ende der Stadt fahren soll. Der General fragt ihn: »Kennen Sie den Weg?« Matsu antwortet: »Natürlich!« Der General fragt wieder: »Wissen Sie auch wirklich, wie Sie dorthin kommen?« Matsu erwidert: »Sicher! Wie oft soll ich Ihnen das noch sagen?« Der Adjutant des Generals will daraufhin Matsu verprügeln. Aber der

General winkt mit einem Lächeln ab. Als Militär ist er von Matsus Haltung, dessen innerer Stärke, beeindruckt. Es gefällt ihm, daß er sich von niemandem, nicht einmal einem General, herumkommandieren läßt. Er gibt Matsu das Zeichen zur Abfahrt.

Es mag altmodisch erscheinen, zur Rückkehr spiritueller Werte am Arbeitsplatz aufzufordern, doch sind sie das einzige Mittel, das einem niemand wegnehmen kann. Außerdem wird das Gros der negativen Erfahrungen am Arbeitsplatz – Ärger, Streß, Angst, Sorge, Langeweile und Enttäuschungen – durch mangelnde innere Stärke verschlimmert, selbst wenn man keine eigene Schuld daran hat. Wer festen Boden unter den Füßen hat, den bedrängen Ärger und Furcht viel weniger, und die Handlungen der anderen, auch der Vorgesetzten, erscheinen nicht mehr so bedrohlich. Je mehr Trost und Halt wir innerlich finden, desto weniger kann uns beruflicher Ärger anhaben. Und je stärker wir uns auf die Grundlagen des spirituellen Lebens besinnen, desto weniger erliegen wir den Versuchungen beruflichen Erfolgs.

Darum enthalten die Lebensgeschichten großer spiritueller Lehrer einen Moment der Versuchung, eine Phase, in der die äußere Macht die Oberhand zu gewinnen scheint. Als Satan Jesus in der Wüste erschienen ist und ihm die Herrschaft über die ganze Welt anbot, im Austausch für seine Gefolgschaft, war Jesus versucht. Er blieb jedoch standhaft, und der Satan mußte aufgeben. Als der Buddha unter dem Bodhibaum in tiefer Meditation versunken war, versuchte ihn Mara, der Herr der Illusion, mit wunderschönen Mädchen, Hagelstürmen und Zweifeln. Und als er damit keinen Erfolg hatte, forderte Mara den Buddha heraus: »Steh auf.

Ich, der Herr der Illusion, bin Herrscher über die Welt. Das hier ist mein Platz, nicht deiner.«

Daraufhin streckte der Buddha die Hand aus und berührte mit seinen Fingern die Erde. »Du magst die ganze Welt besitzen, Mara«, antwortete er, »aber der Platz, den ich gerade einnehme, gehört mir, niemand bewegt mich von hier fort.« Die Erde bebte beipflichtend. Damit war Mara besiegt. Er wußte, daß der Buddha recht hatte. Bis heute vergegenwärtigen Buddhastatuen auf der ganzen Welt diesen Augenblick, in dem der Buddha seine Rechte in der sogenannten Geste der Erdberührung ausstreckt.

Und Gandhi wendete das Mittel der inneren Stärke gegen die Briten an. Er hatte keine Waffen, keine Armeen, besaß kein Reich. Alles, was er hatte, waren seine Überzeugungen und das Vertrauen seiner Millionen treuen Anhänger, die auch Schlagstöcken, Peitschen und dem Gewehrfeuer gegenüber nicht wichen.

Und schließlich gibt innere Stärke einem die Kraft, sich im Dickicht beruflicher Unsicherheiten zurechtzufinden. Ja, sie kann in wirklichen Notsituationen die Rettung bedeuten. Und wenn man Branchenerster ist, ein erfülltes und zufriedenstellendes Berufsleben hat und sich nicht vorstellen kann, was noch besser laufen könnte, dann vermag innere Stärke einen vor Selbstgefälligkeit, Arroganz oder allzuviel Stolz zu bewahren.

Auch wenn sich die moderne Arbeitswelt rasant entwickelt hat und weiter wachsen und sich verändern wird, die spirituellen Werte, von denen ich in diesem Buch gesprochen habe, sind sehr alt, so alt wie die Menschheit selbst. Im alten Indien oder Judäa, in Griechenland oder Rom fanden so ziemlich die gleichen menschlichen Dramen statt wie heute.

Übungen zum Thema Macht

- Listen Sie auf, wo Sie berufliche Macht haben und wo nicht. Schreiben Sie auf, wie sich letzteres durch innere Stärke kompensieren läßt.
- Mit welchen Formen äußerer Macht haben Sie beruflich Kontakt? Welche üben Sie aus? Wie?
- Überlegen Sie, in welchen beruflichen Situationen Sie innere Stärke bewiesen haben. Was empfanden Sie dabei? Wie unterschied sich das vom Empfinden äußerer Macht?

Ärger, Geiz, Versuchung, Arroganz und Ambition hielten sich mit Großmut, Integrität, Ehrlichkeit, Mitgefühl und Friedfertigkeit ein wackliges Gleichgewicht. Das Energierad mit den vier Sektoren des Konflikts, der Stagnation, der Inspiration und der Erfüllung spiegelt die damalige Welt also genauso realistisch wider wie die unsere.

Äußere Macht kommt und geht. Innere Stärke bleibt dem, der sie einmal gewonnen hat, ein Leben lang. Man kann der Auffassung sein, daß im modernen Berufsleben für zeitlose spirituelle Werte kein Platz ist, da sie nichts mit Leistung und Profit zu tun haben. Das mag zunächst so aussehen, doch in Wirklichkeit verhält es sich anders. Mara dachte das auch, aber er täuschte sich. Innere Stärke ist mächtiger.

TEIL VI

Schlußgedanken

19

Die Arbeitswelt
im Wandel

Wie schon gesagt, kommt es mir auf die Änderung des einzelnen an und nicht auf die irgendeines Unternehmens. Das heißt nicht, daß ich mir keine besseren Unternehmen vorstellen könnte, sondern daß ich nicht weiß, wie sich das dauerhaft bewerkstelligen läßt. Auch wenn ein Unternehmen einen innovativen Vorstandsvorsitzenden hat, der gute Ideen umsetzt, die Fluktuation unter den Führungskräften ist groß. Unternehmen werden gekauft und verkauft. Profite steigen und fallen. Es gibt in der Unternehmenskultur keinen Stillstand.

Wer glaubt, daß die Welt uns erschafft, daß sie bestimmt, was wir können und nicht, der hält sich für klein und schwach. Wer aber annimmt, daß wir die Welt erschaffen – gemeinsam und einzeln –, der nimmt an Stärke zu.

Ich besuchte einmal bei Dr. W. Edwards Deming, dem Mann, der nach dem Zweiten Weltkrieg in Japan die Qualitätskontrolle einführte, einen Workshop über Qualitätsmanagement. Dr. Deming hatte seine feste Auffassung von der Umstrukturierung eines Unternehmens. »Umstrukturierungen sind von der Spitze durchzuführen!« sagte er. Als jemand nachfragte, was er denn unter »Spitze« verstand, lehnte sich Deming zum

Mikrofon vor und schnauzte hinein: »Spitze heißt Spitze!«
Er meinte die oberste Unternehmensleitung beziehungsweise
den Vorstandsvorsitzenden. Ein Vorstandsvorsitzender ist
laut einer kürzlichen Studie durchschnittlich dreieinhalb
Jahre im Amt, da lassen sich Dinge gerade ansatzweise verändern, bevor eine neue »Spitze« das Kommando übernimmt! Ich hatte gerade begonnen, im Einverständnis mit
dem Vorstandsvorsitzenden und dem Vorstand Dr. Demings
Unternehmensphilosophie in die Praxis umzusetzen, als die
Firma verkauft wurde. Die neuen Besitzer hielten Qualitätsmanagement für eine Farce. Mir wurde gekündigt.

Trotzdem, Gesellschaften und Unternehmen sind die
Summe der sie bildenden Individuen. Ändert sich ein einzelner, ist das der Anfang der Veränderung vieler. Wenn die
moderne Arbeitswelt humaner werden soll, durch eine Verlagerung des Augenmerks primär auf das Wohlergehen der
Menschen statt auf kurzfristige Profite, dann muß diese
grundlegende Umstrukturierung bei den einzelnen beginnen. Erinnern Sie sich an Indras Juwelennetz? Jeder einzelne
Diamant spiegelt das ganze Netz wider.

Die Arbeitswelt reflektiert die Werte und Prioritäten der
Gesellschaft. Die freie Marktwirtschaft des kapitalistischen
Systems schafft Arbeitsplätze zum Zweck der Gewinnstei-
gerung. Und sogar auf dem gemeinnützigen Sektor – im Bil-
dungs- und Gesundheitswesen, in Wohlfahrtseinrichtungen,
ja sogar in der Regierung – nimmt das Profitdenken ständig
zu.

Die Überlegenheit der freien Marktwirtschaft gegenüber
allen anderen Alternativen, wie dem Kommunismus, dem
europäischen Sozialismus und dem asiatischen Zentralis-
mus, hat ihren Grund: Flexibilität. Die freie Marktwirt-

schaft bevollmächtigt den einzelnen, fördert Innovationen, ermutigt zur Risikobereitschaft und holt das Beste aus den Menschen heraus (obgleich einige das Gegenteil behaupten). Noch vor zehn Jahren wurde das japanische Unternehmensmodell als das der Zukunft angesehen. Heute sieht alle Welt zum amerikanischen Wirtschaftssystem auf. Wie lange es noch die Vorreiterrolle einnimmt, wird sich herausstellen.

In meinem Fall hat sich das amerikanische Modell bewährt. Ich konnte meinem alten Beruf mit einer Abfindung, einer guten Produktidee, einigen Fertigkeiten und einigem Schwung den Rücken kehren und nicht nur ein rentables Unternehmen gründen, sondern mehrere neue Arbeitsplätze schaffen. Ich mußte niemanden um Erlaubnis bitten. Ich mußte keine Regierungsbeamten bestechen oder Schutzgelder an organisierte Banden zahlen, ich brauchte nicht einmal viel Geld. Anderswo in der Welt, unter einem anderen Wirtschaftssystem, wäre mir das nicht möglich gewesen. Es hätte für mich kein Anreiz bestanden, dieses Risiko auf mich zu nehmen. In einem kommunistisch regierten Land wären meine Anstrengungen vielleicht sogar als Verbrechen angesehen worden.

Diejenigen, die Firmen wie General Motors und Microsoft als typische Beispiele des Kapitalismus ansehen, sollten daran denken, daß neue Arbeitsplätze und kapitalistischer Reichtum oft nicht von Fortune-500-Unternehmen geschaffen werden, sondern von kleinen Unternehmen. Von der individuellen Unternehmerseite aus betrachtet, erscheint der Kapitalismus als eine gute Sache. Doch hat er auch Schwächen, zum Beispiel fehlt ihm ein moralischer Leitfaden. Rein wirtschaftlich gesehen sind eine Zigarettenfabrik und ein Herz-Lungen-Maschinen-Hersteller gleichwertig.

Beide decken einen Bedarf. Beide tragen zum Bruttosozial-
produkt bei. Beide schaffen Arbeitsplätze. Die Tatsache, daß
das Produkt der Zigarettenfabrik Leben nimmt und die
Herz-Lungen-Maschine Leben rettet, bekommt der Wirt-
schaftswissenschaftler nicht in den Blick. (Nach vierzig Jahren Antitabakbewegung erkennt man in den USA endlich,
wie teuer der Tabak die Gesellschaft wirklich zu stehen
kommt und erläßt entsprechende Gesetze. Doch wie lange
hat das gedauert!)

Ein anderes Problem im Kapitalismus ist, daß allein der
Erfolg zählt, für den Fall des Scheiterns aber nicht vorge-
sorgt wird. Ja, das ganze Spiel beruht darauf, daß es ohne
Verlierer auch keine Gewinner gibt. Man liest heute in der
Zeitung ständig über die Wirtschaftskrise in Japan und daß
amerikanische Experten die Japaner dazu drängen, zugunsten der Effizienz eine höhere Arbeitslosenrate in Kauf zu
nehmen. Die Experten mögen recht haben, doch was soll mit
all den arbeitslosen japanischen Arbeitern und ihren Fami-
lien passieren? Müssen Unternehmer wie ich, die bewußt
Risiken eingehen, um Gewinne zu machen, Verluste einstek-
ken, ist das eine Sache. Aber was ist, wenn ganze Beleg-
schaften entlassen werden, nur wegen kurzfristiger Gewinne
auf den internationalen Finanzmärkten, oder weil Arbeiter
in Malaysia dieselbe Arbeit für einen Dollar pro Tag
machen? Es genügt nicht zu sagen: »Das war eben ihr Risiko.« Wenn es die eigene Arbeit ist, die wegrationalisiert
wird, wenn das Wohlergehen der eigenen Familie auf dem
Spiel steht, ist das ein schwacher Trost. Und die politischen
Aufrufe »mit den gewohnten Wohlfahrtsprogrammen
Schluß zu machen« werden immer lauter, tragen jedoch
kaum dazu bei, daß die aus dem sozialen Netz gefallenen

Menschen wieder Arbeit finden. Die Zeit, in der man von der Regierung soziale Absicherung durch Arbeitslosen- und Wohlfahrtsprogramme erwarten durfte, ist mehr und mehr vorbei. Ob es neue Arbeitsplätze gibt oder nicht, hängt nicht von der Regierung ab, sondern vom Markt, der andere Prioritäten setzt.

Einige erwidern vielleicht, daß Länder wie Japan eben das Gewinner-Verlierer-Schema akzeptieren müssen, um in der heutigen Weltwirtschaft konkurrenzfähig zu bleiben, und daß gerade die schmerzlichen Massenentlassungen Anfang der 90er Jahre in den Vereinigten Staaten zu deren gegenwärtiger wirtschaftlicher Dominanz führten. Vor zehn Jahren wurde das traditionelle japanische System lebenslanger Firmenzugehörigkeit als das Modell der Zukunft angesehen. Jetzt betrachten die Experten es als überholt. Vielleicht ist alles nur ein Langzeitversuch zur Auffindung der besten Gesellschaftsform, die noch niemand kennt.

Tatsächlich läßt sich aus dem Scheitern anderer Wirtschaftssysteme nicht die Fehlerlosigkeit des eigenen Modells ableiten. Man könnte frei nach Winston Churchills Definition der Demokratie sagen, es gibt kein schlechteres System als den marktwirtschaftlichen Kapitalismus, sieht man einmal von allen anderen Systemen ab. Wir haben zwar eine freie Wirtschaft durchgesetzt, doch sind wir von einer gerechten Wirtschaft noch weit entfernt. Wir mögen die reichste Generation in der menschlichen Geschichte sein, aber sind wir auch die weiseste? Und was wird jetzt passieren, da man es uns Amerikanern weltweit gleichtun will, die wir durchschnittlich drei Fernseher, zwei Autos und eine monatliche Stromrechung haben, die höher ist als das Pro-Kopf-Jahreseinkommen in manchen armen Ländern? Wird

der Planet das verkraften, oder sind die dreibeinigen Frösche, die seit neuestem in den Süßwasserteichen Amerikas
auftauchen, eines von vielen Warnzeichen, daß er es nicht
tut?

Ich möchte gleich hinzufügen, daß ich zwar keine drei
Fernseher habe (nur einen, in dem ich gerne »Seinfeld«-Wie-
derholungen und Baseball anschaue), dafür aber zwei Autos, drei PCs, einen Steinway-Flügel und ein komfortables
Zuhause. Ich genieße die Zeit, in der ich komponiere und
Musik spiele, ich gehe leidenschaftlich gern ins Kino, und
einmal am Tag brühe ich mir eine Tasse Premium-Kaffee
auf, obwohl ich weiß, daß ich mich damit vielleicht an der
Zerstörung des Schattenbaumbestands in Südamerika betei-
lige. Obgleich ich noch nie ein Asket war, kam ich früher
ohne diese Dinge aus und könnte das notfalls wieder. Diese
Annehmlichkeiten bestimmen weder mein Leben, noch bedeuten sie meine höchste Seligkeit. Und ich kann diese Dinge
nur genießen, solange ich jedem auf der Welt das gleiche
Glück wünsche und mich nach besten Kräften dafür ein-
setze. Der direkteste Weg zur Verhinderung dreibeiniger
Frösche ist doch der, daß man die Überbevölkerung in den
Griff bekommt. Wie selbst der Dalai Lama sagt: »Es gibt zu
viele wertvolle Menschen auf der Erde!« Aber auch wenn
die Erde nicht überbevölkert wäre, blieben die fundamenta-
len Fragen bestehen. Wie soll der Mensch leben? Wie soll er
das Wirtschafts- und Sozialleben gestalten und wie sein spirituelles Leben?

In jungen Jahren stieg ich aus der Mainstreamgesellschaft
aus, in der Hoffnung, daß der Buddhismus die Antworten
hat. Heute glaube ich, daß er zwar einige, aber nicht alle hat.
Der Buddhismus entstand vor langer Zeit, als die menschli-

chen Gesellschaften noch einfacher waren, es weniger Städte
gab, und die Weltbevölkerung nur einen winzigen Bruchteil
ihrer heutigen Dichte ausmachte. Zudem war der Buddha
weder primär ein Gesellschaftsreformer noch ein Entwick-
ler von Wirtschafts- oder Sozialsystemen, sondern ein kon-
templativer Mensch. Obwohl ich die tiefen buddhistischen
Einsichten zu schätzen weiß, sind sie für mich heute nur eine
von vielen Weisheitsquellen, die für eine umfassende Lösung
zu verbinden sind.

Einer der Hauptbeiträge des Buddhismus ist die Lehre,
daß menschliches Leid und menschliche Ungerechtigkeit im
Verlangen ihren Ursprung haben – im Wunsch nach Reichtum, Macht, Sicherheit, Geborgenheit und einem langen
Leben. Wir alle sind mehr oder weniger Gefangene solcher
Wünsche. Das ist unsere menschliche Natur, und der Kom-
merz ist nur ein kollektiver Ausdruck all jener individuellen
Wünsche und Bedürfnisse. Ob man einen Laib Brot, eine
schmalere Nase, ein schnelleres Auto, eine gute Ausbildung
für sein Kind, ein Schmerzmittel haben oder ein Rolling-
Stones-Konzert besuchen möchte, es gibt für all diese Bedürfnisse eine kommerzielle Lösung.

Aber die Wünsche sind nicht alle gleichwertig. Und obwohl das Bedürfnis nach einem Laib Brot nicht dasselbe ist
wie das Verlangen nach einer Rolex-Uhr – weder materiell
noch spirituell –, setzt unsere Konsumgesellschaft voraus,
daß sie das sind, daß jeder menschliche Wunsch der Erfüllung wert ist. Die Werbeindustrie ist vor allem zur Anregung
dieser Wünsche da und erfindet, wenn es sein muß, sogar
neue Bedürfnisse. Ein solcher Markt stellt weder Fragen,
noch fällt er Werturteile. Statt dessen geht er davon aus, daß
sich die Menschen am besten dadurch zufriedenstellen las-

sen, wenn jeder seinen eigenen Interessen nachgeht. Auch
wo durch Gesetze Grenzen gezogen werden – und Drogen
zum Beispiel verboten sind –, ist diese Grenze ziemlich will-
kürlich. Nikotin ist wie Heroin ein Suchtmittel und wohl genauso schädlich.

Es blieb spirituellen Führern wie dem Buddha überlassen,
das Selbstverständnis menschlichen Verlangens in Frage zu
stellen. Wenn der Buddha der Nachwelt auch als großer spiritueller Lehrer bekannt ist, war er doch bis zu seinem neun-
undzwanzigsten Lebensjahr ein privilegierter reicher Prinz,
einem heutigen Milliardär vergleichbar. Sein spirituelles Erwachen begann, als er erkannte, daß ihn all sein Reichtum
und seine Macht nicht wirklich glücklich machten. Er
mischte sich verkleidet unter das gewöhnliche Volk, wo er
hautnah das Leiden der Menschen erlebte, deren Schwerar-
beit seinen Reichtum bedingte. Wenig später verließ er den
Palast für immer und wurde ein Wandermönch. Der Buddha
lehrte vor allem, daß die menschliche Natur nicht festgelegt
ist. Im Gegensatz zu Thomas Hobbes, Adam Smith und anderen westlichen Denkern, die die menschliche Natur für
unveränderbar hielten und deren Philosophien die Grund-
lage unserer Wirtschaft bilden, war er von der Wandlungs-
fähigkeit der menschlichen Natur überzeugt, oder um es
noch genauer zu sagen, er glaubte, daß der Mensch sich
selbst verändern kann.

Wenn das stimmt, dann ist der freie Markt noch freier, als
man gemeinhin glaubt. Angenommen, es wären plötzlich
alle der Meinung, daß Rolex-Uhren Herzattacken verursachen. Der Markt für Rolex-Uhren würde über Nacht zu-
sammenbrechen. Jedermann würde seine alte wegwerfen,
niemand würde eine neue kaufen, und bald wären die Her-

steller von Rolex-Uhren aus dem Geschäft. Das ist nicht nur eine Phantasie. Solche Dinge passieren. Vor gar nicht langer Zeit grassierte in den USA die »Alar«-Panik. Niemand kaufte mehr Äpfel, weil es geheißen hat, sie enthielten ein gefährliches Pestizid. Die Äpfelpreise fielen in den Keller. Das brachte einige Apfelbauern an den Rand des Ruins. Und als sich herausstellte, daß die Äpfel doch ungefährlich waren, also kein Grund zur Panik bestand, war es für einige kleine Farmer bereits zu spät.

Der Markt beginnt im Kopf.

In anderen Worten: Der Markt beherrscht nicht uns, sondern wir beherrschen ihn – zumindest, soweit wir uns nicht von den Verlockungen der Werbung und des Besitzes hinreißen lassen und anfangen, innere Werte ernst zu nehmen. Wenn wir unser Wirtschaftssystm und unsere Arbeitsbedingungen wirklich ändern wollen, dann müssen wir bei uns selbst anfangen. Die Summe all dessen, was jeder von uns unbedingt haben muß oder worauf er verzichten kann, macht die Gesamtwirtschaft aus, aus der sich die Form der Arbeit ergibt, die uns am Leben erhält. Schüfen wir ein Wirtschaftssystem, in dem anstelle des Wettbewerbs das Mitgefühl an erster Stelle steht und Brot etwas Wertvolleres darstellt als Rolex-Uhren, weil den materiellen nun spirituelle Werte vorangestellt sind, lebten wir in einer anderen Welt. Der zeitgenössische, vietnamesische buddhistische Lehrer Thich Nhat Hanh sagte einmal, würde jeder Amerikaner einmal wöchentlich auf einen Drink und eine Fleischportion verzichten, könnte damit die Bevölkerung seines Geburtslands ein Jahr lang ernährt werden. Welchen Grund hätten wir Amerikaner dazu? Warum findet sich die spirituelle Praxis des Fastens überall auf der Welt? Weil es uns hilft, uns an

das zu erinnern, was wirklich wichtig ist? Die Ungerechtigkeiten und Schwächen der freien Marktwirtschaft lassen
sich letztlich nur spirituell und nicht ökonomisch lösen. Die
Welt, in der wir alle leben müssen, hängt letzten Endes von
unseren inneren Überzeugungen und Werten ab.

Wenn sich genügend Menschen auf spirituelle Werte besinnen, wird sich das marktwirtschaftlich widerspiegeln. Es gibt
bereits einige Märkte, die aus einer solchen Werteverlagerung
hervorgegangen sind, zum Beispiel die Naturkostindustrie
oder das alternative Gesundheitswesen. Selbst Meditationszentren und firmeninterne Besinnungsseminare füllen eine
Marktlücke aus. Und wie steht es mit dem Arbeitsmarkt? Es
funktioniert wie jeder andere Markt auch nach dem Gesetz
von Angebot und Nachfrage. Gegenwärtig herrscht zum Beispiel ein Mangel an Computerprogrammierern, was sich an
ihren Anfangsgehältern und Gewinnen zeigt. Aber erinnern
wir uns an den alten Slogan: »Angenommen, es ist Krieg, und
keiner geht hin.« Angenommen, Geld wäre für talentierte,
spirituell orientierte Arbeitssuchende nicht mehr das Wich-
tigste? Meine Workshops sind voll von Leuten, denen die
Verlockungen des Reichtums nicht mehr genügen. Für sie
zählt Lebensqualität auch im Beruf. Und das spiegelt einen
größeren Trend wider. Laut einem Meinungsforschungsinsti-
tut werden in den nächsten zehn Jahren 25 Prozent der Amerikaner »zu einem einfacheren Leben zurückkehren«.

Es gab einmal eine Zeit, da hatte die Arbeitswoche sechs
Tage, und Dinge wie Krankengeld, flexible Arbeitszeit, Mut-
terschaftsurlaub und all die anderen Leistungen, die man
heute als selbstverständlich voraussetzt, waren undenkbar.
Wäre vor fünfundsiebzig Jahren ein Arbeiter mit solchen
Forderungen gekommen, hätte man ihm freundlich die Tür

gewiesen und ihn wahrscheinlich gefeuert. Viele Spitzenmanager sind wahrscheinlich der Meinung, man könne nicht auch noch den spirituellen Bedürfnissen der Arbeiter gerecht werden. Ich las kürzlich von einem Vorstandsvorsitzenden eines Unternehmens im Mittleren Westen, der sich bei seinem Personalchef über die wirren »New-Age-Ideen« einiger leitender Angestellter beschwerte. »Ich möchte, daß Sie diese Leute mittels eines Tests herausfiltern«, schimpfte er, »damit wir sie loswerden können.« Ich möchte wetten, daß »jene Leute« die talentiertesten Manager der Firma waren.

Andererseits gibt es auch einige progressive Firmen, die Fitneßstudios vor Ort einrichten sowie Yogakurse, Meditations- und Gebetstreffen anbieten. Es werden auch Achtsamkeitsseminare angeboten, zu denen buddhistische Lehrer eingeladen werden. Natürlich werden nur finanziell gutgepolsterte Firmen solche Vergünstigungen gewähren, und sie dürften mit als erstes gestrichen werden, wenn der Gewinn fällt. Daß es diese Programme überhaupt gibt, ist ein guter erster Schritt, doch zeigen sie nicht unbedingt schon einen allgemeinen Wertewandel im Geschäftsleben an.

Wie viele Geschäftsleute stellen sich die Frage: Warum tue ich all das hier? Wozu das Ganze? Was ist eigentlich Profit, und warum ist er wichtig? Alles kommerzielle Tun richtet sich letzten Endes auf das Glück des Menschen, zielt auf Befriedigung ab, darauf, daß die Menschen ein besseres Leben haben. Weshalb sonst all die Mühe? Doch macht es wirklich mehr Leute glücklich? Die weltwirtschaftlichen Verflechtungen, die wir geschaffen haben, existieren zumindest teilweise aus dem ebengenannten Grund. Oder nicht? Beherrschen wir die Weltwirtschaft, oder beherrscht sie uns? Nützt sie uns allen oder nur einigen wenigen?

Und wenn Glück das eigentliche Ziel ist, dann fragt sich, was Glück überhaupt ist. Besteht es darin, daß man mehr Geld auf der Bank hat? Daß man mehr Autos in der Garage stehen hat und mehr Ferienhäuser besitzt? Wer möchte dem nicht beipflichten, daß Glück im Grunde ein spiritueller und kein materieller Wert ist? Das haben Jesus und der Buddha sowie alle großen geistigen Lehrer gelehrt.

Aber warum glücklich sein wollen? Warum seinen Lebensunterhalt verdienen? Warum überhaupt leben? Der Philosoph Albert Camus beginnt sein Meisterwerk *Der Mythos von Sisyphos* mit den Worten: »Die Entscheidung, ob das Leben sich lohne oder nicht, beantwortet die Grundfrage der Philosophie.« Wir alle stellen uns täglich bewußt oder unbewußt diese Frage, und jeder Tag ist eine neue Entscheidung für das Leben. Entgegen allen Erwartungen wollen wir am Leben bleiben. Wir freuen uns sogar des Lebens, wann immer wir können.

Wäre eine Welt vorstellbar, in der man nicht nur seinen Lebensunterhalt verdient, sondern über die Pflicht hinaus auch noch Freude an der Arbeit empfindet? Wird man im Berufsalltag des einundzwanzigsten Jahrhunderts darauf Anspruch haben? Wem das zuviel verlangt erscheint, dem erwidere ich, warum weniger wollen? Dennoch, ein solcher fundamentaler Werte- und Perspektivenwandel wird nicht schnell vonstatten gehen. Das kann zehn, zwanzig, ja hundert Jahre dauern. Viele Menschen in den Entwicklungsländern kehren gerade erst der bittersten Armut den Rücken – wie das in Europa vor ein paar Jahrhunderten der Fall war. Und selbst im reichsten Land der Erde, in den Vereinigten Staaten, gibt es noch viel Armut. Die Menschen in den aufstrebenden Nationen brauchen vielleicht erst eine Zeitlang

ihre drei Fernseher und zwei Autos, bis sie erkennen, daß
solcher Luxus nicht das ein und alles menschlichen Daseins
ist, wie ihnen das die amerikanischen TV-Programme, die sie
über ihre Satellitenschüsseln empfangen, vorgaukeln. Der
Buddha selbst mußte erst neunundzwanzig Jahre lang ein
fürstliches Leben führen, bis er zu demselben Schluß kam,
und er war ein geborener Weiser! Als herrschendes Glau-
bensbekenntnis muß sich der Materialismus wohl erst von
selbst erschöpfen, wie die früheren Glaubenssysteme auch.
Doch langfristig sind es nicht unsere weltlichen Anliegen,
sondern unsere geistigen Ziele, die letzlich unsere Zukunft
als Spezies bestimmen.

Um Sie in dieser Richtung zu ermutigen, habe ich dieses
Buch geschrieben. Glauben Sie an sich, haben Sie Vertrauen
zu sich und stellen Sie höchste Ansprüche an sich und Ihren
Arbeitsplatz. Wer glaubt, daß die Welt uns erschafft, daß sie
bestimmt, was wir können und nicht, der hält sich für klein
und schwach. Wer aber annimmt, daß wir die Welt erschaffen – gemeinsam und einzeln –, der nimmt an Stärke zu. Das
Licht, das das Juwelennetz ausstrahlt, ergibt sich aus seinen
sechs Milliarden einzelnen Diamanten. Dieser Sternenhim-
mel, an dem Sie und ich sonnengleich erstrahlen, ist unser
einziges Zuhause.

20

Den Arbeitsplatz
heiligen

Zum Schluß möchte ich eine geführte Meditation beschreiben, mit der ich alle meine Workshops beginnen lasse. In dieser Meditation stellt man sich seinen Arbeitsplatz als heilig vor, entsprechend dem Grundsatz, daß man das Gute, das man erreichen will, sich zunächst vorstellen muß.

In unserer naturwissenschaftlichen Welt geht man von der materiellen Basis der Dinge aus. Der Satz »Das ist alles Einbildung!« wird gewöhnlich abwertend gebraucht im Sinne von: »Das gibt es nicht wirklich. Das existiert nur in deiner Vorstellung!« Betrachten wir den Satz »Das ist alles Einbildung!« jedoch einmal positiv, dann läßt er sich so verstehen: Aus der Einbildungskraft entspringt alles, das Vorstellungsvermögen ist die Quelle der ganzen Welt. Der Geist umfaßt alles, in Ihnen und in allen Ihren Mitmenschen.

Sehen Sie Ihren Arbeitsplatz mit all den Menschen darum herum als heilig an.

Setzen Sie sich also ruhig hin, schließen Sie die Augen und lassen Sie von den Anliegen des Tages ab. Achten Sie auf Ihre Atmung, wie sich der Brustkorb hebt und senkt. Tun Sie das eine Weile, bis Ihr Geist frei ist wie eine weiße Leinwand, die auf den Zugriff des Künstlers wartet.

Stellen Sie sich nun Ihren Arbeitsplatz so sachlich wie
möglich vor. Nähern Sie sich ihm von außen, so wie Sie das
jeden Morgen tun (wenn Sie zu Hause arbeiten, stellen Sie
sich Ihr Wohnhaus von außen vor, als kämen Sie gerade von
einem Spaziergang zurück). Höchstwahrscheinlich hat das
Gebäude keine besonderen Merkmale. Vielleicht ist es ein
Bürohochhaus, ein flaches Fabrikgebäude, eine Verladesta-
tion oder eine Lagerhalle. Gestalten Sie dieses Gebäude auf
jeden Fall in Ihrer Vorstellung um. Machen Sie aus dem
Dach zumindest ein Kirchen- oder Tempeldach. Bringen Sie
Ihre spirituellen Ideale in der Architektur zum Ausdruck.

Stellen Sie sich nun vor, wie Sie in das Gebäude eintreten.
Der Raum, in dem Sie arbeiten, ist leer. Ihre Kollegen sind
noch nicht da. Sehen Sie sich in dem Raum um. In Wirklichkeit herrscht dort das übliche Durcheinander: Papier-
türme auf den Schreibtischen, nicht abgeholte Faxe stapel-
weise auf der Ablage neben dem Faxgerät, vor der Tür noch
die vom Reinigungspersonal ausgeleerten Abfalleimer. (Arbeiten Sie zu Hause, ist das Büro, das ja sonst niemand sieht,
vielleicht noch unordentlicher!) Ergänzen Sie dieses All-
tagsbild durch die Vorstellung eines Tempel- oder Kirchen-
raums. Vergegenwärtigen Sie sich das Gefühl, das Sie in
einem solchen Raum haben, und übertragen Sie es auf Ihren
Arbeitsplatz.

Stellen Sie sich nun vor, wie von Ihren Kollegen einer nach
dem anderen hereinkommt und sich an seinen Platz setzt.
Sollten Sie zu Hause arbeiten, stellen Sie sich vor, wie die
Menschen, mit denen Sie beruflich zu tun haben – Kunden,
Klienten, Telefon-, Fax- oder E-mail-Partner –, sich an die
Arbeit setzen, egal in welchem Teil des Landes oder wo auf
der Welt sie wohnen. Zunächst sehen Sie sie ganz realistisch.

Mit einigen verstehen Sie sich gut, mit anderen schlecht. Andere kennen Sie kaum oder überhaupt nicht. Jetzt bahnt sich die Chefin, spät wie immer, ihren Weg durch die Schreibtischkabinen zu ihrem separaten Büro. Von all diesen Menschen, mit denen Sie täglich mehr Zeit zusammen verbringen als mit irgend jemand anderem in Ihrem Leben, haben Sie eine Meinung, positiv oder negativ.

Klammern Sie diese gewöhnlichen Einstellungen und Meinungen jetzt einmal aus, während Sie Ihre Kollegen bei der Arbeit beobachten. Stellen Sie sich vor, Sie verfügten über eine tiefere Wahrnehmungskraft, so daß Sie die Kollegen nicht äußerlich, sondern in ihrem Wesenskern sehen. Lassen Sie dieses Wesen sich als funkelnder Juwel auf der Stirn verkörpern und ein warmes, angenehmes Licht ausstrahlen. Stellen Sie sich vor, daß der ganze Büroraum (oder Bauplatz oder die ganze Verkaufsetage oder Restaurantküche etc.) von diesem Licht erfüllt ist. Ihre Kollegen gehen ihrer normalen Arbeit nach, offensichtlich ohne sich dieses Leuchtens bewußt zu sein. Sie können es jedoch sehen, weil Sie sich entschieden haben, es zu sehen, weil Sie Ihr geistiges Auge bewußt darauf lenken.

Halten Sie diese Vorstellung einige Minuten aufrecht. Sehen Sie Ihren Arbeitsplatz mit all den Menschen darum herum als heilig an. Der materialistische Skeptiker in uns wird uns vielleicht zuflüstern: »Die *Wirklichkeit* ist anders. Es ist alles bloße Phantasie, bloße Einbildung.« Und unser spiritueller Wesensteil antwortet: »Das *ist* die Wirklichkeit, wir sehen sie gewöhnlich nur durch einen Schleier, der das verbirgt.«

Denken Sie daran: Ihre Vorstellung ist entscheidend.

Ihre innere Sicht des Arbeitsplatzes und ihrer Kollegen sind ein Teil der Wirklichkeit.

Lassen Sie jetzt den Raum wieder langsam leer werden und einen Kollegen nach dem anderen nach Hause gehen, bis Sie allein übrig sind. Der Arbeitstag ist vorbei, und Sie verlassen als letzter das Büro. Sie gehen durch den Hauptausgang hinaus (oder zur Zimmertür Ihres Heimbüros), nachdem Sie im Geiste die Fenster geschlossen und das Licht ausgeschaltet haben. Drehen Sie sich dann noch einmal um und schauen Sie Ihren Arbeitsplatz von außen an. Das Kirchen- oder Tempeldach, das Sie sich vorgestellt hatten, verblaßt nun. Das Gebäude sieht wieder genauso aus wie vorher.

Lassen Sie Ihre Vorstellungen sich nun langsam auflösen und verschwinden. Wenn Ihre geistige Leinwand wieder weiß ist, wenden Sie Ihre Aufmerksamkeit Ihrer Atmung zu.

Kommen irgendwelche Gedanken auf? Flüstert etwas enttäuscht in Ihnen: »Und was ist mit dem Soundso, diesem Trottel? Auf seiner Stirn befindet sich sicher kein Diamant!«

Das ist die erstaunliche Komplexität des Menschen. In unserem Leben existieren das Ärgerliche und Erhebende, das Heilige und Profane, das Tiefsinnige und Trivale, das Bedeutsame und Unbedeutende nebeneinander wie die Bürger einer Kleinstadt oder die Bewohner eines Dorfes. Wir verstehen uns nicht unbedingt miteinander. Wir könnten uns manchmal sogar gegenseitig umbringen. Aber uns verbindet ein gemeinsames Schicksal. Wir träumen denselben Traum. Und es gäbe uns nicht ohne die anderen.

Ich möchte mit dem gleichen Zitat abschließen, mit dem ich begonnen habe, und ein letztes Mal meinen Lehrer Harry Roberts zu Wort kommen lassen: »Freude an der Arbeit zu finden ist für den Menschen das Größte.« Wenn das stimmt, wenn die Arbeit nicht nur zum Geldverdienen da ist, wie können wir dann in einer Weise Freude an unserer Arbeit finden, daß alle anderen an der Fülle dieser Freude teilhaben?

> *Mögen alle Wesen erleuchtet sein.*
> *Mögen alle Wesen glücklich sein.*
> *Mögen alle Wesen zufrieden sein.*

Universales Gebet zum Wohl aller Wesen

Danksagung

Dieses Buch enthält neben meiner eigenen Stimme viele andere – nicht nur von meinen Workshopteilnehmern, deren Geschichten fast auf jeder Seite auftauchen, sondern auch von vielen Berufstätigen, die mir auf meinen Reisen begegnet sind und mir jeweils wichtige Hinweise gaben. Ihnen allen meinen aufrichtigen Dank.

Meine Agentin Eileen Cope sah mich bereits als den Verfasser dieses Buches, als ich noch nicht im Traum daran dachte. Herzlichen Dank für ihre Geburtshilfe und ihren ungebrochenen Enthusiasmus! Stephanie Gunning leistete von Anfang an unschätzbare editorische Hilfe und fragte mich ständig: »Worum geht es nun eigentlich in diesem Buch?«, bis meine Antwort nicht nur ihr, sondern auch mir selbst vollkommen klar war.

Herzlichen Dank auch an jene Freunde und Verwandte, die die verdienstvolle Aufgabe übernahmen, das fertige Manuskript zu lesen – Sylvia Boorstein, Lama Surya Das, Steve Tipton und meine Frau Amy. Ihre vorbehaltlose Unterstützung und hilfreiche Kritik waren für die sprachliche Ausfeilung der einzelnen Kapitel und Geschichten von unschätzbaren Wert.

Danken möchte ich auch all den Mitarbeitern bei Broadway Books, deren Ideen und harte Arbeit das Buch fertigzustellen halfen, besonders meiner Lektorin Suzanne Oaks, die dieses Buch aus sich heraus begriff. Ihr Geschick bei der Gliederung der einzelnen Kapitel war eine große Hilfe bei der Gestaltung und Klärung des gesamten Textes.

Schließlich bin ich meinem Lehrer Shunryu Suzuki Roshi zu unendlichem Dank verpflichtet. Ich bin im Laufe der Jahre sehr vielen buddhistischen Lehrern begegnet, aber nur wenige, wenn überhaupt, hatten sein Format. Obwohl er 1972 starb, lerne ich täglich weiter von ihm.